Ich, der Matrose Ringelnatz

mit Zeichnungen von eigener Hand

VEB Hinstorff Verlag Rostock

Ausgewählt und herausgegeben von Christel und Helmuth Pelzer.
Mit einem Nachwort von Helmuth Pelzer

Die Herausgeber und der Verlag danken für freundliche Unterstützung bei der Edition dieses Buches der Deutschen Staatsbibliothek, Berlin, der Universitätsbibliothek der Humboldt-Universität zu Berlin, der Deutschen Bücherei, Leipzig, sowie der Berliner Stadtbibliothek.

ISBN 3-356-00013-6

2. Auflage 1990. Lizenz-Nr. 391/240/80/90
Printed in the German Democratic Republic
Gesamtherstellung: Karl-Marx-Werk Pößneck V 15/30
Bestell-Nr. 522 802 5

01250

Ich, der Matrose Ringelnatz

Wir Menschen haben keinen Schlüssel
zu den tiefsten Ursachen der Dinge,
höchstens unvollkommene Dietriche.

Joachim Ringelnatz

Abenteurer, wo willst du hin?

Der Abenteurer

»Abenteurer, wo willst du hin?«

Quer in die Gefahren,
Wo ich vor tausend Jahren
Im Traume gewesen bin.

Ich will mich treiben lassen
In Welten, die nur ein Fremder sieht.
Ich möchte erkämpfen, erfassen,
Erleben, was anders geschieht.

Ein Glück ist niemals erreicht.
Mich lockt ein fernstes Gefunkel,
Mich lockt ein raunendes Dunkel
Ins nebelhafte Vielleicht.

Was ich zuvor besessen,
Was ich zuvor gewußt,
Das will ich verlieren, vergessen. –
Ich reise durch meine eigene Brust.

Mein Schiffsjungentagebuch

Es stand lange bei mir fest: Ich wollte Seemann werden. Mein Vater sträubte sich keineswegs dagegen, sondern holte nur den Rat kluger und sachverständiger Leute ein, ließ mich aber selbst entscheiden. Alle Befragten rieten mir dringend ab, sogar und besonders der Onkel Martin. Aber was besagte das einem beseelten Kinderwillen gegenüber.

Zu dem erfahrenen Weltreisenden Baron Schrenk schickte mich mein verschämter Vater nur, um mich über Sexualfragen unterrichten zu lassen, worüber Vater nicht zu sprechen wagte. Auch ich nahm Schrenks Ermahnungen überschüchtern entgegen. – Vaters Zeit, meine Jugend.

Und ich ging zur See.

[...]

»Elli« ahoi!

Ich will da anfangen, wo ich meinem Vater noch einmal gute Nacht wünschte und wir beide uns über den Bettrand bogen, um einen Händedruck auszutauschen, der von seiten meines Vaters wohl bedeutete: Werde ein tüchtiger und glücklicher Mensch, und bei dem ich ihm ohne Worte die Versicherung gab, daß er sich nicht um mich zu sorgen brauche. Das war am Abend des 3. April 1901 in einem Hotelzimmer am Hamburger Hafen. Der Heuerbas Kerner, der mir für 400 Mark eine seemännische Ausrüstung geliefert und sich verpflichtet hatte, mich am nächsten Tage auf einem großen eisernen Segelschiff als Schiffsjungen unterzubringen, hatte uns im besagten Hotel einquartiert, und wir schienen gut dort aufgehoben. Wir waren morgens aus Leipzig angekommen und hatten gleich den Heuerbas aufgesucht.

Dieser Mann, der mir den Weg in die weite Welt zeigen sollte, war von kleiner, untersetzter Gestalt, hatte ein rund backiges Gesicht, unstete Augen und kleine fette Hände. Er trug eine blaue Schirmmütze und hielt beständig eine Zigarre zwischen den Lippen, und zwar immer in der Mitte des Mundes, was ihm einen gewissen Ausdruck von Dummheit verlieh. Herr Kerner hatte einen kleinen Laden direkt am Hafen in einer Straße, die sich Stubbenhuk nannte. Er verkaufte Herrenkonfektionssachen vom Kragenknopf an bis zu ganzen Anzügen, aber weniger für *gentlemen* als für Arbeiter und besonders Seeleute; blaue Hemden und Blusen, blaue Mützen und blaue Tücher. Blau war die dort herrschende Farbe. In einer Ecke standen übereinander fünf oder sechs längliche gelbe Kisten, die wie Särge aussahen und die Kerner Seekisten nannte. Drei Stufen führten ins Hinterzimmer, einen kleinen Raum, der, wie ein dort stehender Schreibtisch verriet, als Kontor diente. Da oben wie unten hohe Regale mit aufgestapelten Kartons an den Wänden angebracht waren und unten auch noch ein langer Ladentisch stand, blieb nur noch ein schmaler Gang übrig, in dem sich beständig blaugekleidete Menschen herumdrückten.

Kerner empfing uns mit großem Eifer und erklärte gleich meinem Vater, daß mein Schiff leider in Le Havre bliebe und er mich nun erst mit anderen erfahrenen Seeleuten zusammen nach dort bringen ließe, wodurch er den vereinbarten Preis von 400 auf 450 Mark erhöhen müsse und dabei doch noch etwas einbüße. Er wußte meinem Vater jede Besorgnis auszureden und begann nun die für mich bestimmten Ausrüstungsgegenstände aufzuzählen, indem er sie, der Reihenfolge seines Prospektes entsprechend, auf dem Ladentisch ausbreitete. Ich sah mit großem Interesse zu. Da war zunächst ein Monkey-Jackett, eine dicke blaue Jacke mit Sammetkragen, die bei Seeleuten den Überzieher ersetzt, ferner ein Anzug mit zwei Reihen Knöpfen und eine Schirmmütze, wie sie Kerner selbst trug. Dann kamen in viertel oder halben Dutzenden wollene und leichtere Hemden, Unterzeug, bunte Taschentücher, Strümpfe und die mich hierauf am meisten interessierenden seemännischen Sachen, als ein Ölzeug mit Südwester, ein Paar Fausthandschuhe im Winter am Ruder zu tragen, ein paar Arbeitsjumper, ein Paket Tabak, Tabakspfeife, Streichhölzer, Soda, Seife und zuletzt ein dolchartiges Messer mit Scheide und Riemen. Das schien mir das Wertvollste an der ganzen Ausrüstung. Meine achtzehnjährige Phantasie malte sich dabei abenteuerliche, wilde Szenen an fernen Küsten aus, wo dieses Messer eine Hauptrolle spielte. Zum Schluß schleppte Kerner einen der gelben Särge herbei, packte alle diese Sachen hinein und deutete auf eine blau-weiß gestreifte Matratze, welche, um ein gleichfarbiges Keilkissen gewickelt, einer Riesenroulade gleich in einer Ecke stand. »Das ist deine Ausrüstung«, sagte er durch eine Handbewegung.

Sie schien in der Tat sowohl mir als auch meinem Vater eine sehr willkommene und preiswerte zu sein.

Es wurde nun verabredet, daß mein Vater noch einen Tag in Hamburg bleiben würde. Nach seiner Abreise sollte ich unter Kerners Aufsicht und auf seine Kosten so lange im Hotel wohnen, bis der Dampfer nach Le Havre abginge, der mich und einige meiner zukünftigen Kollegen bzw. Vorgesetzten zu dem großen eisernen Vollschiff »Elli« bringen würde.

Der letzte Tag des Zusammenseins mit meinem Papa war überaus freundlich verlaufen. Mein Vater hatte mir viel herzliche Wünsche und gute Ratschläge ans Herz gelegt, die am Abend in dem Moment, mit dem meine Erzählung begann, durch jenen Händedruck nochmals bekräftigt wurden. Wir schliefen gleich darauf ein oder waren wenigstens still. Es mag sein, daß mein rührend guter Vater im Gedanken an die Zukunft seines Jüngsten nicht gleich Schlaf fand. Ich jedenfalls konnte noch lange nicht einschlafen.

Die bald dumpfen, bald kreischenden Stimmen der Nebelhörner und Pfeifensignale, welche die Nacht durchzogen, waren eine neue, reizvolle Musik für mich, die in meinem unerfahrenen Gemüt ein berauschendes Gefühl, ein Ahnen von dem großen Treiben der Welt erzeugte.

Am andern Morgen brachte ich meinen Vater zur Bahn.

Das Schwere des Abschieds, das ich empfand, machte – wie gewöhnlich in solchem Alter – bald dem glücklichen Empfinden Platz, zum erstenmal ganz frei und auf sich selbst angewiesen zu sein.

Als ich bei Kerner vorsprach, empfing mich dieser mit einer auffallend plötzlichen Gleichgültigkeit. Mein dadurch gegen ihn hervorgerufenes Mißtrauen sollte bald weitere Nahrung finden.

Nach dem Mittagessen, das ich mit dem Hotelwirt und einem alten, griesgrämigen Kapitän einnahm, wurde gefragt, ob ich damit einverstanden wäre, daß man mich woanders unterbrächte. Es wären zwei neue Gäste gekommen. Mein Zimmer sei das einzige mit zwei Betten, und überdies würde ich in meinem neuen Logis mit anderen Seeleuten zusammensein.

Damit einverstanden, machte ich mich sogleich auf den Weg nach dem neuen Quartier.

Dieses befand sich im ersten Stock eines engen, morschen Hauses in einem Gäßchen des Hafenviertels. »Hermann Krahl« stand vor der Etagentür auf einem billigen Messingschild.

Ich wurde von irgend jemandem in ein Zimmer gewiesen, aus dem schon von weitem ein wüster Lärm drang. Noch wüster aber sah es in dem Raum selbst aus.

In einem länglichen Zimmer standen: ein roher Holztisch, eine ebensolche Bank und das ganz traurige Gerippe eines ehemaligen Kanapees ohne Überzug. Das war das ganze Mobiliar. Im übrigen fiel mir noch ein riesiger Panamahut von der Größe eines Wagenrades auf, der an der Wand hing, sowie ein junges, ausgestopftes Krokodil, das, auf dem Kopf stehend, wie ein Spazierstock in der Ecke lehnte.

Ein dicker Tabaknebel von süßlichem Geruch benahm mir fast den Atem, und in dieser Atmosphäre vollführten etwa vierzehn Jungens meines Alters und, wie ich, in blauer Schiffsjungenkleidung einen Heidenlärm.

Der Kaffee schien eben serviert zu sein. Wenigstens stand

auf dem Tisch eine Anzahl wenig appetitlicher Blechbecher mit schwarzem Inhalt.

Die blauen Jungen tranken das Getränk aber nicht, sondern sie setzten die gefüllten Becher vorsichtig ineinander bis zu einer hohen Säule. Dann schlug einer mit der flachen Hand auf den obersten Becher, so daß der Kaffee nach allen Seiten durch das Zimmer spritzte, worauf die Jungen in ein schallendes Gelächter ausbrachen. In diesem Moment trat ein untersetzter Mann mit starkem Schnurrbart herein, der wie ein Arbeiter aussah. Er stotterte etwas von »Schweinerei« und »aus dem Hause werfen«, ergriff dann einen der Übeltäter und erteilte ihm gewaltige Ohrfeigen. Das schien hier aber nichts Ungewöhnliches zu sein, denn die andern nahmen fast keine Notiz davon.

Ich beobachtete, daß die Blauen den Bärtigen mit Papa anredeten und daß er der Herr des Hauses, Krahl, war.

Inzwischen hatte ich mich, etwas eingeschüchtert, meinen Kameraden genähert und wurde nun bald mit ihnen vertraut. Sie waren aus allen Windrichtungen zusammengekommen. Von Kerner, der sie ausgerüstet, erklärten sie einstimmig, daß er der größte Schwindler und Schuft auf Erden sei, daß er ganz unbrauchbare Ausrüstungen liefere, seine Jungen seinem Versprechen zuwider nur auf ganz kleine, schlechte Schiffe brächte und sie vorher oft monatelang in der liederlichen Herberge von Krahl warten ließe, wo man vor Hunger, Schmutz und Langeweile fast umkäme. In der Tat privatisierten einige der Blauen dort schon acht Monate und länger, natürlich auf eigene Kosten. Mehrere hatten auch schon Reisen mitgemacht und waren inzwischen zu Leichtmatrosen oder Matrosen avanciert. Sie genossen besonderes Ansehen bei den übrigen und waren sich dessen recht bewußt. Mich behandelten sie als Neuling und bedeuteten mir auf meine endlosen, wißbegierigen Fragen, ich solle mir mal nicht zu viel von der »christlichen Seefahrt« versprechen; ich würde sie, wie alle Binnenländer, sehr schnell satt bekommen und sollte lieber wieder nach Hause »zu Muttern« fahren. Sie ließen sich übrigens am Abend herab, mich in die »Feuchte Ecke«, eine Matrosenspelunke, mitzunehmen, wo sie auf meine Kosten, und ohne sich weiter um mich zu kümmern, zwei Stunden Billard spielten. Geld hatte keiner von den Krahlsjungen.

In dem Schlafzimmer, wo wir übernachteten, sah es übel aus. Da standen nebeneinander mehr oder weniger zerbrochene Betten, unordentlich, schmutzig und durchwühlt, denn die Jungen waren am Tage mit ihren Stiefeln darüber gelaufen.

Eigentlich gefiel mir diese wüste Wirtschaft anfangs. Sie schien mir ein interessanter Vorgeschmack von dem freien, tollen Leben, das ich mir von meinem Beruf erhoffte. Nur der Gedanke, daß ich am nächsten Tage vielleicht doch nicht wie versprochen an Bord kommen würde, stimmte mich traurig.

Am andern Morgen aber ließ mich Kerner in seinen Laden holen. Dort standen bei meinem Eintritt mehrere andere Schiffsjungen wartend umher und schimpften laut. Kerner nahm aber keine Notiz davon, sondern verhandelte sehr geschäftig mit einem Italiener.

Ein langer Herr mit einer Glatze schaffte meine Ausrüstungsgegenstände in eine Droschke, die draußen wartete. Darauf wandte sich Kerner zu mir, gab mir mit einem halb freundlichen, halb boshaften Lächeln die Hand, und nach diesem Abschied stieg ich mit dem Glatzkopf in die Droschke. Fort rasselten wir.

Über holpriges Pflaster ging's. Mir war sehr beklommen zumute, und die Lustigkeit des Herrn Schütt – so hieß mein Begleiter – konnte mich nicht anstecken. Sein Lächeln hatte etwas sehr Ironisches.

Bald kamen wir in das Freihafenviertel. Über Brücken hinweg. – Links und rechts zeigten sich die für Hamburg charakteristischen Flete. Vor den langen Lagerhäusern standen große, eiserne Kräne. Arbeiter, Packer, Kutscher, Zollwächter waren überall lärmend beschäftigt.

Plattdeutsche Laute, Schimpfworte, Kommandos und Pfeifensignale drangen an mein Ohr. Aber alles, was ich sah, war mir fremd und abstoßend. Trotz des Lärms kam mir diese Umgebung so drückend schwül und so öde vor, daß ich – waren es die entmutigenden Reden meiner Krahlschen Kameraden oder ein gewisser Instinkt – ein Gefühl von zukünftigem Ärger und Enttäuschung hatte.

Nun hielten wir am Petersenkai vor einem Dampfer. Meine Sachen wurden an Bord gebracht, Schütt sagte mir Lebewohl, und dann stand ich allein auf dem französischen Schiff »Thérèse et Marie«.

Man wies mir einen Raum an, worin ich während der Überfahrt nach Le Havre wohnen sollte. Deutsche Matrosen, die mit mir auf die »Elli« kommen sollten, nahmen mich in Empfang und schafften meine Sachen in den Zwischenraum; so nannten sie den Ort, wo wir zwischen Kisten und Ballen, selbst Versandgütern gleich, einquartiert wurden. Dann nahmen sie mich mit an Land in eine Kneipe, wo man Bier aus Flaschen trank. Einer bezahlte eine Runde Bier, und ich verteilte dafür Zigarren.

Ich kam mir auf einmal recht männlich und stark vor, als ich so unter den derben Gestalten stand, ihre rohen Späße hörte und mich bemühte, es ihnen im Trinken möglichst gleichzutun. Sie wollten sich über meinen hohen Stehkragen totlachen und zogen aus ihm den Schluß, daß ich von feinen Leuten wäre. Sie ließen sich auch von mir erzählen, wie ich auf den Gedanken gekommen sei, zur See zu gehen, und schütteten sich wieder aus vor Lachen, als sie hörten, daß ich Kerner 450 Mark habe zahlen müssen. Seitdem nannten sie mich nur noch den Vierhundertmarksjung. So trieben sie noch lange ihren Spaß mit mir und wiederholten mir alle das, was man mir bei Krahl gesagt hatte. Einer von ihnen, den die anderen Hermann nannten, ein kleiner schmächtiger Mensch, schien der Gebildetste zu sein und nahm sich auch meiner besonders freundlich an. Er war als Leichtmatrose für die »Elli« angeworben, hatte seine Eltern in Hamburg und unterhielt sich hochdeutsch mit mir. Die übrigen waren Matrosen bis auf einen, der den Rang eines Bootsmannes einnahm.

Auch Hermann riet mir, wieder nach Hause zu fahren. Das Wasser habe keine Balken. Ich wies seinen Rat zwar mit Entschiedenheit zurück, aber er hatte doch genügt, meine Stimmung bis unter Null zu bringen, und ach, es sollte noch schlechter kommen.

Wir gingen in See. Nachts lagen wir nebeneinander in wollene Decken eingehüllt im Zwischendeck, wohin man nur mittels einer Leiter gelangte. Da ich keinen Schlaf finden konnte, stand ich wieder auf und ging unruhig im ganzen Schiff umher, verwundert anstaunend und verwundert angestaunt. Schmutzig, schmierig, ölig war alles, was ich anfaßte oder sah. Auch für die französische Besatzung galt das. Das Klosett läßt sich überhaupt nicht beschreiben.

Am nächsten Mittag wurde uns eine Blechschüssel mit einer fetten, unappetitlichen Masse vorgesetzt. Ragout betitelt; aber keiner von uns konnte sie genießen, trotzdem wir alle furchtbar hungrig waren. Sonst erhielten wir während der dreitägigen Fahrt nichts zu essen. Ich war auf ein Paket Leipziger Schokolade angewiesen. Hundertmal lief ich zur Küche und schrie: *»Manger! Manger!«*, aber der Schiffskoch war weder durch Geld noch durch gute Worte zu erweichen.

Jahn, einer von unseren Matrosen, suchte auf andere Weise uns etwas zum Beißen zu verschaffen. Es roch im Zwischenraum stark nach Feigen. Jahn machte sich daran, eine der Kisten mit einem Taschenmesser anzubohren, während der Bootsmann an der Leiter »Schmiere« stand.

Es war anscheinend nicht leicht, mit dem kleinen Instrument durch das dicke Holz zu dringen, denn Jahn brauchte ziemlich lange Zeit dazu. Endlich war er aber doch durch und fing nun furchtbar zu fluchen an, weil er in der Kiste Seife vorfand. Dann enthielten andere Kisten auch Seife. Zu trinken bekamen wir reichlich. Wein in Gießkannen. So viel, daß wir ihn sogar zum Händewaschen benutzten.

Die erste Nacht auf See hat sich mir fest ins Gedächtnis eingeprägt; denn sie ließ mich gleich das bewegte Meer kennenlernen. Das Schiff rollte gewaltig hin und her, so daß ich mich überall festhalten mußte. Mir war nicht wohl zumut.

Der Hunger, die entmutigenden Reden, die ich bisher gehört, der Spott und der rohe Ton meiner zukünftigen Bordgenossen hatten mich in eine elende Stimmung gebracht. Ich irrte ruhelos auf Deck umher, stieg eine eiserne Treppe empor, bog mich über das Geländer der Kommandobrücke und starrte auf die dunklen, brausenden Wogen hinab, die an dem Schiffe weißschäumend vorüberglitten. Vergeblich versuchte ich den Rhythmus festzustellen, der sie immer wieder mit dem gleichen, mächtigen Getöse formte und zerteilte.

Neben mir stand ein bärtiger Mann im schwarzen Ölmantel und betrachtete mich mit verwunderten, gefühllosen Blicken wie etwas ganz Fremdes, Unerklärliches. Am Steuer – oder Ruder, wie ich es später nennen lernte – stand ein zweiter Franzose. Seine ebenso erstaunten wie ernsten Blicke schienen mich zu fragen, warum ich nicht, wie meine Landsleute, schlafen ginge. Einmal richtete er auch ein paar Worte in seiner Sprache an mich, die ich aber nicht verstand. Dann stieg ich wieder ins Zwischendeck, und da ich noch immer keinen Schlaf finden konnte, begann ich meine Seekiste auszukramen, in der eine heillose Unordnung herrschte. Dabei entdeckte ich einen Brief, den mir mein Vater mit der Weisung gegeben hatte, ihn erst auf See zu öffnen. Er enthielt eine Menge Goldstücke, wie ich sie nie zuvor mein eigen genannt, und einen Brief in schlichten, herzlichen Worten, die mich zu Tränen rührten. Mein prächtiger Papa!

Endlich brach ein herrlicher Morgen an und brachte mir etwas frohere Stimmung. Die aufgehende Sonne gab der See eine klargrüne Färbung. Am Horizont zeigte sich ein blendend weißer, felsiger Küstenstreifen, der die brennende Sehnsucht in mir weckte, dort landen und umherstreifen zu können. Der freie, weite Himmel über mir trug dazu bei, das Bild freundlicher zu gestalten, und der Wind blies köstlich erfrischend. Jahn war der erste von uns Deutschen, der sich erhob. Er lachte mir zu, wusch sich in einem Eimer und begann dann, an Deck mit gleichmäßigen, schnellen Schritten auf und ab zu marschieren. Ich beobachtete ihn, wie er, trotzdem das Schiff von einer Seite auf die andere schwankte, doch eine schnurgerade Linie abschritt und dabei oft einen ganz unglaublich spitzen Winkel zum Deck bildete. Die französischen Matrosen, in liederlich-bunter, malerischer Tracht, mit wollenen Zipfelmützen, wie sie bei uns kleine Kinder tragen, standen in Gruppen schwatzend und lebhaft gestikulierend umher.

Mit ihnen befreundete ich mich bis zu einem gewissen Grade sehr schnell. Sie amüsierten sich anscheinend über mein Französisch. Große Schwierigkeiten machte es mir, ihnen den Begriff »Wurst« klarzumachen. Obgleich ich in der Zeichensprache mit dem Finger in der Luft ein höchst getreues Bild einer deutschen Leberwurst entwarf, lasen diese Franzosen doch alles mögliche andere daraus, wie Makkaroni, Gurken oder Aal.

Am Abend erblickten wir die zwei Leuchttürme von Le Havre auf einer steilen Felswand, deren grelles Weiß sich gegen den tiefblauen Himmel abhob. Es fiel mir auf, daß das bisher grasgrüne Wasser an einzelnen, merkwürdig scharf begrenzten Stellen eine blaue Färbung zeigte. Jahn und Bootsmann, die mich gern etwas aufzogen, meinten, das blaue Wasser rühre vom Atlantischen Meer, das grüne von der Nordsee her. Dann passierten wir in gewissen Abständen eiserne, aus dem Wasser herausragende Kegel. Hermann belehrte mich, daß das sogenannte Bojen seien, die den Schiffen als Wegweiser oder Warnungszeichen dienten, während mir Jahn mit ernster Miene etwas von versunkenen Kirchtürmen vorredete.

Als wir die Felswand passierten, zeigte sich plötzlich in einer Bucht die Stadt Le Havre voll und ganz unseren Blikken. Erst jetzt gelang es mir, der ich halb verhungert war, vom Schiffskoch für fünfzig Pfennige eine ganz alte, harte Semmel zu erlangen.

Dann kam der Moment, wo wir landeten. Wir Deutschen packten unsere Sachen und machten uns auf die Suche nach der »Elli«. Der Bootsmann nahm die führende Stelle ein.

Endlich entdeckten wir das eiserne Vollschiff, das wir suchten.

Es war allerdings kein Vollschiff und war auch nicht aus Eisen, sondern es war eine kleine, hölzerne Bark mit schwarz gestrichenem Rumpf.

Drei Masten ragten von ihr in die Höhe, die mit Stangen, Tauen und sonstigen schmutzigen, mir ganz fremden Gegenständen wie mit einem Spinnengewebe übersponnen war. Kein Mensch zeigte sich, und das Schiff wie der Kai, an dem es lag, machten einen öden, toten Eindruck. Am Hinterteil des sargähnlichen Baues stand mit goldenen Buchstaben der Name »Elli« und darunter der Heimathafen des Schiffes »Oldersum«.

»Ein Ostfriese«, sagte der Bootsmann mit einer gewissen Verachtung, indem er dicht an die Bark herantrat. Dann legte er die Hand an den Mund und rief mit fürchterlicher Stimme: »›Elli‹ ahoi!«

[...]

Segelschiffe

Sie haben das mächtige Meer unterm Bauch
Und über sich Wolken und Sterne.
Sie lassen sich fahren vom himmlischen Hauch
Mit Herrenblick in die Ferne.

Sie schaukeln kokett in des Schicksals Hand
Wie trunkene Schmetterlinge.
Aber sie tragen von Land zu Land
Fürsorglich wertvolle Dinge.

Wie das im Winde liegt und sich wiegt,
Tauwebüberspannt durch die Wogen,
Da ist eine Kunst, die friedlich siegt,
Und ihr Fleiß ist nicht verlogen.

Es rauscht wie Freiheit. Es riecht wie Welt. –
Natur gewordene Planken
Sind Segelschiffe. – Ihr Anblick erhellt
Und weitet unsre Gedanken.

In See

[...]
Die Koje, die mir zugewiesen, war so klein, daß ich nur mit eingezogenen Beinen schlafen konnte. Jede Nacht fast bekam ich Beinkrämpfe.

Ich mußte morgens den Kapitän wecken, seine Kammer aufräumen und den Kajütentisch decken, an dem auch der Bootsmann und der Steuermann aßen. Unglaublich schien es mir anfangs, daß die Mannschaft Margarine statt Butter erhielt. Ich half mir heimlich mit Kapitänsbutter über diese Klippe und konnte mich überhaupt nicht über das Essen beklagen.

Meine Aufgabe war es auch, den Tisch abzuräumen, Geschirr aufzuwaschen, Gläser zu putzen, Staub zu wischen; kurz gesagt, ich war für die Kajütsbewohner das Mädchen für alles.

Ich gab mir Mühe, fleißig zu sein, machte aber doch vieles verkehrt und bekam das dann auch ziemlich deutlich zu hören. Es fiel mir sehr schwer, mich an die Demütigungen zu gewöhnen, die ein Schiffsjunge erdulden muß. Obgleich ich mir sagen durfte, daß ich in meiner Allgemeinbildung hoch über den andern stand, mußte ich doch als Achtzehnjähriger mich von allen anderen duzen und schimpfen lassen, während ich den Kapitän sowie den Boots- und Steuermann mit »Sie« anreden mußte. Der Steuermann gefiel mir. Er priemte, spuckte und lachte viel und riet mir davon ab, Seemann zu werden.

Eines Tages rief ich große Bestürzung dadurch hervor, daß ich in der ehrlichsten Absicht den großen Kompaß, welcher unterm Kajütskylight in der sogenannten kardanischen Aufhängung angebracht war, aus den Angeln hob und in die Kajüte trug, um ihn dort mit Putzstein und Öl zu bearbeiten. Der Kapitän traf mich dabei, geriet in furchtbare Wut und schimpfte, ob ich verrückt sei, weil ich ein so empfindliches Instrument wie eine Seekiste herum schleppe. Ich erhielt vom Bootsmann noch Ohrfeigen für

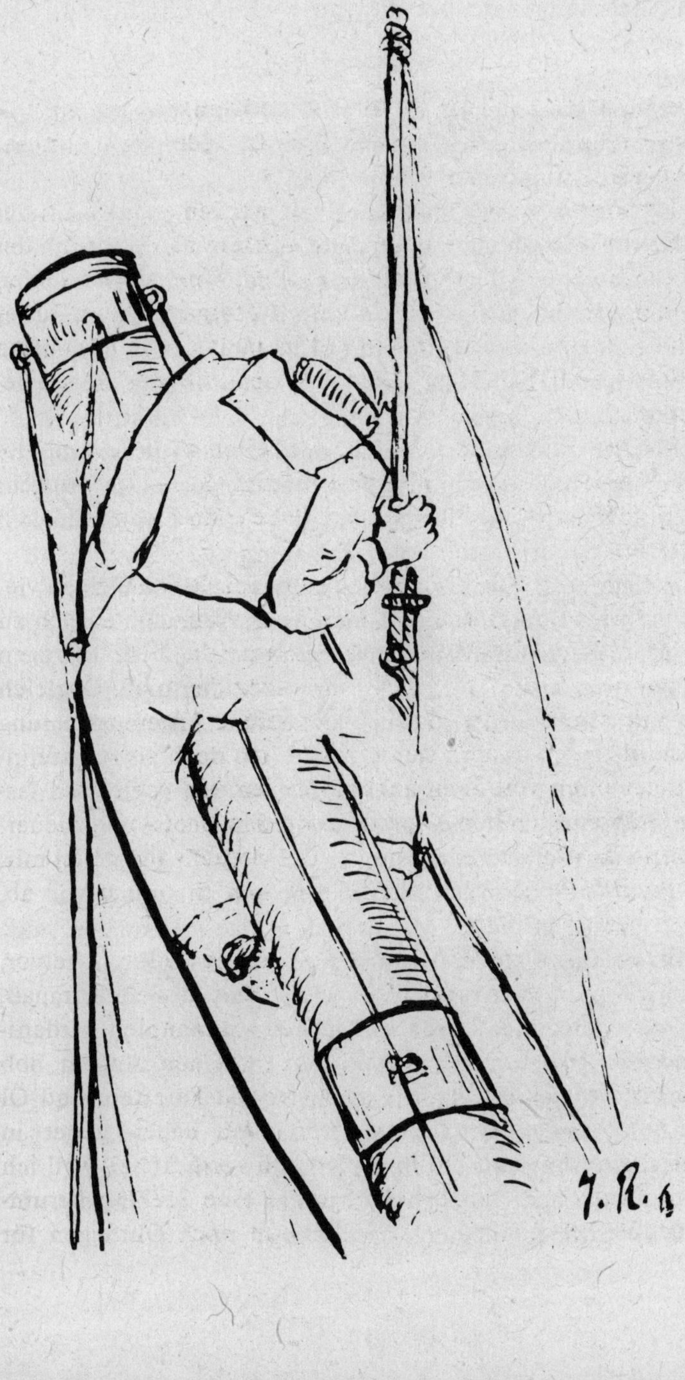

die unerhörte Tat, und die ganze Besatzung hatte für ein paar Tage zu lachen.

[...]

Eine Katze, die sich an Bord befand, mußte ich über Bord werfen, da sie verrückt geworden war. Der Kapitän hatte mir nahegelegt, ich möchte, um einen Ersatz zu schaffen, einmal versuchen, an Land einen Hund einzufangen. Eines Morgens sah ich dann auch am Kai unter einem Eisenbahnwagen solch ein Tier, das herrenlos herumlungerte und sehr verhungert aussah, eine Art Pinscher. Dieses Tier fing ich und schleppte es mit der einen Hand an Bord, während ich mit der anderen meine Hosen festhalten mußte. Später bereute ich allerdings diesen Fang sehr, denn einesteils mußte ich sehen, wie das arme Tier von der rohen Besatzung, besonders vom Bootsmann, ganz schrecklich gequält wurde, andernteils hatte ich selbst an ihm viel Ärger, weil ich ihm immer mit Schaufel und Besen folgen mußte.

»Zigarre an Deck!« war bald ein oft gebrauchtes Kommando des Kapitäns, und dann ging ich Würstchen suchen.

Am 18. April endlich, frühmorgens, verließ die »Elli« Le Havre und stach in See. Sie führte als Ballast Steine mit sich, die in Amerika zu Straßenbauzwecken verkauft werden sollten.

Ich mußte zum erstenmal in den Wanten hoch ins Segelwerk klettern, um ein Segel loszubinden, und tat das mit stolzer Lust, obgleich es sehr anstrengend war.

Das Leben gestaltete sich nun für uns ganz anders.

Zunächst wurde die Mannschaft in zwei Seewachen eingeteilt, welche einander Tag und Nacht alle vier Stunden ablösten.

Als Kajütsjunge wurde ich bei dieser Einteilung nicht berücksichtigt, sondern blieb von acht Uhr abends bis vier Uhr morgens dienstfrei. Statt frischen Brotes gab es von nun an Hartbrot, ein keksartiges Gebäck, das mir anfangs, weil neu, ganz gut schmeckte, obgleich es wahrscheinlich der Hauptsache nach aus Knochenmehl bestand. In Le Havre hatten uns die Straßenjungen oft darum angebettelt, und wir hatten ihnen gern, wenn sie an das Schiff herankamen und unaufhörlich *»Bisquit!« – »Bisquit!«* riefen, die harten Stücke hinuntergeworfen, um uns dann darüber zu amüsieren, wie sie sich darum balgten. Kapitän und Steuermann durften das aber nicht sehen.

So eine Art Straßenjunge, wenn auch besser erzogen, war unser Napoleon. Ein äußerst verschmitzter, rotbackiger Bengel, der, wenn er irgend etwas verbrochen hatte, eine unbeschreiblich heuchlerische Unschuldsmiene aufsetzen konnte, sonst aber immer lachte. Er war im Grunde temperamentvoll, geschickt und sehr gutmütig und blieb deshalb mein Freund.

Einmal wurde er mit mir ins Zwischendeck geschickt, um Zwiebeln zu sortieren. Das war uns angenehm, denn wir konnten uns dort unbehelligt unterhalten. So saßen wir denn zwischen Bergen von Zwiebeln, und während wir die verfaulten von den guten aussortierten, schütteten wir uns gegenseitig unser Herz aus. Wir klagten, wie hart und schlecht das Leben auf der »Elli« sei, und kamen dann auf die Heimat und unsere Lieben zu sprechen. Auf einmal fing Paul zu weinen an. Auch mir kamen sofort die Tränen in die Augen, und so saßen wir Hand in Hand eine Weile schweigend in den Zwiebeln, bis uns wieder das Komische der Situation zum Bewußtsein kam und wir herzlich lachten.

Ja, es war häßlich, das Leben, das ich führte. Von frühmorgens bis spätabends schwere oder unwürdige Arbeit verrichten zu müssen, vom Steuermann oder Bootsmann geschlagen, von den Matrosen wegen meiner seemännischen Unkenntnis und meines sächsischen Dialektes unausgesetzt verspottet zu werden, das war alles andere, nur nicht ermutigend. Dazu machte ich noch die Erfahrung, daß meine Augen doch nicht so scharf waren, wie sie ein Seemann braucht, und häufig wurde ich von den Matrosen ausgelacht, wenn ich ein Schiff oder bei Nacht ein Feuer am Horizont noch nicht finden konnte, das die anderen längst entdeckt hatten.

Und wie vieles mußte ich lernen, ohne daß man mir die

Erklärung oder Anweisung dazu gab! Der Seemann hat eine vollkommen eigene Sprache. Die zahllosen fremden Ausdrücke für alles an Bord Befindliche gingen mir wie Kraut und Rüben durcheinander. Meine Sachen mußte ich natürlich selbst waschen und flicken, und dazu fehlte es an Material, Platz und Zeit. Manchmal bereute ich, den Seemannsberuf eingeschlagen zu haben, von dem mir ja auch alle abgeraten hatten. Dann dachte ich wieder an die Kosten, die ein Berufswechsel meinem Vater bringen würde, und wie man mich auslachen würde, wenn ich nach der ersten Reise schon die Lust verloren hätte.

Wie schön hatten es doch die an Land! Kaufleute, Maler, Schriftsteller!

Über solchen Gedanken saß ich oft stundenlang des Nachts in meiner Koje wach und wurde so verbittert mit der Zeit, daß ich einige Male ernsthaft erwog, ob es nicht besser sei, meinem, wie mir schien, verfehlten Leben ein schnelles Ende zu bereiten. –

Kapitän Pommer fuhr die »Elli« zum erstenmal. Das Schiff hatte vorher unter französischer Flagge gesegelt. Ich fand eines Tages diese Flagge in einem entlegenen Winkel und barg sie unter meinem Keilkissen.

Der Wind nahm an Stärke zu, je weiter wir uns von Europa entfernten. Am 20. April ging die See bereits sehr hoch. [...]

Die hohen Wellen warfen die »Elli« wie einen Ball umher. Es war ein Kunststück, die Suppe aus der Küche über Deck und die steile Wendeltreppe nach der Kajüte hinunterzubalancieren. Da fand denn der Bootsmann, der niemals freundlich zu mir war, guten Grund, mich anzufahren, und manchen Puff mußte ich hinnehmen. Auch der Koch behandelte mich schlecht, während er sich andererseits vor dem Kapitän oder Steuermann den Anschein größten Eifers gab und beim Segelbrassen, wenn er sich beobachtet wußte, so wütend an den Tauen riß, daß ihm die Hände bluteten.

Auf hoher See

[...]
In der Kajüte wurde ich vom Steuermann oder Bootsmann aufgezogen und wie ein Schulkind ausgefragt. Ich war eben Schiffsjunge. Ich besann mich, daß mir meine Mutter einmal von dem beißenden Spott der Seeleute gesprochen hatte. Das war zutreffend.

Entfuhr mir bei irgendeiner Gelegenheit ein »Dankeschön« oder »Bitte«, so lachten die anderen, und der Steuermann sagte: »Ach was, altes Aas, Dankeschön gibt's nicht zur See.«

Einmal bekam ich den Auftrag, etwas mit Teer anzustreichen, und als ich dabei den Teertopf ein wenig behutsam angriff, tauchte mir der Kapitän beide Arme zweimal bis zum Ellenbogen in die schwarze Masse, »zum Abgewöhnen« sagte er.

In manche Arbeiten konnte ich mich nur langsam hineinfinden. Ich war überhaupt sehr ungeschickt und zerbrach viele Teller, Gläser usw. Was die rein seemännischen Arbeiten betraf, so waren und blieben mir dieselben lange Zeit ganz unverständlich. Wenn der Steuermann plötzlich mit lauter Stimme das Kommando: »Heiß Groß-stengstachseil!« gab, so stürzte die ganze Mannschaft an Deck, an eins der vielen herunterhängenden Tauenden, bildete mit dem Bootsmann an der Spitze eine Kette, und während dieser eigentümlich durchdringende Rufe ausstieß, rissen alle im Takt danach an dem Tau. Wollten Paul oder ich im Hintergrunde dann fragen, was das zu bedeuten habe, dann gab uns jemand einen Stoß ins Genick und rief in rauhem Platt: »Rit, Bengels, rit!« Auf das Schlußkommando *»Belay!«* wurde das Tau an einem eisernen Nagel festgebunden, und jeder ging wieder an seine Arbeit, oder es kam ein neuer Befehl.

Mit oder ohne Willen wurde ich aber täglich klüger. Ich lernte die Zeiteinteilung an Bord nach Glasen und schrieb mir die Namen der zahlreichen Tauenden auf, um sie auswendig zu lernen.

Das letzte frische Brot, das für die Kajütsbewohner mitgenommen war, ging eines Tages zu Ende, und nun mußte ich mich an Schiffszwieback halten, der mir unter dem Namen Hundekuchen schon von Hause her bekannt war. Auch die Kartoffeln gingen aus. Man schickte sich mit der Zeit in die Verhältnisse und war zuweilen wieder heiter. Die weite, ungeheure Meeresfläche, die uns ununterbrochen umgab, freute mich.

Eines Morgens trieb ein Mast an uns vorüber. Die anderen beachteten das nicht weiter, aber für mich war's ein seltsam reizvoller Anblick. Ich mußte an Schiffsunglück, Meuterei und seemännischen Heldentod denken.

Paul Phené, alias Napoleon, teilte das letzte Stück Schokolade mit mir, das ihm seine Mutter mitgegeben, und ich mauste dafür einen Rest Schnaps aus der Kajüte, auch eine Flasche Wein.

Kapitän Pommer war, wie alle Ostfriesen, ein anspruchsloser Esser, aber ein starker und verwöhnter Trinker. Im Grunde war er gutmütig, konnte jedoch sehr rauh und jähzornig sein. Als er eines Tages die Lampe zerbrach, tobte er furchtbar gegen mich, obgleich mich absolut keine Schuld traf. Ich war der Blitzableiter für alle seine Launen. Schmeichelworte, wie Totenkopf, Specht, Aas, Bengel, hatte er auch in der besten Stimmung für mich bereit.

[...]

Bei dem gräßlichen Einerlei der Kost suchte ich mir mitunter selbst etwas Außergewöhnliches zu bereiten. So stellte ich aus Zucker, Sirup sowie einer Flüssigkeit, die ich in einer kleinen Flasche in der Kajüte fand und die entweder Likör oder Medizin war, eine Art Bonbons her. Als ich einmal das Abendbrot für die Kajütsgäste auftrug, fand ich den Kapitän mit meinem Tagebuch beschäftigt, das er in meiner Koje entdeckt hatte. Er durchblätterte es schmunzelnd und las die ungünstigen Bemerkungen, die ich darin über den Bootsmann gemacht hatte, in dessen Gegenwart laut vor. Letzterer lächelte zwar dazu, aber dieses Lächeln war ein teuflisches und sagte mir deutlich: Na warte nur! Wenn wir erst allein sind! Zum Schluß gab mir der Kapitän Pommer das Buch zurück und meinte, ich solle nicht solchen Quatsch schreiben. Das sei verboten.

Ich wurde zum erstenmal auf den Klüverbaum geschickt, um ein Segel festzubinden. Jetzt müßten mich meine Freunde sehen, dachte ich, als ich so frei über den Wellen auf dem schwankenden Tau stand und das Wasser betrachtete, wie es sich unaufhörlich schäumend am Bug des Schiffes brach. Ob wohl jetzt in Leipzig einer meiner gedachte? Martin Fischer vielleicht, mein liebster Freund.

Der Wind wurde immer heftiger; infolgedessen ging die See immer höher, rollte die »Elli« immer unbändiger von der einen Seite auf die andere, rutschte ich fortwährend auf dem schrägen, durch das überspritzende Wasser glatten Deck aus und stieß mich überall. Wir liefen tolle Fahrt und mußten schließlich alle Segel festmachen.

»Steuermann, ist das ein Sturm?« fragte ich, aber der Steuermann lachte und sagte: »Das ist noch gar nichts.« –

Der Koch hatte den Versuch gemacht, Brot zu backen; das war aber mißlungen. Natürlich traf nun den Ofen die Schuld. Der Koch war, wie er mit großem Stolz erzählte, als Matrose gefahren. Trotzdem hatte er sich auf der »Elli« als Küchenmeister anmustern lassen, und wir armen anderen mußten nun unter seinen ersten Versuchen leiden. –

Sonntags gab es Pudding in Napfkuchenform, der aus reichlich Mehl und Wasser bestand. Auch Rosinen und Kakerlaken fanden sich darin. Als er ins Logis gebracht wurde, erprobte Jahn seine Festigkeit, indem er mit der flachen Hand kräftig daraufschlug, und dann rief er: »Wat, det Tüg solln wi fretten?« Jahn zwang Hermann, ein großes fettes Stück Salzfleisch hinunterzuwürgen, indem er ihm mit einem Tauende drohte. –

Er stahl auch, was er nur konnte. Trotzdem war etwas in seinem Wesen, was mir gefiel. Sein kräftiges, derbes Auftreten, seine sichere Geschicklichkeit und Ruhe bei der Arbeit und ein famoser trockener Mutterwitz standen ihm gut und verschafften ihm bei den übrigen Respekt.

[...]

Eine regelmäßige Essenszeit hatte ich nicht, sondern aß während des Servierens oder in freien Augenblicken zu irgendeiner Stunde.

Bootsmann schlug mich mit der Faust und dann mit einem Tau auf den Kopf, weil ich den Tisch mit Werg anstatt mit einem sauberen Tuch abgewischt hatte. Ich verbiß den Schmerz, aber als ich allein war, hatte ich Mühe, Tränen zu unterdrücken.

Abends lag ich gewöhnlich noch lange in meiner Koje wach. Mit dem Mondschein, der durch die offene Tür in die Kammer drang, kamen oft sehnsüchtige Gedanken, die von meinen Idealen, von Freiheit und Abenteuern erzählten.

Nie hätte ich geglaubt, wie unendlich viele Farben und Eindrücke die beiden Elemente Meer und Himmel bieten können, bis ich es nun selbst sah.

Wir änderten jetzt unseren Kurs, doch war ich noch nicht Seemann genug, um dieses Manöver selbst wahrnehmen zu können. Ich wurde mit der fachmännischen Arbeit betraut, die Gottings auf der Großrahe zu überholen.

[...]

Ein großer Moment: Es gab zum erstenmal mittags Reis. Er war ohne jede Zutat nur in Wasser gekocht. Mit stiefelwichsähnlichem Sirup vermischt, schmeckte er mir aber ebensogut wie einst Mutters Milchreis. Sirup war das Element, in dem ich nun schwamm.

Eines Tages erregte ein Schuß meine Aufmerksamkeit. Steuermann hatte eine Möwe geschossen.

Mit dem Koch war schwer auszukommen. Sein prahlerisches Wesen war mir zuwider. Es gab aber Stunden, wo er ein wenig, ich möchte sagen, wieder thüringisch wurde. Solche Stimmungen benutzte ich dann, um mir von ihm Aufklärung in seemännischen Fragen zu holen oder plattdeutsche Seemannslieder beibringen zu lassen: »Im Schottischen Hering zu Altona« – oder »Wenn hier en Pott mit Bohnen steit« und andere. –

[...]

Hinter Madeira wurde ich zum erstenmal ans Ruder geschickt, allerdings vorläufig unter Aufsicht. Ein Ehrenposten! Mit nicht geringem Stolz löste ich den Rudersmann ab und übernahm den Kurs und die Führung des Schiffes.

Das Ruder befand sich achtern auf dem Kajütsdeck. Der Mann, der es bediente, sah durchs Kajütsglasdach auf den Kompaß. Er konnte dabei auch den Mahlzeiten in der Kajüte zusehen. Was natürlich sehr interessant war. Ich stand in der Folgezeit häufig und gern am Ruder. Das war ein seemännischer, nicht anstrengender Posten, bei dem ich meinen persönlichen Gedanken nachhängen konnte.

Ein kleines Erlebnis prägte sich mir ein. Eine Schwalbe, auf der Rückreise aus dem Süden begriffen, hatte sich ermüdet auf dem Schiff niedergelassen und in meine Kammer geflüchtet. Das kleine, stahlblaue Tier gefiel mir. Ich beschloß, es zu fangen und auszustopfen. Verroht, wie ich durch meine Umgebung geworden war, griff ich das Tier und preßte ihm die Kehle zusammen, um es zu ersticken. Als ich aber sah, wie es vor Schmerz und Angst die schönen dunklen Augen verdrehte, dauerte es mich wieder, so daß ich es freiließ und in ein weiches Nest aus Werg bettete. Der kleine Vogel erholte sich und flog eines Tages von dannen.

[...]

Die schrecklichste Arbeit für Paul und mich war das Heraufholen von Kohlen aus dem Kohlenschacht. Dieser enge Raum lag tief unten und war so schmutzig, daß man ihn stets ganz und gar schwarz verließ. Natürlich war er völlig dunkel. Eine steile, eiserne Leiter führte hinunter, und es war nicht leicht, mit den schwer gefüllten Eimern in der Hand wieder hinaufzuklimmen. Paul warf noch dazu gewöhnlich unten das Licht um, und dann stießen wir uns in der Dunkelheit bald hier, bald dort die Köpfe.

Die nächsten Tage verliefen ziemlich unruhig. Es gab so viel zu tun, daß ich manchmal glaubte, nicht mehr mitmachen zu können.

Im Matrosenlogis machte sich die Unzufriedenheit mit der Kost immer lauter bemerkbar. Als der Koch eines Tages

den Reis für die Mannschaft wieder besonders schlecht zubereitet hatte, ging Jahn mit der Schüssel zum Kapitän, hielt ihm den Reis vor und sagte in seiner trotzigen Art: »Captain, son Negerfraß kann man doch nicht fretten!« Die Folge war, daß es seitdem vorn kein warmes Frühstück mehr gab.
[...]

Zank und Schlägereien gab's immer. Steuermann schlug Jahn eine Beule. Dieser antwortete mit einem Schlag ins Auge, so daß Steuermann lange Zeit alle Perlmutterfarben im Gesicht trug. Meine Sympathie war im stillen auf Jahns Seite. Auch Bootsmann stritt sich oft mit Steuermann, und ich freute mich darüber, denn ich hatte beide hassen gelernt. Der Bootsmann, der größere Erfahrung und mehr Geschick hatte als der Steuermann, wollte sich von diesem nichts sagen lassen.
[...]

Die Kost an Bord wurde immer schlechter, und es erregte absolut kein Erstaunen, wenn ich mittags ein Stück getrockneten, leider sogar schon mehr flüssigen Stockfisches in Sirup tauchte, um wenigstens etwas Verdauliches zu erhalten.
[...]

Westindien in Sicht

[...]
Wir waren alle äußerlich verkommen. Eines Abends zog ich zum erstenmal seit zwei Wochen meine Strümpfe aus, wobei ich bemerkte, daß mir wahre Vogelkrallen an den Zehen gewachsen waren. Wir schliefen damals in den schmutzigen Sachen, die wir bei der Arbeit anhatten. Wasser zum Waschen war nur wenig vorhanden, und in der kurzen Freizeit, die uns der Dienst ließ, waren wir zu müde zum Waschen. Als ich einen der Matrosen bat, mir die Haare zu schneiden, empfahl er mir, das mittels Petroleums und eines Zündholzes selbst zu besorgen.
[...]

Die »Elli« war, wie alle Holzschiffe, stark von Ratten bevölkert. Der Bootsmann fing ein solches Tier. Es wurde in ein Vogelbauer eingesperrt. Bootsmann und Steuermann stellten sich dann dicht davor und durchlöcherten die Ratte mit Revolverschüssen. Dabei erzürnten sich beide. Der Bootsmann sprach seit diesem Tag kein Wort mehr mit dem Steuermann, und dieser zog eine bitterböse Miene. – Wir mußten pumpen, da sich viel Wasser im Schiffsraum angesammelt hatte. Am Himmelfahrtstag sichteten wir nach langer Zeit einmal wieder ein Schiff. Es fuhr mit vollen Segeln an uns vorbei. Ein stattlicher Anblick!

Einer der Matrosen unterrichtete mich im Knoten und Spleißen.

[...]

Die Unzufriedenheit unter der Mannschaft nahm bedrohlich zu. Täglich gab es weniger zu essen, und das wenige wurde, wenn es nicht schon ungenießbar war, vom Koch verdorben: Bohnen und Bohnen und Bohnen und Bohnen. Es war kein Wunder, daß sich vorn alle gegen den Koch verschworen. Zur Nachtzeit wurden ihm die schikanösesten Streiche gespielt, und am Tage bekam er die unglaublichsten Schimpfnamen zu hören. Sogar Napoleon nannte ihn einen Schafskopf, mußte es allerdings auch mit zwei Wunden büßen, die ihm der Koch mit dem Schüreisen schlug.

Zwischen Steuermann und mir bestand ein ähnliches Verhältnis. Der schlug und peinigte mich, wo er nur konnte. Er hatte entdeckt, daß einer der zum Waschen benutzten Bottiche fettig war. Da niemand außer dem Koch mit Fett zu tun hatte, war es ganz klar, daß diesen allein die Schuld traf, aber da er es leugnete, bekam ich die Prügel.

Es trieb jetzt viel Seegras im Wasser vorüber, ein Zeichen, daß wir uns der Küste näherten. Wir erwarteten täglich, Guadeloupe in Sicht zu bekommen. Wir freuten uns selbstverständlich alle darauf. Am meisten wohl Paul und ich, weil wir zum erstenmal ein überseeisches Land kennenlernen sollten und das Leben an Bord der »Elli« gründlich satt hatten. Es war auch wirklich schlimm zugegangen in der

letzten Zeit. »Viel Arbeit« hatte ich fast jeden Abend in mein Tagebuch eingetragen, und ich erhielt, schuldig oder unschuldig, so viel Schläge von Boots- und Steuermann, daß mein Körper alle Farben zeigte. Wenn mir der Bootsmann, wie so oft, bei ganz geringfügigen Anlässen Hiebe versprach, dann wußte ich, was ich zu erwarten hatte, und es ist wohl begreiflich, wenn mir dann Rachegedanken durch den Kopf gingen. Aber in meiner Stellung als Schiffsjunge durfte ich der Übermacht gegenüber gar nicht an Widerstand denken. Ich mußte die Faust in der Tasche ballen und wurde mehr und mehr verbittert, zumal ich sah, daß selbst größter Eifer und übertriebene Unterwürfigkeit keinen Eindruck auf meine Vorgesetzten machten, und das waren außer Napoleon alle.
[...]

Schiffsjungengruß aus Belize

Belize, British Honduras, 25. Juli 1901.
Herrn Georg Bötticher, Leipzig-Gohlis,
Möckernsche Straße 36, I. Deutschland.

Welch innig warme Freude
Ein Brief von Haus doch macht.
Wie Dir bei froher Kunde
Das Herz so glücklich lacht!

Das Auge glänzt in Tränen
Wie leicht wird das Gemüt,
Und ein unbändig Sehnen
Dir in der Brust erglüht.

Ein stiller Abend wieder
Und müde stockt der Reim,
Zur Ruh leg ich mich nieder,
Im Traum bei Euch daheim.

Ich küsse Dich, lieber Papa, wie auch die gute Mama, Wolf und Otti. Bob grüße ich nur. Vielen Dank für Eure herzlich langen Briefe. Lebt wohl, Euer Hans.

Flucht

Es war am 20. Juni. Ich erhielt doch einmal vom Steuermann Erlaubnis, mit Hermann an Land zu fahren. Nachdem ich nochmals zwischen Fliehen und Bleiben geschwankt hatte, entschied ich mich schließlich für Flucht. Jetzt oder nie! Die Freiheit winkte.

[...]

Mit äußerlich größter Ruhe, aber um so stärkerer innerer Aufregung traf ich nun meine Vorbereitungen. Nach dem Ausscheiden abends um sechs Uhr zog ich mir zwei neue Hemden, zwei Paar Strümpfe, einen leinenen Arbeitsanzug und einen blauen Landanzug übereinander sowie meine besten Schuhe an. Dann steckte ich Uhr, Taschenmesser, Tabakspfeife, einige Photographien, die mir lieb waren, ferner einen kleinen leinenen Sack, in dem ein Neger mir einmal Bananen gebracht hatte, und *last not least* mein Tagebuch zu mir. In dieser mehr arktischen als tropischen Ausrüstung begab ich mich in die Kajüte, um Kapitän Pommer um einen Vorschuß zu bitten. Er gab Hermann und mir zusammen zwei Dollar und sagte dabei zu meinem großen Schrecken: »Na, Seppl, du siehst ja ordentlich groß und breit aus!« Er hatte aber glücklicherweise nichts gemerkt. Dann stiegen wir – Hermann, Willy, Koch und ich – ins Boot. Vorher hatte ich noch, in der Erwägung, daß meine Sachen nach meinem Verschwinden wohl sehr bald von Jahn und Konsorten mit Beschlag belegt werden würden, meine Bücher und einige andere wertvollere Stücke meines Nachlasses in Hermanns Koje gesteckt und den guten Menschen gebeten, sie für mich aufzubewahren, beziehungsweise sie in Europa meinen Eltern zuzusenden. Unser Urlaub war sehr knapp bemessen. Wir sollten um neun Uhr, bevor die starke Strömung einsetzte, schon wieder zurück sein. An Land angekommen, gingen wir zunächst dahin, wo sich die deutschen Seeleute immer ihre Kenntnisse fremder Länder aneignen, d. h. in ein deutsches Wirtshaus. Wir bestellten uns Limonade und Zigarren und waren sehr fidel, besonders ich. Ich drückte Hermann mehrmals unterm Tisch die Hand, und er lächelte mir dann verständnisinnig zu. Nachdem der Reihe nach jeder von uns etwas zum besten gegeben hatte, so daß keiner im Vorteil geblieben war, unternahmen wir noch einen Straßenbummel, bei dem ich mir ein halbmeterlanges, breites Messer kaufte. Um acht Uhr erklärte ich meinen Gefährten, daß ich noch etwas besorgen wolle, aber gleich nachkommen würde. Sie waren damit einverstanden, schärften mir aber dringend ein, pünktlich um neun Uhr am Boot zu sein. Dann drückte ich Hermann nochmals flüchtig die Hand und marschierte mit großen Schritten davon. Ich ging immer geradeaus, da mir ja vor allen Dingen daran lag, möglichst weit von der »Elli« fortzukommen. Als ich jedoch die letzten Häuser im Rücken hatte, stellte sich heraus, daß mein Weg in einen Wassertümpel mündete. Eine andere Straße, die ich nun einschlug, war gleichfalls durch eine Wassergrenze gesperrt. Es schien, als sei Belize festungsartig mit Wassergräben umgeben. Wieder eine andere Richtung einschlagend, kam ich über den Marktplatz, wo ich Pferde und Kühe herrenlos und ungefesselt umhertraben sah. Ein paar Neger, die ich nach dem nächsten Weg aus der Stadt fragte, rieten mir dringend ab, bei Nacht durch den Wald zu gehen. Ich ließ mich aber nicht beirren, sondern schritt tüchtig aus und fand diesmal auch den richtigen Ausweg. Bald lagen die letzten, vereinzelten Häuser hinter mir und vor mir ein Weg, oder besser eine Lichtung, die in den großartigen, rauschenden Urwald führte. Als ich mich so weit in Sicherheit glaubte, daß mir die Matrosen nicht mehr folgen würden, zog ich meinen guten Anzug aus, tat diesen und die sonstigen Gegenstände in den leinenen Bananensack und eilte dann weiter. Mein Weg ging über Schlingpflanzen und durch tiefe Pfützen. Die Dämmerung war schnell hereingebrochen, und ich muß gestehen, daß ich in der einsamen Stille, die nur durch ein gleichmäßiges, aus dem Walde kommendes Brausen und Summen von Insekten unterbrochen wurde, bald sehr viel von meinem bisherigen Mut verlor. Je tiefer ich in den Wald kam, desto ängstlicher wurde ich, zumal ich jeden Augenblick auf einen Jaguar oder auf eine giftige Schlange zu stoßen fürchtete. Mehrmals hörte ich in dem Geäst ein lautes Krachen, das vielleicht von Affen herrührte. Dann verdoppelte ich meine Eile. Ganz besonders aber erschrak ich, als ich bei einer Biegung des Waldes plötzlich ein großes Tier vor mir stehen sah. Ob es ein Hirsch oder ein Elch gewesen, kann ich nicht sagen. Gewiß ist nur, daß sich das Tier ganz ruhig verhielt und daß ich in gewaltiger Angst mit großen Sprüngen davonlief. Immer finsterer und unheimlicher wurde es um mich herum. Von allen Seiten klang unaufhörliches Quaken und Zirpen. Zwischen den dunklen Schatten der hohen Palmen glaubte ich alle möglichen Schreckgestalten zu erkennen, und wenn ich auch mein langes Messer kampfbereit in der Hand hielt, so war mein Mut zuletzt doch sehr tief gesunken. Die Nacht war hereingebrochen. Eine schauderhafte, rabenschwarze Nacht. Ich mochte etwa zwei Stunden gegangen sein, als ich zu meiner Freude einen Lichtschein bemerkte, der aus einer Blockhütte kam. Es war eine Farm, von einem Garten umgeben, dessen Tor ich verschlossen fand. »Hallo!« schrie ich mehrmals mit lauter Stimme. Nach einiger Zeit öffnete sich ein Fenster, und eine Stimme fragte: *»What do you want?«*

Ich bat um ein Nachtquartier. *»No!«*lautete die Antwort.

Ich bat nun dringender und versprach, mit dem einfachsten Platz am Fußboden zufrieden zu sein, wenn man mich nur hereinlassen würde. In diesem Augenblick sah ich etwas Dunkles heranstürzen, und als ich mit einem Schrei auf den Gartenzaun sprang, bemerkte ich, daß es ein Reiter war, ein bewaffneter Neger, der, ohne sich um mich zu kümmern, in scharfem Galopp weitersprengte.

Ich bettelte erneut um Einlaß, aber die Stimme am Fenster machte mir verständlich, daß man mir nicht öffnen könne, da der Master noch nicht zu Hause sei und wohl auch erst spät zurückkehren würde. Mir blieb nichts übrig als zu warten. Ich blieb aber auf der schmalen Latte des hohen Gartenzaunes sitzen. Unter mir huschten und krabbelten fortwährend irgendwelche Lebewesen. Mit der Zeit schöpfte ich wieder etwas Mut und dachte zuletzt ganz ruhig über meine Lage nach. Ich malte mir aus, wo und wie ich mich vor einem halben Jahr befunden hätte, und überlegte mir, wie das Leben mich in einer so kurzen Zeit in eine so ganz andere Lage gebracht hatte. Wenn mich jetzt in diesem Moment die Eltern oder die Geschwister oder die Schulkameraden hätten sehen können! Sonderbar, ich dachte an ganz kleinliche Begebenheiten und Umstände meiner Vergangenheit. Vielleicht wollte ich mich damit künstlich in eine recht kaltblütige Stimmung bringen. Ich besann mich zum Beispiel darauf, daß meine Schwester zu Hause das Walroß genannt wurde, weil sie einmal in einem Schulaufsatz über die Eisenbahn den Satz gebraucht hatte: »Ein Pfiff, und das Walroß saust dahin.«

Ein Geräusch und zwei funkelnde Augen unter mir. Ich hielt mein Messer bereit und verscheuchte das Tier. Es war wohl nur eine Katze gewesen.

Waren es Stunden oder Minuten, die so verrannen? Sie waren fürchterlich. Plötzlich setzte ein gewaltiger Wolkenbruch ein, dessen Fluten mich im Nu gänzlich durchnäßten. Bald spürte ich das Wasser in Strömen an meinem Körper herunterlaufen, und nach der vorangegangenen Tageshitze zitterte ich jetzt vor Kälte.

Trotzdem war ich vor allen Dingen darauf bedacht, mein Tagebuch und die Photographien zu retten. Ich hatte sie fest mit meinem guten Jackett umwickelt und suchte sie nun durch meinen Körper vor dem Regen zu schützen. Ich hörte meine Zähne klappern. Blitz und Donner folgten jetzt ununterbrochen. Nochmals schrie ich laut nach dem Blockhaus hinüber, man möge mir doch öffnen. Aber vergebens. Es folgte keine Antwort. Ich bemerkte nur, daß die Jalousien heruntergelassen wurden.

Endlich hielt ich es nicht mehr aus. Ich kletterte entschlossen über den Zaun und näherte mich behutsam der Hütte. Sie war auf Pfählen erbaut wie die Häuser in Belize. Eine Treppe führte auf eine hölzerne Galerie, wo sich auch der Eingang zum Inneren befand. Dorthin stieg ich, nach-

dem ich, zweimal rund um das Haus gehend, keinen regensicheren Schlupfwinkel entdeckt hatte. Ich drückte sanft auf die Türklinke. Alles blieb still drinnen. Die Tür war verschlossen. Aus den beiden seitlichen Fenstern drang Lichtschimmer zwischen den grünen Rolläden hervor. Wieder rief ich und gab gute Worte. – Totenstille. Durchs Schlüsselloch entdeckte ich zwei gedeckte Tische in dem hell erleuchteten Zimmer. Nunmehr versuchte ich, die Jalousie etwas hochzuheben. Dabei fiel irgendein Gegenstand, der von innen dagegengelehnt hatte, um.

In diesem Moment entstand ein großer Lärm in der Hütte, Flüche und Verwünschungen drangen an mein Ohr. Die Tür wurde aufgerissen, und zwei Neger stürzten mit langen Messern heraus. Ich floh in wilder Hast durch den Garten, mein Gepäck zurücklassend. Der Zaun war sehr hoch, und ich war nie ein besonderer Turner gewesen, aber in diesem Augenblick setzte ich mit einem geradezu glänzenden Sprunge über das Hindernis.

Draußen blieb ich stehen, suchte die erregten Neger zu beruhigen und bat sie, mir meinen Sack herauszugeben. Daraufhin reichte mir einer den Sack herüber und zündete dann mit einiger Schwierigkeit ein Streichholz an, mit dem er mich neugierig beleuchtete. Er mochte wohl etwas wie Mitleid empfinden, als er mich so in meinen nassen Kleidern dastehen sah; denn er machte mir mit etwas freundlicherer Stimme verständlich, daß er mich keinesfalls beherbergen könne. Als ich ihm zur Versöhnung eine Handvoll deutscher und englischer Kupfermünzen aus meinem Bananensack anbot, schob er meine Hand mit gutmütigem Lächeln zurück. Er riet mir, nach Belize zurückzugehen, und beruhigte mich betreffs meiner Sorge vor wilden Tieren. So blieb mir denn nichts anderes übrig, als den weiten Weg zurückzuwandern. Der Regen war vorüber, aber seine Wasser hatten sich in den zahlreichen Vertiefungen des Weges zu breiten Bächen angesammelt, die ich nun durchwaten mußte. Ich konnte nicht nässer werden, als ich schon war, und da ich fror und todmüde war, schritt ich unbekümmert um alles in großen Schritten wieder gen Belize. Einmal fiel ich in einen Graben, doch ohne Schaden zu nehmen. Als ich ziemlich erschöpft die ersten Häuser wieder erreichte, begegnete mir ein kleines Erlebnis, das sich mir wegen seines mysteriösen Charakters fest einprägte. Ein Lichtschimmer, der plötzlich vor mir auftauchte, und ein ganz eigentümlicher Chorgesang erweckten in mir die frohe Hoffnung, ein Wirtshaus anzutreffen, in dem ich mich ausruhen und meinen brennenden Durst löschen könnte. Näher kommend, gewahrte ich einen Garten und in demselben drei Tische. An dem einen saßen lauter Knaben und Mädchen, an dem anderen erwachsene Männer und Weiber, und diese sangen mit lauter Stimme besagte seltsame, monotone Melodie. Am dritten Tisch zwischen beiden unterhielten sich ein Schwarzer und ein Kreole in leisem Flüsterton. Ich wandte mich an den Gelben und fragte, meine Mütze ziehend, ob ich ein Wirtshaus vor mir habe. Der Kreole entgegnete etwas, von dem ich nur die Worte *»Diehouse«* und *»Ninetynine«* verstand, und er machte dabei die Pantomime des Halsabschneidens. Ein Sterbehaus! Aber was hatten das »neunundneunzig« und die begleitende, grausige Bewegung zu bedeuten? Ich blickte fragend im Kreise umher. Lauter tiefernste Gesichter sahen mich mit großen Augen an. Die flackernden Fakkeln warfen einen unruhigen Schein auf die singenden Gruppen. Es lag etwas Unheimliches in der ganzen Stimmung. Da ich aber vor Ermattung gegen alles ziemlich abgestumpft war, bat ich um ein Glas Wasser. Der freundliche Kreole brachte mir das, und nachdem ich es mit einem Zug gierig geleert, dankte ich und zog weiter. Der Gelbe drückte mir zum Abschied warm die Hand.

Die Straßen von Belize waren wie ausgestorben. Alles schlief bereits, und nirgends fand ich ein Wirtshaus oder sonst eine Unterkunft, obgleich ich wohl zehnmal alle Winkel durchlief.

Ein Polizist, dem ich schon mehrmals begegnet war und dem ich erzählte, ich hätte mein Schiff verpaßt, das am vergangenen Tage ausgelaufen sei, nahm sich endlich meiner an und brachte mich nach der Wache. Dort standen in einem geräumigen Zimmer etwa 15 Feldbetten, und mein Führer wies mir eins derselben für die Nacht an. Mehrere andere Polizisten suchten mit mir ihren Scherz zu treiben, aber ich war so todmüde, daß ich, sobald ich mich auf das köstliche Lager streckte, sofort einschlief.

Noch im Halbschlummer kam mir der Gedanke, daß mich Kapitän Pommer vielleicht schon jetzt, spätestens aber morgen früh, suchen lassen würde, und ich glaube, ich lächelte noch, als mir einfiel, daß er mich hier im Schutze der Polizei am allerwenigsten vermuten würde.

Es war ein herrlicher, beneidenswert tiefer Schlaf, der

mich bis zum Morgen umfangen hielt. Als ich erwachte, regnete es draußen.

Ich erkundigte mich nach der nächsten Stadt und verstand, daß sie Collasal hieße. Der nächste Dampfer dorthin sollte in zwei Tagen fahren. Bis dahin mußte ich also Unterkunft suchen, und ich schlenderte nun durch die Straßen und suchte weiter.

In verschiedenen Läden, wo ich anfragte, wies man mich achselzuckend und mit mißtrauischen Blicken ab.

Auf einem Schild las ich den Namen Winzerling. Das muß ein Deutscher sein, dachte ich und trat in den Laden. Der Inhaber, ein deutscher Jude, fragte, ob ich von einem Schiff ausgerissen sei. »Nein«, log ich, »ich bin auf dem russischen Segelschiff abgemustert.« Er konnte mich aber nicht gebrauchen, und ich sah mich weiter in der Stadt um. Überall erhielt ich eine abschlägige Antwort, und auch ein alter Fischer, der mit einem kleinen Segelboot an der Mole lag, wollte mich nicht in seine Dienste nehmen.

Natürlich sah ich mich auf meinem Gang sehr vor, daß ich niemandem von der Besatzung der »Elli« in die Hände lief, und lebte immer in der Angst, daß man mich festnehmen könnte. Einmal wurde ich von einem Manne mit forschenden Fragen angesprochen. Ich tat, als ob ich ihn nicht verstände, und drückte mich schleunigst in die Menschenmenge, die an diesem Markttage gerade die Straßen füllte.

Endlich brachten mich zwei kleine Jungen zu ihrem Vater, einem alten Kreolen, der mir für einen Dollar für zwei Tage Unterkunft in seinem Hause versprach.

In dem freundlichen, hölzernen Gebäude, das er bewohnte, befand sich unten zu ebener Erde ein kleines Zimmer, das ihm wohl als Rumpelkammer diente; denn es waren dort alle möglichen Geräte – unter anderem ein Ballen Kokosmatten – aufgestapelt. Dieser Raum wurde mir angewiesen. Der älteste Junge brachte eine Hängematte. Als er sie aufhängen wollte, schlüpfte ein großer Skorpion heraus, den der Junge mit einem Stecken totschlug.

Wieder eingefangen

Ich suchte mir mein neues Heim recht behaglich einzurichten. Meine wenigen Habseligkeiten hatte ich ausgepackt und die nassen Kleider zum Trocknen auf eine Leine gehängt. Dann unterhielt ich mich mit den beiden Jungen meines Wirtes und einigen anderen schwarzen und gelben Bengels, die sich bei mir eingestellt hatten. Sie staunten, als sie hörten, daß eine Ananas, die hier auf dem Markt für fünf Cents verkauft wurde, in Deutschland ein bis zwei Dollar kostete.

[...]

Die Jungen waren freundlich zu mir und brachten mir Ananas in solcher Fülle, daß ich mir gar nicht mehr die Mühe nahm, sie abzuschälen, sondern einfach einen viereckigen Würfel herausschnitt und das übrige wegwarf.

In meinem Salon stand ein alter Schreibtisch. An diesem saß ich nun so glücklich wie nie zuvor in meinem Leben und trug in mein Notizbuch die Begebenheiten der letzten Tage ein.

Ich war mir klar darüber, daß ich, wenn mich die Polizei erwischte, auf die »Elli« zurückgebracht würde und mich dann ohne Gehalt nach Deutschland zurückarbeiten müßte. Außerdem hatte ich auch Strafe und auf jeden Fall eine noch schlechtere Behandlung als zuvor zu erwarten.

Aber ich war sehr mutig geworden und getraute mich sogar, nur mit Hemd und Hose, wie ein Eingeborener gekleidet, auf die Straße. Der Kreole und ein altes Monstrum, das ich zuerst für einen Mann hielt, das aber eine alte Frau und anscheinend die Mutter meines Wirtes war, erwiesen sich als überaus gut zu mir.

Ich bekam morgens einen herrlichen Kaffee mit Milch und Honig gemischt und zu Mittag einen Teller mit Reis, Gemüse und Fleisch. Dann wurde ich von der Mutter des alten Klark – so hieß mein Wohltäter – gerufen, um ein wenig mit ihr zu plaudern. Die alte, ziemlich beleibte Dame saß auf einem Schaukelstuhl in einem reinlichen Zimmer, dessen Jalousien heruntergelassen waren. Mit einer feinen, weichen Stimme, die im Kontrast zu der Erscheinung stand, forderte sie mich auf, neben ihr Platz.zu nehmen. Ich bemerkte dabei, daß sie blind war.

Sie befragte mich nun nach Woher und Wohin, und ich erzählte ihr von meiner Heimat, von meinen Eltern, meinem Schiff, meiner Flucht, und dann sagte ich ihr, wie es mir in ihrem Hause so gut gefiele.

Dabei hatte ich Gelegenheit, das Zimmer und seine Einrichtung zu mustern. Das Haus war auf Pfählen erbaut. Eine hölzerne Treppe führte über eine Veranda in zwei hohe Räume, mit denen sich die ganze Familie begnügen mußte. Wir saßen im vordersten Zimmer, dessen Fußboden weiß gescheuert war. Die gestrichenen Wände und die grünen Jalousien vor den Fenstern machten den Eindruck wohltuender Sauberkeit. Sonst befanden sich nur zwei mit Moskitonetzen verhängte Betten, ein Diwan, ein Tisch und an den Wänden mehrere Druckbilder in dem Zimmer.

Auf dem Hof stand eine große Wassertonne, wohin das Regenwasser vom Dach geleitet wurde.

Den zoologischen Beistand dieser idyllischen Farm bildeten ein Pferd, eine Kuh und mehrere Hühner.

Im übrigen standen im Garten und vor dem Haus noch Kokospalmen und andere, mir aber unbekannte Bäume.

[...]

Ich hatte dem alten Klark mitgeteilt, daß ich gern irgendeine Stellung annehmen würde, einesteils, weil ich nicht ganz müßig bleiben, und andernteils, weil ich meinem gütigen Wirt doch eine Entschädigung zahlen wollte. Die Frau hatte mir gesagt, Herr Klark würde sich nach einer Beschäftigung für mich umsehen, und wenn ich dann wolle, könne ich ihnen einen Penny von meinem Verdienst abgeben. Im übrigen, hatte sie hinzugefügt, solle ich sie wie eine Mutter betrachten.

Eines Morgens nach dem Tee forderte mich der Kreole auf, mit ihm zu gehen. Sehr erfreut machte ich mich auf den Weg, erschrak aber sehr, als mein Führer seine Schritte nach dem Laden von Winzerling lenkte. Er dachte in seiner Gutmütigkeit natürlich, daß mich mein Landsmann am ehesten annehmen würde.

[...]

Klark stellte mich also dem Herrn Winzerling vor und fragte, ob er mich nicht anstellen könne. Der Jude zuckte mit scheinheiligem Bedauern die Achseln und sagte: »Ich kann Ihnen keine Arbeit geben. Meine Leute wissen selbst nicht, was sie tun sollen. Es ist schwer, jetzt in Belize Arbeit zu finden.«

Wir versuchten nun in verschiedenen anderen, englischen Läden unser Heil, aber überall wies man mich ab, hauptsächlich deswegen, weil ich die englische Sprache und die englischen Gewichtsmaße nicht beherrschte. Zuletzt traten wir in ein großes Warenhaus ein, an dem der Name »James Brody« stand. Im Kontor standen eine Menge Schreiber an hohen Pulten. Während Mr. Klark mit dem ihm befreundeten Brody unterhandelte, hatte ich Muße, das Treiben in dem Geschäft zu betrachten.

Ein alter Neger forderte mit weinerlicher Stimme Geld für irgend etwas. Da er sich nicht abweisen ließ, drückte ihm einer der Herren, anscheinend ein höherer Angestellter, eine Papierrolle in die Hand. Der Neger öffnete das Papier und fand unter dem Gelächter der umsitzenden Kommis zwei Zwirnrollen darin.

Das machte eigentlich keinen günstigen Eindruck auf mich, ich war aber doch froh, als man mir mitteilte, daß ich hierbleiben könne. Man wies mich gleich an, mit Mr. Steen einen zweiräderigen Wagen zu besteigen, der von einem Maulesel gezogen und von John, einem jungen Negerburschen, gelenkt wurde. Wir fuhren durch die Stadt nach einem Schuppen, wo wir mit gelben Arbeitern zusammen schwere Kisten aufluden, die wir nach einem anderen Schuppen fuhren.

Bei der schweren Arbeit in dem ungewohnten Klima rann mir der Schweiß wie Wasser von der Stirn, aber ich gab mir alle Mühe, meine Erschöpfung nicht merken zu lassen. Die gelben Arbeiter amüsierten sich dabei über mein gebrochenes Englisch.

Als wir inzwischen einmal nach dem Warenhaus zurückkehrten, erblickte ich dort jenen Engländer, der Kapitän Pommer einmal auf der »Elli« besucht hatte. Er kannte mich aber anscheinend nicht mehr.

Gegen Mittag, als die Glut ihren Höhepunkt erreichte, überfiel mich während der Arbeit eine Ohnmacht, doch kam ich bald wieder zu mir. Neben dem Schuppen befand sich eine ganz moderne Eismaschine. Von dort brachte man mir etwas künstlichen Schnee und Eiswasser. Das war eine Erfrischung in der Tropenhitze.

Nicht minder gut schmeckte mir das Frühstück, das ich mit John gemeinsam einnahm. Es bestand aus einem Teller turtle mit Reis. Nachdem wir dann noch in einem Laden bei einem Glas Bier politisiert hatten – John war als ehemaliger englischer Soldat für, ich gegen England –, gingen wir wieder an unsere Arbeit.

Es galt Kisten in verschiedene Häuser zu fahren. Im Galopp rasselte unser ungefederter Karren durch die Straßen.

Um ein Uhr erhielt ich von Mr. Brody 25 Cents.

Am Nachmittag sah ich, wie zwei Polizisten einen Negerjungen abführten. John erklärte mir, daß der kleine Schwarze ein Mörder sei, nach dem man schon lange gefahndet habe. Er solle am nächsten Tag gehenkt werden. John fügte hinzu, daß dergleichen Fälle in Belize nichts Außergewöhnliches seien. – Es gab nun nicht mehr viel zu tun. Um nicht ganz unbeschäftigt dazustehen, half ich John beim Ausfegen des Pferdestalles, hob einige umherliegende Papiere auf und war eigentlich mit meinem Tagewerk fertig, als ich noch den Auftrag bekam, mit John ein Faß Abfälle an den Strand zu fahren.

Als wir aus dem Hof von Brody bogen, gewahrte ich dicht vor mir meine ehemaligen Schiffskollegen Gustav und Willy. Wahrscheinlich hatten sie wie gewöhnlich den Kapitän an Land gebracht und waren nun auf dem Ausguck nach

einer Kneipe. Ich duckte mich erschreckt hinter die große Tonne und kam auch ungesehen an den beiden vorüber.
[...]

Am Montagmorgen, als ich bei James Brody mit dem Ausladen von Kuhhäuten beschäftigt war, fragte mich Mr. Steen, ob ich Lust hätte, auf ein mexikanisches Kriegsschiff zu gehen. Als ich bejahte, wurde ich dem Kommandanten des Schiffes vorgestellt, der mit Brody befreundet schien. Er war eine höchst interessante, graziöse und aristokratische Erscheinung. Da er nur Spanisch verstand, vermittelte Mr. Brody das Gespräch zwischen uns beiden. Ich wurde zunächst gefragt, was ich zuletzt für Heuer erhalten hätte. Fünfzehn Mark, log ich und bedauerte gleich darauf, daß ich nicht noch mehr gesagt hatte.

Ob ich mit acht Dollar den Monat zufrieden wäre.

Ich sagte zu. Dann sollte ich meine Sachen holen und um neun Uhr wieder zurück sein.

Ich lief in sehr glücklicher Stimmung nach Hause. Das mexikanische Schiff hatte ich schon von der »Elli« aus oft beobachtet. Es lag mit zwei Schwesterschiffen zusammen in unserer Nähe. Seiner Bestimmung nach war es ein Transportschiff und fuhr regelmäßig zwischen New Orleans und Belize. Die Aussicht auf das interessante Leben unter den temperamentvollen Mexikanern und die hohe Heuer freuten mich so sehr, daß ich die ganze Welt hätte umarmen können. Da ich aber zunächst nur eine junge hübsche Negerfrau unterwegs traf, umarmte ich die. Die schwarze Schöne ging auf meinen Scherz ein und fragte mich, ob ich sie nicht mitnehmen wolle. Ich versprach ihr, daß ich sie heiraten werde, wenn ich von New Orleans zurückkäme.

Die guten Klarks nahmen an meiner Freude aufrichtigen Anteil. Der Abschied von ihnen fiel mir schwer. Ich packte meine Siebensachen wieder in den Bananensack, dankte den braven Kreolen herzlich für alle erwiesenen Freundlichkeiten, schüttelte jedem die Hand und zog grüßend ab.
[...]

Der mexikanische Kapitän wartete bereits auf mich. In seiner Begleitung befanden sich zwei nachlässig gekleidete Mexikaner, von denen der eine der Zimmermann und Dolmetscher, der andere ein bildschöner, aber sehr zerlumpter Bursche war, der mit mir angemustert werden sollte. Man fragte mich, auf wie lange Zeit ich mich auf das Schiff verpflichten wollte. – Sechs Monate. – Das erschien dem Kommandanten zuwenig. Ein Jahr. Auch noch zuwenig. Ob ich mit zwei Jahren einverstanden wäre. Ich sagte zu, aber mir stiegen dabei doch Bedenken auf. Zwei Jahre waren eine lange Zeit, und die sollte ich nun unter den wilden, jähzornigen Mexikanern zubringen. Ich faßte wenigstens den Mut zu der Erklärung, daß für diese lange Zeit acht Dollar Heuer zuwenig seien. Der Zimmermann bedeutete mir daraufhin, daß ich mit der Zeit avancieren würde. Als er mich beruhigt sah, zog er vier lange Verträge in spanischer Sprache hervor, in die er meinen und meiner Eltern Namen, Heimat, Geburtsdaten usw. eintrug.

Die Verträge enthielten eine Reihe von Vorschriften und Bedingungen, die mir der Zimmermann in gebrochenem Englisch so schnell vorlas, daß ich auch keine drei Worte davon verstand. Dann unterzeichnete ich die vier Bogen mit meinem Namen.

Ich war jetzt mexikanischer Soldat und freute mich über diese neue Epoche in meinem Leben. Auch der schöne, zerlumpte Mexikaner hatte inzwischen derartige Verträge unterzeichnet.

Ich verabschiedete mich nun von James Brody. Er drückte mir fest die Hand, und dann wandte er sich zu dem Kommandanten und sagte auf mich bedeutend: »Er ist ein guter Junge. Mach einen guten Mexikaner aus ihm!«

Der Kapitän nahm den Mexikaner und mich mit nach seiner Landwohnung und von da aus nach dem Hafen. Dort befahl er uns zu warten, bis er zurückkäme, und entfernte sich. Wir lagerten uns auf der Plattform des großen Krans.

Das war die Stelle, wo das Boot der »Elli« anzulegen pflegte, und o Schreck, was sah ich: Auch jetzt lag es dort.

Willy und Gustav saßen darin. Da ich die Tracht der Eingeborenen trug und der große Hut mein Gesicht verbarg, erkannten sie mich nicht.

Es dauerte gar nicht lange, so näherte sich auch Kapitän Pommer, von dem Gouvernementsgebäude herkommend.

[...]

Ich preßte die Stirn fest auf die Plattform, während es mir wie Elektrizität durch alle Glieder fuhr. Die beiden Seeleute schritten aber ahnungslos an mir vorüber und stiegen ins Boot. Ich war gerettet.

Mein Gefährte neben mir hatte meine Erregung bemerkt. Ich suchte ihm die Situation zu erklären, und er kapierte auch sehr leicht.

Weder der Kommandant noch ein Boot vom Mexikaner ließen sich sehen. Ich beobachtete das um die Mittagszeit sehr rege Treiben auf dem Platz, als mich plötzlich mein Nebenmann anstieß und mit dem Finger auf den Strand wies. Dort stiegen soeben Kapitän Pommer, Jahn und August abermals aus dem Boot. Hatten sie mich vorher erkannt und kamen nun mich holen?

Im ersten Schreck kroch ich unter den Kran, und darauf legte ich mich wieder auf die Plattform und vergrub das Gesicht in meinem Kleidersack. Der Strohhut verdeckte meinen Kopf, und so lag ich da und hielt den Atem an; denn die beiden deutschen Matrosen hatten sich neben mich auf den Kran gesetzt, so dicht, daß ich sie hätte mit der Hand fassen können. Ich hörte sie von einem kranken Steuermann sprechen; aber da sie sehr undeutlich sprachen, oder vielleicht auch aus Aufregung, verstand ich nichts Näheres.

Gerade als ich die Stimme des mexikanischen Kommandanten von weitem hörte und mit Schrecken daran dachte, daß ich jetzt aufstehen müßte und mich die Deutschen dann entdecken würden, entfernten sich diese.

Mir fiel ein großer Stein vom Herzen.

Der Kommandant erschien mit dem Zimmermann und war sehr aufgebracht darüber, daß sein Boot noch nicht da war. Er wandte sich nun an ein in der Nähe liegendes Leichterboot wegen der Überfahrt. Die Kerle schienen aber zu hoch zu fordern, denn die Verhandlung dauerte ziemlich lange und wurde sehr lebhaft. Zu dieser Stunde ging es überhaupt sehr laut in dem Hafen zu. Eine Menge Menschen war um uns herum beschäftigt, Schwarze, Gelbe, Weiße – fluchend, schreiend, schwatzend –, ein buntes Bild.

Endlich war der Kommandant mit den Kreolen einig und rief uns zu einzusteigen. Er selbst und der Zimmermann stiegen zuerst in den Leichter, dann folgte der schöne Mexikaner, und eben wollte auch ich hinüberklettern und hatte bereits einen Fuß auf den Rand des Bootes gesetzt, als mich jemand auf die Schulter klopfte und mit durchdringender Stimme fragte: *»What ship you belong to?«*

Ein englischer Geheimpolizist – ich kannte sie – stand hinter mir. *»I belong to the Mexican ship!«* entgegnete ich.

»Gut, komm mit, der Mexikaner ist dort!« meinte der andere und deutete nach der Polizeistation.

Ich stellte mich, als ob ich nicht verstände, aber es half nichts. Ich mußte ihm folgen. Ich war ganz verzweifelt. Nun war alles aus. Das wußte ich. Nachdem ich jeder Entdeckung bisher entgangen, sollte ich jetzt im letzten Moment alles verlieren, was mir das Glück geboten hatte.

Eine steinerne Treppe führte zu einer offenen Vorhalle der Wache. An den Seitenwänden dieses Raumes standen Bänke, auf denen schwarze und weiße Polizisten herumfaulenzten. Hierhin mußte ich dem Detektiv folgen.

Man fragte mich nochmals, zu welchem Schiff ich gehöre. Ich blieb dabei: Zum Mexikaner. Ob ich das beschwören könne. Ich hob die Hand in die Höhe. Darauf mußte ich mich auf die Bank zwischen zwei Polizisten setzen, von denen der eine, ein langer Kerl mit einem niederträchtig heimtückischen Gesicht, sich in ein Gespräch mit mir einließ. Er fragte, ob ich Französisch spreche, zeigte mir ein Bilderbuch und war überhaupt scheinheilig freundlich um mich bemüht.

Unterdessen hatte man den Zimmermann auf die Wache

geholt. Ich bemerkte, als er vorüberging, daß er die vier von mir unterschriebenen Kontrakte in der Hand trug.

Während ich nun mit gekünstelter Gleichgültigkeit auf die Straße sah und mit den Beinen baumelte, wartete ich mit innerem Fieber der Dinge, die da kommen sollten.

Nach kurzer Zeit trat der Zimmermann wieder aus der Polizeistube. Die Kontrakte hatte er nicht mehr in der Hand, und er warf mir im Weggehen einen mitleidigen Blick zu. Vielleicht dachte er, ich hätte ein schlimmes Verbrechen begangen.

Aber immer noch hatte ich einen Schimmer Hoffnung.

Plötzlich sah ich Jahn und August auf der Straße vorübergehen. Mich erkennend, blieben beide stehen, und Jahn rief mir lachend zu: »Na, hast du dich wirklich kitschen lassen?«

Ich winkte ihnen bittend weiterzugehen, aber August wandte sich nun mit wichtigem Ton direkt an die Polizisten und erklärte ihnen, daß ich ein entlaufener Schiffsjunge und von der deutschen Bark »Elli« sei.

Da erschien Kapitän Pommer auf der Bildfläche. Er trat auf mich zu, ohne eine Miene zu verziehen, und fragte, wo ich meine Sachen hätte. Ich zeigte auf den Bananensack. Ob das alles wäre? »Ja, das andere habe ich an Bord zurückgelassen.«

»Was willst du nun tun? Willst du so lange in die Tretmühle hier, bis das Schiff abfährt, oder willst du mit an Bord fahren? Fort kommst du nicht.«

Ich schwieg. Der Alte wiederholte seine Frage.

Ich bat ihn, mich doch freizulassen. Ich könne es auf der »Elli« nicht aushalten. Aber der hartköpfige Ostfriese blieb unerbittlich. Er erklärte, ich käme auf jeden Fall an Bord. Seinetwegen könne ich mich ja dann ersaufen. Nach diesen Worten befahl er Jahn und August, mich an Bord zu rudern.

Die Polizisten begleiteten mich bis ans Boot. *»O, you are a bad boy!«* sagte der mit dem heimtückischen Gesicht, worauf ich ihm ein Leckmich zurief. Im Boot mußte ich mich zwischen Jahn und August setzen. Der Alte blieb an Land. Sämtliche Polizisten standen am Ufer, als wir abstießen. Ebenso eine neugierige Menschenmenge, und alle schwenkten die Hüte. Die *policemen* riefen mir *»Good by, young Mexican«,* »Auf Wiedersehen!« und ähnliche ironische Bemerkungen nach. Ich schwieg verbittert.

Kopf hoch, mein Freund!

Laß sie nur die Köpfe hängen lassen,
Wenn die Köpfe ihre eignen sind.
Wir, wir wollen unsre Segel brassen
In den Wind.

Wir, in unserm Alter, wollen wissen,
Daß der Weg nun wieder rückwärts führt. –
Glücklich, wer den freien Drang noch spürt,
Das Getrunkne über Bord zu pissen.

Wenn die Wetter lange düster grollen,
Glücklich, wer dann trotzig lächeln kann,
Ohne Herr der Woge sein zu wollen;
Sondern nur »auf See ein Fahrensmann«.

Heimfahrt und Hunger

[...]
Obwohl wir bereits eine Woche von Amerika entfernt waren, fingen wir doch noch täglich Skorpione. Häufig fielen sie von der Decke herunter. Eine Bö, die uns eines Tages überraschte, fegte den Schornstein von der Kombüse, und das heiße Rohr fiel mir auf den Hals. Ich trug eine schmerzende Brandwunde davon. »Von Wunden ganz bedeckt« – das war mein steter Zustand, und alle meine Taschentücher bis auf zwei oder drei waren schon als Verbandstoff draufgegangen.

Unser Menü wies jetzt täglich amerikanisches Büchsenfleisch auf. Ich aß das gern, aber es war kraft- und saftlos und lag wie Blei im Magen. August erzählte, daß man den Saft des Fleisches zu Fleischextrakt verwende und die in Büchsen verpackten Überreste daher fast keinen Nährwert mehr hätten. Trotzdem trug ich lange Zeit in mein Tagebuch die Notiz ein: »Heute an *boiled beef* überfressen.«

Harte Bohnen in Essig, ein wenig Salzspeck, rohe Mehlklöße oder Brotsuppe – weiter gab es nichts mehr, und das wenige war kaum hinunterzuwürgen.

Steuermann, der ein paar Tage krank gewesen, hatte mir gerechterweise verboten, mich auf Ausguck an Deck zu setzen. Dagegen erlaubte er mir, nachts meine Pfeife zu rauchen. Wenn ich auf seiner Wache nachts am Ruder stand, unterhielt er sich zuweilen mit mir. Gewöhnlich renommierte er dann mit seinen Kenntnissen und seinem Vermögen.

[...]

Eines Tages bemerkte ich, daß wir den 7. August schrieben. Das war mein Geburtstag. Er verging natürlich wie jeder andere Tag. Ich notierte mir aber den Verlauf ausführlich und gebe die Stelle hier wieder.

Ich habe von 12 bis 4 Uhr morgens Wache, davon zunächst zwei Stunden Ausguck. Es regnet stark, und ich muß daher sehr scharf ausspähen. Im Ölzeug steckend, smöke ich meine »Getreue«. Steuermann gesellt sich zu mir, um sich etwas Feuer für seine Pfeife zu holen und ein wenig zu schwatzen.

Die nächsten zwei Stunden bringe ich mit einem Wachtkollegen teils im Halbschlaf an Deck dösend, teils an der Schiffspumpe zu. Dann zieht die andere Wache auf, und ich schlafe köstlich in meiner Koje.

Um halb acht weckt mich der übliche Ruf: »Rise, rise, schaffen, schaffe!!!« zum Frühstück. Es gibt Pfannkuchen, aus Wasser und Mehl zubereitet, und dazu Sirup, eine Kost, mit der ich unter den obwaltenden Umständen ganz zufrieden wäre, wenn sie zum Sattessen reichte. Außer diesem serviert man heißen Kaffee, oder, wie Jahn sagt, »Hurrawasser«.

Vom tiefen Schlaf in der engen Koje bin ich noch ganz in Schweiß gebadet. Ich werde eine Stunde ans Ruder geschickt.

Wegen der Halswunde kann ich noch immer nicht den Kopf drehen. Wir liegen »bei« dem Winde, und da er von mäßiger Stärke ist, habe ich Muße, den Alten zu beobachten, der schon seit einer Stunde mit gekreuzten Beinen auf dem Achterdeck sitzt und seinen Papageien »Deutschland, Deutschland über alles« vorsingt, wobei er mit zwei eisernen Gegenständen auf dem Bauer trommelt. Schließlich erhebt er sich, kindlich lächelnd, um den Ameisenbär mit Kokosnuß zu füttern. Das Tier frißt aber keine Kokosnuß, sondern nur Stiefel, Decken und andere verbotene Nahrung. Es ist überhaupt ein ungezogenes und verschlagenes, aber höchst drolliges Tier. Neulich sah ich vom Ruder aus, wie es in der Kajüte sich heimlich an die Butterdose schlich. Der Bär ist ziemlich bissig. Napoleon versteht es, sich ihm mit freundlichem Zureden zu nähern, um ihn dann plötzlich mit geschicktem Griff so am Genick zu packen, daß er nicht um sich beißen kann.

[...]

Acht Glasen! Willy kommt schlaftrunken nach achtern geschlichen, um mich abzulösen. »Ost-Nord-Ost, ein Viertel Ost«, sage ich, ihm das Rad übergebend.

»Ost-Nord-Ost, ein Viertel Ost«, wiederholt er noch wie im Traum.

Mittag. Es gibt Pudding mit greulichen, verrotteten Backpflaumen und pro Mann drei Kartoffeln »zum Überbordwerfen«.

Dann muß ich das Geschirr aufwaschen oder vielmehr trocken abwischen.

Alle schimpfen wieder auf den Koch. »Ist das ein Geburtstagsessen«, knurre ich. Jahn fragt: »Wer hat denn Geburtstag?«

»Ich.«

»*Allright!* Dann mußt du etwas ausgeben. Du kaufst Butter und Kognak beim Alten.«

[...]

So gehe ich also in die Kajüte:

»Kapitän, würden Sie vielleicht so freundlich sein, mir ein paar Zigarren oder eine Flasche Kognak zu verkaufen? Ich habe heute Geburtstag, und da möchte ich gern was ausgeben.«

»Du hast gar nicht Geburtstag, Nasenkönig, du lügst«, entgegnet der Alte mit Pathos.

»Ganz gewiß! Ich habe heute Geburtstag.«

Kleine Pause.

»Ich habe keine Zigarren, und Schnaps darf ich euch auf See nicht verkaufen. Ihr besauft euch sonst wieder.«

Die Matrosen lachen mich aus, als ich diese Antwort verkünde. Ich verbringe meine Freizeit bis sechs Uhr damit, daß ich meine Seestiefel mit Talg einbalsamiere und mein Scheidemesser schleife. Zu Hause, das weiß ich, werden sie heute meiner herzlich gedenken.

Zum Abendbrot, das beide Wachen gemeinsam einnehmen, wird uns der Rest vom Pudding vorgesetzt, den der Koch mit Margarine aufgebraten hat.

Dann ruft uns ein Kommando an die Pumpe. Etwa zwanzig Minuten lang drehen wir das Rad herum. Es ist wieder viel Wasser im Schiffsraum.

Um acht Uhr geht die Wache zur Koje. Ich hoffe, bis um

zehn Uhr etwas Ruhe zu haben, täusche mich aber darin. Zuerst stört mich Jahn mit spöttischem Geschwätz, und dann setzt plötzlich eine derbe Bö mit Hagel ein. Ohne Ölzeug müssen wir heraus, um die Bramsegel festzumachen. Wir frieren in unseren nassen Sachen. Jeder erhält einen Eierbecher voll Kognak. Ohhh!!

Am Horizont ziehen schwarze, drohende Wolken auf. Wir erwarten Sturm. Es schlägt zehn Glasen. Ich friere wie ein Schneider, muß aber in den nassen Kleidern noch zwei Stunden auf Ausguck. Das Schiff jumpt stark. Schon spritzen hohe Seen über Deck. Ich trample mit den Füßen, um mich zu erwärmen, und singe im Takt alle Lieder ab, auf die ich mich besinne. Unter mir höre ich die Freiwache über den Lärm schimpfen, den ich verursache.

»Mars fest!« schallt es über Deck, und schon klettert alles die Wanten hinauf. Auf der Rahe komme ich neben Steuermann zu stehen. Er drückt mir die Hand. »Ich gratuliere auch noch.«

»Danke.« – Ein Händedruck, der mich völlig kalt läßt.

Zehn Minuten vor zwölf wecke ich die andere Wache. Beide Wachen gehen dann nach dem Halbdeck, wo Steuermann nach militärischem Beispiel »Wachtmusterung« abhält.

»Alle beisammen?« höre ich ihn fragen.

»Ja!« gibt die abgelöste Wache sehr laut, die ablösende ganz müde zurück. »Ruder verfangen. Mann auf Ausguck. Wacht zur Koje!«

Jahn hat mich abgelöst, und ich melde das dem Steuermann.

»Willst du wohl lauter melden!« schreit er mich an. Dann schickt er mich in die Kombüse, von wo aus ich die Meldung mit lauter Stimme wiederholen muß. Hierauf krieche ich, da meine Decke naß ist, in Hermanns Koje. Hermann hat Wache. Vorher entledige ich mich ausnahmsweise und zur Feier meines Geburtstages meiner Kleider. Ich träumte herrlich, süß, vier Stunden lang. –

Als ich mit starken Kopfschmerzen erwachte, hörte ich

Gustav über mir auf der Back marschieren. Er sang mit Begeisterung:

Denn du hast ja
Die schöne Berta
Auf die Schultern geküßt.

Wir hatten eine ganze Reihe derartiger Lieder, nach denen es sich vorzüglich marschierte.

»Du kannst mir mal für'n Sechser ...«

[...]

Feine Brise hatte eingesetzt, so daß wir mitunter bis 7½ Knoten in der Stunde liefen. Oh, wie froh war ich und waren wir alle darüber, denn um so früher würden wir nach Liverpool kommen. Die Maden im Biskuit vermehrten sich erstaunlich und wetteiferten in dieser Beziehung mit Spinnen und Ameisen. Dabei quälte uns Jahn zu Mittag noch immer mit seinen Ausführungen über gebratenes Geflügel. Irgendein anderer, der im Besitz eines Abreißkalenders war, pflegte bei dieser Gelegenheit das tägliche Sprüchlein mit dem anschließenden Speiseprogramm vorzutragen.

Friede ernährt, Unfriede verzehrt. Kartoffelsuppe, Henne mit Reis.

Einmal erlegten wir sogar einen Schweinsfisch mit der Harpune. Der lieferte uns für zwei Tage ausgezeichnetes Fleisch.

Steuermann hatte mich wieder seit einiger Zeit besonders ins Herz geschlossen. Er schimpfte auf mich, warf mit allen möglichen harten Gegenständen nach mir und forderte die Matrosen auf, mich zu schlagen, »daß ich in keinen Sarg mehr passe«. Mit Ausnahme Augusts ließen sich jedoch die Matrosen dadurch nicht beeinflussen. Im Gegenteil, das machte den Steuermann bei einigen noch unbeliebter, als er schon war. Willy haßte ihn wie die Sünde, obgleich er ein Verwandter von ihm war. Es war sicher, daß es zwischen den beiden einmal zu einer tüchtigen Auseinandersetzung kommen würde. Nur August nahm sich Steuermanns Worte sehr zu Herzen. Einmal ließ er mich vier Stunden lang bei schlechtem Wetter auf Ausguck stehen und legte sich zum Schlafen nieder, statt mich nach der zweiten Stunde ordnungsgemäß abzulösen. Die Fälle, daß er mich zu Arbeiten zwang, die eigentlich ihm zukamen, mehrten sich mit der Zeit, so daß ich sehr erbittert wurde. Ich mußte das aber dulden, weil er den Steuermann auf seiner Seite hatte.

Am 15. August ließ man mich acht Stunden hintereinander am Ruder stehen, nachdem man mir kaum Zeit gelassen, mein Abendbrot hinunterzuschlingen. Wir liefen sieben Meilen in der Stunde, machten also schnelle Fahrt.

Ein Dreimaster hatte uns trotzdem überholt. Er fuhr in größerer Entfernung an uns vorbei, so daß man ihn ohne Glas nicht genau erkennen konnte.

[...]

Kapitän Pommer hatte seine Papageien durch stundenlanges, geduldiges Vorsingen so weit erzogen, daß sie »Hepp, hepp, hurra!« rufen konnten. Sie taten das auch unaufhörlich und ehrten jeden, der am Bauer vorüberging, mit dieser Ovation.

[...]

Vom 17. an flaute der Wind ab. – Es war in letzter Zeit häufig vorgekommen, daß Zucker und Brot auf nicht aufgeklärte Weise abhanden kam, und jede Wache hatte die andere deshalb verdächtigt. Diese Nahrungsmittel wurden daher jetzt den Wachen besonders zugeteilt.

Mein äußerer Mensch war recht heruntergekommen. Zum Waschen fehlte es abwechselnd oder gleichzeitig an Wasser, Zeit und Lust. Das Kernersche Zeug taugte wirklich nichts und ging an allen Stellen entzwei.

Ich sah wie ein Bummler aus. Dagegen hielt ich jetzt meine Koje höchst sauber. Ich hatte verschiedene Borde und Taschen zur Aufbewahrung meiner Habseligkeiten darin angebracht, und es machte mir Freude, den kleinen Bretterverschlag, den einzigen Raum, über den ich allein verfügte, in guter Ordnung zu halten.

Eines Tages, als ich dem Steuermann bei irgendeiner Arbeit in der Kajüte behilflich war, rief plötzlich Napoleon von oben durch das Skylight herunter: *»Stürmann, Schwein has eaten the head of Krokodil. Come up and box him.«* Wir lachten sehr, und es stellte sich heraus, daß der Ameisenbär dem Krokodil den Kopf abgebissen hatte. Steuermann schlich abends nach vorn, um Jahn auf dem Ausguckposten zu kontrollieren, und traf ihn im tiefsten Schlummer. Anstatt ihn nun aufzuwecken und zur Rede zu stellen, versetzte er dem Schlafenden ein paar Faustschläge ins Gesicht, worauf er sich entfernte. Jahn hatte ihn jedoch noch erkannt. Seit dem Tage bestand zwischen den beiden eine bedenkliche Spannung. Napoleon und ich erhielten fast täglich vom Steuermann Schläge. Ich nahm mir vor, sowie erst wieder Land in Sicht käme, mir das nicht mehr gefallen zu lassen, aber allerdings bis dahin war es noch lange Zeit. Ach, ich konnte den Tag nicht erwarten, an dem ich das Schiff verlassen würde, ich sehnte mich unendlich nach Freiheit. Selbst im Schlaf empfand ich das Drückende meiner Lage, und häufig stand ich des Nachts auf, um meine quälenden Gedanken an Deck unterm freien Sternenhimmel loszuwerden. Dann schüttelten diejenigen, die Wache hatten, die Köpfe vor Verwunderung darüber, daß jemand die wenigen Stunden Schlaf nicht ausnutzte.

Die »Elli« mußte ein Leck haben, denn wir hatten immer viel Wasser im Schiff, so daß wir gezwungen waren, bei jedem Wachwechsel eine Viertelstunde lang zu pumpen.

Auf unserem Küchenzettel standen Horsmakrelen, deren wir täglich eine Menge fingen. In der Art, wie Koch sie in Margarine briet, wurden sie uns jedoch bald zuwider. Wenn ich am Ruder stand, geschah es oft, daß der Alte sich neben mich stellte und in seiner halb gutmütig-naiven, halb ironischen Art Fragen an mich richtete oder über meine Nichtsnutzigkeit predigte. Dabei pflegte er immer wieder mein Tagebuch zu zitieren.

Wir hatten unter der Back einmal gründlich aufgeräumt.

Wir setzten das ausgeräumte Logis unter Wasser und feierten mit Schrubbern, Besen, Soda, Seife, Sand, Lappen und Bürsten eine wahre Scheuerorgie. Auf meiner Freiwache am Abend hielt mich August durch spannende Schilderungen von Kronwaljagden noch lange wach. Es war schade und unverständlich, daß der erfahrene Seefahrer, der doch wirklich genug Interessantes erlebt hatte, noch so viel dazulog. Immerhin fand ich unter dem Wust fabelhaften Seemannsgarns noch manches, was mir wissenswert erschien.

Am 25. war wieder ein Geburtstag. Willy war diesmal der Glückliche. Wir verdankten ihm jeder eine süßliche Belizer Zigarre sowie Schnaps. Der Schnaps verfehlte seine Wirkung nicht. Ich wurde sehr aufgeräumt, und August deklamierte zuletzt unaufhörlich folgende Ballade unbekannten Verfassers:

Aus einem Kaffeehaus
Warf man ein Mädchen raus,
Sie hat'ne Filzlaus.
Da kam ein Offizier,
Der zog den Degen raus
Und stach der Filzlaus
Die Augen aus.

Starke Brise setzte plötzlich ein und fegte hohe Seen über Deck. Bö über Bö. Der Royl und das Bramsegel wurden zerfetzt. Wir mußten Reservesegel anschlagen. Der Segelmacher saß mit grimmigem Gesicht auf dem Achterdeck, flickte Löcher zu und fluchte über die *damned* Schweinearbeit. Schließlich wich der Sturm einem länger anhaltenden Wolkenbruch. Diesem wieder folgte ein mäßiger, aber sehr veränderlicher Wind, der uns fortwährend zu Segelmanövern an Deck rief. Napoleon wurde wie alle anderen zum Hissen und Brassen herangezogen, stellte sich aber so ungeschickt an, daß ich selbst darüber mehrmals mit ihm in Streit geriet. Dann kam der Steuermann hinzu und verdrosch uns alle beide. Der Nebel drang durchs Ölzeug bis auf die Haut. Die Seestiefel drückten. Es war höchst ungemütlich. Ich sann darüber nach, wie ich es bei dem wenigen Geld, das ich in Liverpool zu erwarten hatte, ermöglichen könnte, nach Deutschland zu fahren. Vielleicht würde es mir glücken, gegen seemännische Dienstleistungen auf einem nach Hamburg gehenden Dampfer freie Überfahrt zu finden.

[...]

Matrosensang

Herr Steuermann, ach Steuermann,
Mein Herz ist gar so schwer.
»So bind ein gut Stück Eisen dran
Und wirf es über Bord ins Meer.«

Ob meine schwangere Liebste weint?
Ein Trän? Zwei Trän? Drei Trän?
Ho! Meine krumme Mutter meint,
Ich sei ein reicher Kapitän.

Ist Mutters Haus mit Stroh gedeckt,
Wie sie sich freuen kann.
Doch wie ein Sturm mit Branntwein schmeckt,
Das geht sie einen Hundsdreck an.

Hurra, Europa!

[...]

Schwarze, drohende Wolken stiegen am Horizont auf. Weiße Gischtstreifen hoben sich von der dunklen Wasserfläche ab. In der unheimlich drückenden Schwüle bereiteten wir uns auf einen Orkan vor. Und er kam. So hoch hatte ich die See noch nie gesehen. Wasserberge wechselten mit Wassertälern. Eine einzige Welle verdeckte oft wie ein Riesenwall die Aussicht auf den Horizont.

Von Gehen war nicht die Rede. Wir zogen uns oder krochen vorwärts. Die Masten schwankten so stark hinüber und herüber, daß ihre Rahen auf jeder Seite fast das Wasser berührten. Dabei ergab das Zusammenstoßen hängender oder locker stehender Gegenstände ein monotones Klirren, Klappern, Rasseln und Donnern. Das Schiff ächzte in allen Fugen. Aus dem verschlossenen Schiffsraum erscholl ein dumpfes Gepolter, das von den durcheinanderrollenden Holzklötzen herrührte.

Heute waren alle Gesichter ernst. Keiner scherzte. Jeder verrichtete die ihm übertragene Arbeit mit stillem Eifer. Gegen Abend mochten wir wohl den Kurs geändert haben, denn wir hatten Sturm und See von der Seite, und das Schiff war stark nach Steuerbord geneigt.

Ich hatte nachts Ausguck auf der Back. Unausgesetzt war ich von gewaltigen Wassermassen eingehüllt. Der strudelnde Wasserschwall bedeckte die Back oft in Meterhöhe. Ich mußte mich an der Wasserpumpe festklammern, um nicht fortgespült zu werden. Aber ich war stolz auf meinen Posten und empfand, obgleich ich von Wasser triefte und schrecklich fror, doch eine hohe Befriedigung. Einmal kam der Steuermann nach vorn und steckte mir einen Priem in den Mund, der unter den obwaltenden Umständen köstlich mundete.

»Steuermann«, redete ich ihn an und mußte lächeln, weil ich daran dachte, wie ich ihm die Frage schon früher einmal vorgelegt hatte, »Steuermann, ist das ein Sturm?«

»Nein«, entgegnete er diesmal ernst, »das ist ein Orkan.«

Nach und nach nahm die Gewalt des Sturmes ab, und es trat eine Windstärke ein, die der Kapitän mit dem freudigen Ruf »Frische Brise, heia!« begrüßte. Er hatte sich ausgerechnet, daß wir unter günstigen Umständen nächsten Sonntag in Liverpool eintreffen könnten. Welche Freude!

Er erklärte mir auch mit loyaler Miene, daß er mich vielleicht als Leichtmatrosen behalten würde. Ich dachte nicht daran, das anzunehmen, schwieg aber.

Famoser Wind! Die Segel standen steif.

Also, man wollte mich an Bord behalten. Ich wußte nichts, was mir unsympathischer gewesen wäre. Dagegen war ich sehr gespannt, ob man mir in England meine volle Heuer auszahlen, oder, wie angekündigt, ein Strafgeld für meinen Belizer Reißaus abziehen würde. Ich wollte mir doch an Land eine Menge Geschenke für die Angehörigen und für mich eine Ziehharmonika, ein neues Scheidemesser, eine Pfeife, Tabak und hunderterlei anderes kaufen. Außerdem besaß ich weder ein Paar Landstiefel noch eine andere Kopfbedeckung als eine wollene Zipfelmütze mit blauer Troddel.

Wieder nahm der Sturm zu, und der nächste Tag brachte hohe Böen mit sich. Das Vormarssegel war am Saum schon ganz zerfetzt. Es konnte jeden Augenblick zum Teufel gehen. In der Speisekoje, das heißt in der leeren Koje, die zur Aufbewahrung unseres Eßgeschirres und des imaginären Proviants diente, ging es schauderhaft zu. Dort wogten schmutzige Teller und Schüsseln, zwei- und einzinkige Gabeln, ein Salzfaß, eine leere Essigflasche und ein umgefallener Farbtopf in einer Soße von Margarine, Seewasser und weißer Ölfarbe durcheinander.

Die Mahlzeiten nahmen wir nur noch auf dem Fußboden ein, und da beeilten wir uns, das Essen so schnell wie möglich hinunterzuwürgen, weil wir bei dem Schaukeln des Schiffes kaum unsere Schüsseln balancieren konnten. Viel Hunger, sehr viel Hunger und wenig Essen, ganz wenig Essen. Kaffee existierte nur noch dunkel in der Erinnerung.

Man setzte uns Zichorienwasser vor, das sehr bitter schmeckte. Keinen Zucker mehr, kein Frischbrot, keine Kartoffeln, keinen Speck, keinen Essig. Es war viel zuwenig Proviant an Bord genommen. Der Leichtsinn und der Geiz, die uns so hungern ließen, füllten den Geldsäckel des Kapitäns, und doch hielt dieser es nicht für nötig, uns betreffs der täglichen neuen Einschränkungen ein entschuldigendes Wort zu sagen. Wir wußten alle, daß er damit gegen die gesetzlichen Vorschriften der Seemannsordnung verstieß. Schon wurden im Logis Äußerungen der Empörung laut. Auch anderes war unvorschriftsmäßig auf der »Elli«. So besaßen wir weder Korkjacken noch Beile an Bord, und die Rettungsboote waren kielaufwärts auf Deck angebracht, statt umgekehrt. Schwere Arbeit und der daraus resultierende Schlaf, der uns trotz der starken Schiffsbewegung nicht entging, brachten uns immer wieder von revolutionären Gedanken ab.

Da der Sturm tagelang anhielt, ging die See sehr hoch und spielte mit der »Elli« wie mit einer Nußschale.

In meiner Koje zerbrach eine Anzahl sehr schöner Muscheln, die ich in Belize für meinen Bruder erworben.

Am 11. September schossen wir mit 10 Meilen Geschwindigkeit dahin. Als ich den Ausguckposten antrat, mußte ich mich mit einem Tau an den Mast festbinden lassen, um nicht von dem überdampfenden Wasser weggespült zu werden. Zum Unglück hatte ich noch meine Ölhose vergessen, so daß ich im Nu durchnäßt war und sehr fror.

Die steife Brise brachte uns ein gutes Stück vorwärts. Wir schimpften nur darüber, daß der Steuermann nicht die Courage besaß, mehr Segel zu setzen. Doch kam uns in dieser Beziehung der Zufall zu Hilfe. Wir sichteten eine eiserne Bark, die beim Näherkommen die deutsche Flagge hißte. Nachdem wir einige Signale mit dem Schiff gewechselt hatten, entspann sich unverabredet, wie das bei Fahrzeugen mit gleichem Kurs auf hoher See häufig geschieht, ein Wettfahren. Wir beobachteten, daß die Bark Bramsegel setzte. Sofort ließ der Steuermann ebenfalls Bramsegel setzen. Darauf hißte der andere sein Großsegel. Wir taten das gleiche. Da die Eisenbark jedoch größer war und mehr Segel hatte, überholte sie uns und kam gegen Abend außer Sicht.

[...]

Der Sturm nahm noch immer zu. Große Brecher fegten über Deck. Am Sonntag herrschte dicker Nebel, so daß ich mich zum Ausguck mit einem Nebelhorn bewaffnen mußte, ein richtiges Nachtwächterhorn, dessen klägliche Stimme mich in Gedanken auf die Leipziger Messe versetzte. Die ganze Back war unausgesetzt unter Wasser. Wir fuhren bei dem Winde, und das Schiff lag stark über. Ich hatte schauderhafte Zahnschmerzen.

Es war sehr interessant, was ich sah und hörte auf dieser Reise, und ich war voll von neuen Bildern, aber die Bitterkeit, mit der ich meiner drückenden Stellung gedachte, der tiefe Haß, den ich gegen die empfand, die mein Leben dort lenkten, wie sie wollten, verdunkelten alle anderen Gefühle und Gedanken. Ich hätte gern mancherlei, was ich beobachtete, ausführlich niedergeschrieben, aber ich war meistens zu niedergeschlagen und zu ermüdet. Besonders wenn ich auf Wache stand, in den stillen, ungestörten Nachtstunden, verfiel ich in endlose Grübeleien.

»Viele Dampfer, viel Hunger, und der Steuermann schlägt mir eine blaue Nase«, trug ich am Sonntag in mein Tagebuch ein. Wir signalisierten mit einem Dampfer und erkundigten uns, wo wir uns befänden.

Am Montag, dem 16. September um zwölf Uhr, kam Land in Sicht. Am nächsten Abend konnten wir in Liverpool sein. Feuertürme leuchteten in der Nacht. Europa, hurra! Ich verschlang den Streifen Land am Horizont mit glücklichen Blicken.

»Der Bengel ist so neugierig«, sagte August grimmig. Wir trafen nun die zur Landung erforderlichen Vorbereitungen. Anker und Ketten wurden klargemacht, Taue und Lampen bereitgehalten und so weiter.

Steuermann war auf einmal auffallend freundlich. Die Angst vor Rache. Ich war jedoch um so kühler zu ihm.

August gab mir stundenlange Ermahnungen, wie ich mich in England verhalten sollte. Besonders warnte er mich vor den Halsabschneidern. Damit bezeichnete er die deutschen Schneider und Schuster, die in Menge die ankommenden Schiffe bestürmen.

Bei guter Brise wahrscheinlich schon heute abend an Land! Hurra! Hurra! Hurra! und nochmals Hurra! Hurra! Hurra!

Wenn's auch viel Arbeit gab, Anker werfen und wieder heben, und wieder werfen und wieder heben – es winkte ja Land, es winkte nach langer Zeit wieder einmal eine ordentliche Mahlzeit zum Sattessen. Es winkten Briefe von den Angehörigen, und es winkte vielleicht die Heimat selbst. Napoleon schüttelte mir die Hände, und ich griff in überglücklicher Stimmung mit voller Hand in Steuermanns Tabakskasten. Nochmals Hurra!.

[...]

Seefahrt

Wie viele Gedanken begleiten,
Erwartend die Schiffe, hin, her, von Land!

Manchmal gleichen auf See die Zeiten
Dachzimmerchen ohne Wand.

Wenn Schiffe verschollen geblieben,
Untergegangen sind,
Fragt niemand mehr: Welcher Wunsch, welcher Wind
Hat das Schiff in die Ferne getrieben?

Was ist's, was die Schiffe meistert,
Durch die Möglichkeiten sie leitet?
Der Mut, der den Weltblick begeistert,
Rauhleben, das Kleinblicke weitet.

Mit Ehrlichkeit durch Gefahr. –

Vielleicht ist das morgen nicht mehr.
Doch Seefahrt, wie vordem sie war,
War wunderbar.
Roch nach Gewürzen und Teer.

Chance nach Hamburg

[...]
Liverpool lag vor uns, ein märchenhaftes Gebirge von vielfarbigen Lichtern. Eine feenhafte Riesenillumination, terrassenförmig aufgebaut. So etwas hatte ich noch nie gesehen, und es wirkte nach der vorangegangenen Aufregung in der herrlichen Nacht mächtig auf meine Phantasie.

Am andern Morgen kam ein Schlepper mit dem stolzen Namen »Tiger« längsseits, um uns ins Kanadadock zu bringen. Er brachte auch Zollbeamte mit. Unterwegs, während wir den Anker an Deck brachten und den Klüverbaum abnahmen, beobachtete ich das interessante Treiben in dem englischen Hafen, wofür mich der Steuermann verschiedene Male recht unsanft anhauchte. Er bedachte mich auch noch zu guter Letzt mit der unangenehmen Arbeit des Kohlenholens. Seine Schadenfreude prallte jedoch an meinem plötzlich erwachten übermütigen Humor ab. Ich stieg mit fidelstem Gesicht in den Kohlenschacht hinunter. Es war ja das letztemal.

Als wir kaum im Dock festlagen, trafen wirklich Augusts Prophezeiungen ein, das heißt, wir wurden von einer Schar von Schustern, Schneidern und dergleichen belagert, die uns mit »Landsmann« und »Du« begrüßten, uns Geld anboten und sonstwie schöntaten.

Der erste, der ihnen ins Netz ging, war August. Er zog mit ihnen Arm in Arm an Land und kam abends stockbetrunken zurück.

Der Pastor der deutschen Seemannsmission besuchte uns. Er verteilte religiöse Schriften und lud zum Besuch des Seemannsheimes ein. Jedoch fand er gar keine Beachtung, bei einigen sogar offenen Hohn.

Am Abend stellte sich ein hagerer junger Landsmann ein, der Koch auf einem großen deutschen Segler war. Das Schiff lag nicht weit von uns. Wie er erzählte, war das Fahrzeug infolge langanhaltender Windstille hundertachtzig Tage von der Westküste Mexikos bis nach Liverpool unterwegs gewesen. Die Nahrungsmittel waren ausgegangen, und die ganze Besatzung bis auf vier Mann am Skorbut gestorben. Der junge Deutsche, ich glaube, er war aus Bonn, schilderte uns entsetzliche Szenen, die sich an Bord unterwegs zugetragen.

Gleich nach unserer Ankunft wurden wir zum Kapitän gerufen und gefragt: Wer abmustern wolle.

Alle bis auf Gustav und Willy traten vor. August und Napoleon blieben unentschlossen aus Feigheit.

Ich stand in der vordersten Reihe.

Die »Elli« sollte von England aus mit einer Ladung Kohlen nach Brasilien und von da wieder nach Belize gehen.

Am Donnerstag, dem 19. September um zwei Uhr, gingen wir zum Abmustern nach dem deutschen Konsulat. Ich hatte die Wollmütze mit der Kindertroddel auf.

Augusts Gönner, die Halsabschneider, warteten wie Raubtiere am Konsulat, wo das verdiente Geld uns ausgezahlt werden sollte. Sie waren übermäßig besorgt, daß ihnen ihr Opfer durch die Lappen gehen könne.

Besonders ein gewisser Lehmann war vor habgieriger Aufregung ganz außer sich.

Während wir vor dem Konsulat in der Old Hall Street warteten, bot sich uns ein zerlumpter Mulatte als Stiefelputzer an.

Obgleich es vorher geregnet hatte, warf er sich doch für eine Kupfermünze der Länge nach auf der schmutzigen Straße hin und brachte die alten versalzten Seemannsstiefel zu nie geahntem Glanz.

Wir wurden einzeln der Reihe nach zum Konsul gerufen.

August war der erste, der seine Heuer und sein Musterbuch erhielt. Als er herauskam, klammerte sich Lehmann an ihm fest und hielt ihm eine lange, eindringliche Rede mit dem kurzen Inhalt: »Geld her!«

Auch Hermann und Paul mußten gleich bluten.

Dann wurde ich hineinzitiert und erhielt als Heuer:

Einunddreißig Mark!

Der Alte erklärte mir, daß er vierzehn Mark als Strafe für meine Belizer Flucht von meinem Lohn abgezogen hätte. Es wäre dies der Betrag, der damals für meine Ergreifung ausgesetzt und auch ausbezahlt sei.

»Ich meine es eigentlich noch gut mit dir«, schloß er, »ich könnte dich noch einsperren lassen.«

Einunddreißig Mark – –!! Aber das schien mir doch ein Kapital! Was konnte ich mir alles dafür kaufen!!

Ich eilte mit Jahn und Hermann sogleich in ein Lokal. Wir erquickten uns an *ham and eggs*, Butterbrot und Kakao.

Dann trennte ich mich von meinen Begleitern, um mich nach einem Schiff umzusehen, das mir gegen Dienstleistungen freie Fahrt nach Deutschland geben könnte. Die weiten, modernen Docks entlang schlendernd, erblickte ich zwei deutsche Dampfer, »Lappland« und »Westmorland«, die, wie ich erfuhr, nach Hamburg bestimmt waren. Bei beiden sollte jedoch der Kapitän erst am folgenden Tage zu sprechen sein. Ich kehrte deshalb wieder auf die »Elli« zurück, die inzwischen ihren Liegeplatz verändert hatte. Unterwegs genoß ich noch eine Menge Lunchkeks. Leider hielt ich es auch für angebracht, mich an Brandy zu betrinken. »Na«, empfing mich Steuermann, »ist die Geschichte auf dem Konsulat gut abgelaufen?«

»Ja, nur zu glatt!« erwiderte ich sarkastisch.

»Wieso?«

»Nun schon gut.«

»Ja, dann mache andermal solche Dinge nicht.«

Ich schlief die Nacht natürlich an Bord. Gesetzmäßig durften wir uns noch vierundzwanzig Stunden nach der Abmusterung auf dem Schiff aufhalten.

Am nächsten Morgen weckte mich der mit dem Löschen der Ladung verbundene Lärm und die äußerst laute Unterhaltung der Schauerleute. Ich holte noch einmal wie bisher den Kaffee ins Logis. Dann machte ich mich wieder auf die Schiffssuche.

Nachdem ich verschiedene nötige und unnötige Einkäufe besorgt hatte, fuhr ich mit der Hochbahn nach dem Nelsondock, wo ich nur noch die »Lappland« vorfand. Man wies mich hier aber ab.

Ein Hamburger Dampfer mit dem Namen »Lutetia« war eingelaufen. Ich wandte mich an den Steuermann des Schiffes mit der üblichen Frage:

»Kann ich eine Chance nach Hamburg bekommen?«

»Sind Sie utgerüst?«

Ich wies ihm meine Papiere und erzählte ihm von meiner Stellung auf der »Elli«.

»Ja, Sie müssen um 12 Uhr mal mit dem Kapitän sprechen.«

Ich faßte Hoffnung, bummelte einstweilen durch die Straßen, kaufte mir ein Scheidemesser, aß einen frischen Hering und fand mich pünktlich auf der »Lutetia« wieder ein.

Der zweite Steuermann des Schiffes fragte mich nochmals gründlich aus und verwies mich dann an den Kapitän.

»Was wünschst du?« fragte dieser und verbesserte sich dann – was eigentlich ein ungünstiges Zeichen war –, »was wünschen Sie?«

»Der Konsul muß Sie doch hinüberschicken«, meinte er, als ich ihm mein Anliegen vorgetragen hatte.

Ich erklärte ihm, daß dazu keine Verpflichtung vorliege, da ich nicht in Deutschland, sondern in Frankreich angemustert sei.

»Hast du Sachen?« forschte er weiter.

»Ja, an Bord.«

»Hol sie mal rüber.«

»So haben Sie also Chance für mich?« fragte ich erfreut.

»Ja, mußt aber fix mit arbeiten.«

»Ja, natürlich.«

»Mach schnell, es geht bald ab.«

Jubelnd schwang ich mich auf die Ringbahn und eilte nach der »Elli«.

[...]

Ich packte meine Sachen, nahm von Willy, Gustav und dem guten Napoleon Abschied und bestieg mit Hermann und Paul gemeinsam einen Wagen. Dem Kutscher versprach ich zwei Schillinge extra, wenn er mich recht schnell zum Nelsondock brächte.

Pauls Ziel war Cardiff. Er hatte eine Empfehlung an den dortigen Konsul. Hermann wollte zu einem Onkel nach Manchester. Obgleich beide mehr Heuer als ich erhalten hatten, ließ ich es mir doch nicht nehmen, den Wagen zu bezahlen.

So schied ich, als unsere Wege sich trennten, in bestem Einvernehmen von ihnen.

Dann brachte ich mich und meine Sachen auf der »Lutetia« unter.

[...]

Der Verlag gab meinem gedruckten Schiffsjungentagebuch aus Reklamegründen eine Bauchbinde mit. Auf der ist folgende Zeitungsnotiz vom 16. November 1911 abgedruckt: »Untergegangenes Schiff. Von dem deutschen Schoner ›Elli‹, der von England nach Kuxhaven unterwegs überfällig war, sind nun Schiffsteile in der Nordsee gefunden worden. Hiernach ist der Schoner mit der ganzen Besatzung untergegangen.«

Es scheint mich alles zu verfluchen

Gnädige Frau, bitte trösten Sie mich

Gnädige Frau, bitte trösten Sie mich
Über mein inneres Grau.
Das ist kein Scharwenz um ein Liebedich. –
Gnädige Frau, seien Sie gnädige Frau.

Mein Herz ward arm, meine Nacht ist schwer,
Und ich kann den Weg nicht mehr finden. –
Was ich erbitte, bemüht Sie nicht mehr,
Als wenn Sie ein Sträußchen binden.

Es kann ein Streicheln von euch, ein Hauch
Tausend drohende Klingen verbiegen.

Gnädige Frau,
Euer Himmel ist blau!

Ich friere. Es ist so lange kein Rauch
Aus meinem Schornstein gestiegen.

Stellungslos

Das war eine kurze, doch für meine Ungeduld noch zu lange Überfahrt bis Hamburg. Ich brannte darauf, Deutschland und meine Freunde wiederzusehen.

Aber die Freuden dieses Zurückseins genoß ich nur kurz. Denn es galt nun, ein neues Schiff zu suchen. Das war, wie ich hörte und bald erfuhr, sehr schwer. Mein Vater hatte sich an seine Freunde Schrenk und Detlev von Liliencron gewandt. Einer dieser Herren empfahl mich in Hamburg bei dem Reeder De Freitas. Der versprach mir freundlich, sich nach einer Stellung – einer »Chance« sagten wir – für mich umzusehen. Ich möchte mich nur ein wenig gedulden. Mit dieser Aussicht kneipte ich nachts mit meinen Freunden. Aber das Geld, das mir Vater gesandt hatte, ging schnell dahin, und das Sichgeduldenmüssen dauerte weiter. Ich suchte zwar selber eifrig nach Chance, stand jeden Morgen früh auf. Ging nach dem Seemannsamt und nach den Heuerbüros der Schiffahrtslinien. Doch da war keine Vakanz, und wenn eine war, so warteten schon hundert früher Vorgemerkte. In der Angelegenheit De Freitas wurde ich bald hierhin, bald dorthin bestellt, mußte weite Wege laufen und stundenlang in Büros warten. Endlich bot mir der Reeder eine Stellung auf der »Thekla« an. Leider nahm ich das nicht an, weil »Thekla« ein Dampfer war. Ich brauchte für meine Karriere, das heißt für das künftige Steuermannsexamen, bescheinigte Fahrzeit auf Segelschiffen. So dankte ich De Freitas und ging nun selber mit doppeltem Eifer auf die Suche. In aller Frühe stellte ich mich am Seemannsamt an. Ich ging auch persönlich auf die neu eingelaufenen Segelschiffe. Die lagen verstreut in den sich weit ausdehnenden Hafenanlagen. Das kostete mich stundenlange Fahrten und Wanderungen. Und ich holte mir doch immer nur abschlägigen Bescheid.

Um Geld zu sparen, wohnte ich anfangs für 40 Pfennig pro Tag in der Herberge »Zur Heimat«. Es ging dort recht unordentlich zu, so daß ich meine Briefe lieber postlagernd bestellte. Der Beamte auf dem Postamt kannte mich bald.

»Es ist kein Geld da«, sagte er ironisch. Andermal lächelnd: »Sind Sie schon wieder da! Fahren Sie nicht bald einmal nach China?«

Dann zog ich wieder zu Hermann Krahl. Seine Frau war eine Schwägerin von Kerner, der mich seinerzeit ausgerüstet hatte und mir nun hoch und teuer schwur, ein erstklassiges Schiff für mich zu verschaffen. Bei Krahl logierten wieder neu ausgerüstete Jungen, aber auch schon befahrene Jünglinge. Alle warteten auf Stellung und gingen wie ich jeden Tag auf die Suche. Denn Kerner ließ uns völlig im Stich. Als der Oktober so verging, entschloß ich mich, auch Stellung auf Dampfern anzunehmen und, wenn es sein müßte, auch als Heizer, Trimmer oder Steward. Tag für Tag lief ich nach den Heuerbüros der Hapag und anderer großer Schiffahrtslinien. Ich wartete unter einem Gedränge von Arbeitslosen zu einer bestimmten Stunde vor dem englischen Seemannsamt auf der Straße. Wenn der Manager rief: *»I want a sailor!«*, dann stürzte ich mit vielen anderen vor. Aber selbst wenn ich als Erster oder Dritter die Tür erreichte, wurde ich abgewiesen, weil man Engländer bevorzugte und weil ich zu jung wäre.

»Leider noch immer keine Chance«, mußte ich immer wieder nach Hause berichten. Kein Wunder, daß Vater mißtrauisch wurde. Er fürchtete, daß ich in ein liederliches Leben geriete. Es waren aber wirklich schlechte Zeiten für Seefahrer und besonders für so junge wie ich. Ich suchte von früh bis abends. Ich versprach den Heuerbasen eine halbe Monatsgage, wenn sie mir irgendwelchen Schiffsposten verschafften. Sogar vor dem allgemeinen Arbeitsamt stellte ich mich an, um als Nietenwärmer oder Hafenarbeiter anzukommen.

[...]

Meine besten Kameraden waren Handloß, Schumacher und ein Schlesier, dessen Vater Dienstmann in Görlitz war. Schumacher war der einzige von uns, der so reichlich Geld von zu Hause erhielt, daß er gelegentlich ein Faß Bier auflegen konnte. Das taten sonst anstandshalber, aber meist nur auf Pump, diejenigen, die Chance fanden. Jedesmal ein seltenes, aber dann eben für alle erfreuliches Ereignis. Für gewöhnlich machten wir nur bescheidene Zechen.

[…]

Ich hatte De Freitas wieder aufgesucht. Ein etwas peinlicher Gang, den ich dann vielmals wiederholen mußte. Weil der Herr mich für andermal bestellte, andermal aber verreist, ein drittes Mal in einer Sitzung und beim viertenmal nicht anwesend war. Schließlich versprach er oder versprachen andere Leute, an die ich weiterempfohlen wurde, mich auf der »Potosi« unterzubringen, dem größten Segelschiff der Welt. Ich möchte mich nur noch ein wenig gedulden. Warum? Das schilderten sie mir einleuchtend, und ich hinterließ meine Adresse.

Da war also ein Lichtblick. Trotzdem lief ich weiter meine gewohnten Bettelwege zu Heuerbasen und Heuerbüros und auf eingelaufene Schiffe. Auch an Bord der »Lutetia«, die noch im Hafen lag, fragte ich an, ob man mich nach England zurücknehmen wollte. Die Arbeitsverhältnisse für Seeleute sollten ja überall günstiger sein als in Deutschland. Aber »Lutetia« wies mich ab. Vielleicht war man auf der Herfahrt mit meinen Leistungen nicht zufrieden gewesen. Dann machte ich die Adresse einer entfremdeten Verwandten von Mutter ausfindig, nur weil ich dachte, daß sie Beziehungen zu Seefahrtskreisen hätte. Ergab auch nichts als Zeitverlust. In der Potosi-Angelegenheit rührte sich nichts. Sonst überall Lichtblicke, Vertröstungen, Hinhaltungen. Nichts Positives. Es lag nun so, daß ich mich mehr vor meinem Vater schämte, als daß dieser mir Vorwürfe machte. Ich wurde ganz deprimiert. Als auch der November ergebnislos verstrichen war, hielt ich's nicht mehr länger aus.

Ich verdingte mich in einer Schlangenbude auf dem Hamburger Dom (Jahrmarkt). Eine Riesenschlange wurde dort vorgeführt. Fünf Männer in Matrosenanzügen trugen sie auf den Schultern. Der Kleinste davon und der einzige, wirkliche Seemann war ich. Ich trug das Schwanzende. Herr Malferteiner, der Budenbesitzer, im dunkeln Anzug und mit

Lackschuhen, erklärte mit durchdringender Stimme: »Die Riesenschlange! – *Bo – a – constrrictorr!* – Ihre Heimat ist Südamerika. Der Biß derselben ist nicht gefährlich, da dieselbe nicht giftig ist. Menschen und Tieren wird sie gefährlich durch ihre gräßliche Gewalt und durch die Kraft ihrer Muskeln. Denn sie ringt in der Freiheit mit dem Löwen und dem Tiger und besitzt auch die Kraft, dem größten und stärksten Büffelochsen mit ihren Muskeln alle Knochen zu zerbrechen, sobald sie ihn umschlungen hat. (Pause zum Staunen.) Gefüttert wird sie alle drei bis vier Wochen mit lebenden Schweinen, auch Schaflämmern oder Ziegenlämmern. (Pause. Dann mit gehobener Stimme.) Tausend Mark bietet die Direktion jedem Besucher Prämie, der beweisen könnte oder würde, wo er schon jemals in Europa ein zweites Exemplar dieser Riesenschlange gesehen hätte. (Es brauchte nur jemand den Deckel der großen, grünen Kiste in unserer Bude aufzuheben. Da hätte er ein gleichgroßes zweites Exemplar dieser Boa entdeckt, das dort zur Reserve aufbewahrt wurde.) Herrschaften, welche zu spät kamen und nicht alles gesehen haben, können ruhig noch bleiben bis zur nächsten Vorstellung. Vorsichtig! Schnell!«

Die letzten zwei Worte richtete er, wie erschrocken, an uns Matrosen. Wir mußten nun hin und her schwankend so tun, als würde die schwere Schlange wild. In Wirklichkeit war sie leicht und ganz apathisch, beinahe leblos. Unter lauten Kommandos, wie »Alle Mann« – »Deckel auf« wurde sie nun in einen zweiten Kasten zwischen Decken gelegt. Die Vorstellung war zu Ende. Magnus, der Älteste von uns Angestellten, beantwortete übertrieben oder unwahr die Fragen der sich langsam entfernenden Zuschauer.

»Wie lang ist sie?«

»Vierundzwanzig Fuß!«

»Wieviel wiegt sie?«

»295 Pfund.«

»Wie alt ist sie?«

»Über tausend Jahre.«

»Kann sie stehen?«

Magnus lief manchmal plötzlich davon. Es wurden die dümmsten Fragen gestellt. Es fielen auch immer wieder dieselben Witze und Bemerkungen. »Ein netter Aal!« Auch immer wieder dieselben Anträge: Ich sollte doch einmal den Salamander in den Schwanz zwicken oder dem Pelikan eine Feder auszupfen. Der hatte ja fast keine mehr.

Zum Schluß der allerletzten Vorstellung abends pflegte Herr Malferteiner noch dem Publikum für den freundlichen und zahlreichen Besuch der Vorstellung zu danken. Auch wenn er gelegentlich nur zu einem Zuschauer oder zu zwei Zuschauern sprach. Er dankte dann »im Namen der Direktion«. Hinterher gab's für uns noch mühevolle Arbeit bis weit über Mitternacht.

Einmal erlebte ich, daß die eine Riesenschlange gefüttert wurde. Sie verschlang hintereinander ganz langsam fünf lebende, aber sich fügende Opfer. Drei Hühner, ein Kaninchen und ein ganz junges Ferkel. Nur das Ferkel gab Töne von sich, quiekte jämmerlich. Damit sollte die Schlange für die nächsten vier Wochen gespeist sein. Aber am nächsten Tage erkrankte sie und gab die fünf Tiere tot und schleimbedeckt wieder von sich.

Die Riesenschlange war der Clou und der Schluß der Vorstellung, die etwa fünfundzwanzig Minuten dauerte. Vorher führten Alex und Bruno eine Felsenschlange, eine Rieseneidechse, eine Abgottschlange und einen mit Sägespänen panierten Riesensalamander vor. Ich stand derweilen neben dem Kasten der *Python tigris* und dem dürren Pelikan Peter, der nie überfüttert wurde, damit er recht gierig nach dem ihm zugeworfenen Schellfischbrocken schnappte. Dabei fiel er zwar meistens um, so alt und gebrechlich war er, aber das war der Moment, wo das Publikum in lautes Lachen ausbrach. Vielleicht aus Hunger zwickte er mich oft in die Beine.

In der Mitte des grell beleuchteten Zeltes sah man in einem seichten Bassin ein paar Krokodile.

Wieviel Arbeit war um solch Theater! Ich hatte Dienst von sechs Uhr morgens bis zwei Uhr nachts. Dann erhielt ich fünfzig Pfennige Lohn und schlief mit den anderen männlichen Angestellten in einem Wagen auf Strohsäcken. Meine Wolldecke wies helle Flecke auf, von der *Boa constrictor.*

Das Aufstehen fiel schwer. Ich mußte in einer fahrbaren Tonne Wasser von weit herholen. Draußen war's eklig kalt. Ich mußte unter einem rostigen Wasserkessel Feuer anmachen. Um neun Uhr sollte es kochen. Das Wasser im Krokodilbassin wurde damit auf 20 Grad gebracht. Die Überzüge von den Kisten mußten abgeschnallt werden. Wir trieben die Krokodile mit Rohrstockhieben und Fußtritten ins Wasser. Der durch Wärmflaschen geheizte Kasten, worin sämtliche Schlangen übernachteten, wurde geöffnet und die einzelnen Tiere in Sonderbehälter verteilt. Draußen nagelten wir Blechschilder an, die gräßliche Ungeheuer im Kampfe mit wilden Völkerstämmen zeigten oder Inschriften trugen wie »Eintritt heute nur 10 Pfennige«. Und so weiter. Viel Arbeit mit dem üblichen Geschimpfe und mit Schikanen.

Der Chef setzte sich an die Kasse. Der heisere Rekommandeur erschien, kämmte sich die Haare und lockte auftretend die Dombesucher herein: »Das Neueste der Neuzeit, die Riesenschlange!« Dann schlug Herr Malferteiner mit einem Holzklöppel gewaltig an einen Eisenteller, ein letztes Zeichen, daß die Vorstellung nun unwiderruflich begann.

Im allgemeinen freuten wir uns, wenn ein Zuschauer eine Frage an uns richtete. Es war dann möglich, auf eine Zigarre oder auf ein Trinkgeld hinüberzuleiten oder einen derben Witz öffentlich anzubringen. Kleine, nette Scherze begaben sich. Manchmal war das Leben dort behaglich. Ich kam während und nach der Arbeit mit den Angestellten der anderen Schaubuden und Lustbarkeiten zusammen. Leute vom Dampfkarussell, vom Hippodrom und vom »Theater der Aufsehen Erregenden«. Mit Tilde von der Schießbude erneuerte ich eine ältere Bekanntschaft. Peter, der Pelikan, war mein treuer Freund.

Malferteiner wohnte mit Frau und Kindern in einem zweiten Wagen. Sein Dienstmädchen Mathilde brachte uns zu den Mahlzeiten die derbe Kost. Tagsüber befanden wir uns in einem Strudel von Musik aus vielen Drehorgeln. Nachts kamen die Domartisten in einer kleinen Kneipe zusammen, wo es recht heiter und bunt herging. Dort tranken wir Pfefferminzschnaps, rauchten Pfeife und klönten.

Wenn ich bei dieser Lebensweise auch leider nicht dazu kam, mich nebenher nach einem Schiff umzusehen, so tröstete es mich doch, daß ich wenigstens nicht mehr meinem Vater zur Last fiel.

Aber nicht lange blieb ich in der Bude. Herr Kerner benachrichtigte mich, daß er ein Schiff für mich hätte. Ich möchte gleich mit Sack und Pack zu ihm kommen.

»Hurra! Habe Chance!« depeschierte ich glücklich an meinen Vater. Und dann kündigte ich Malferteiner und zog mit meinem Gepäck davon.

Doch die Schiffsnachricht war nur eine Erfindung von Kerner. Er hatte erfahren, daß ich in einer Schlangenbude arbeitete, und meinte, das würde meinen Vater sehr peinlich berühren. Deshalb hatte er mich mit falschem Alarm dort weggelockt. Enttäuscht und zornig war ich. Nun mußte ich wieder ein Dementi nach Köln senden, wo Papa derzeit seine alljährlich größte Einnahme dadurch verdiente, daß er eine Tapetenfabrik als Farbenkenner beriet. Zu Malferteiner mochte ich nicht mehr zurück, weil ich bei meinem Abschied ziemlich hochnäsig aufgetreten war. So zog ich nun zu dem Heuerbas Persson und begab mich wieder auf die Stellungssuche, nahm auch die alten Beziehungen zu De Freitas und anderen wichtigen Herren auf. Zufällig lief die »Potosi« gerade an diesem Tage ein. Ich ging sofort an Bord der stolzen Fünfmastbark. Aber es ergab sich hier nichts und anderwärts nichts. Vater sandte mir Geld, schrieb aber ziemlich betrübt, daß ihm das auf die Dauer sehr schwerfallen würde. Er hatte für meine Geschwister viel Ausgaben. Wolfgang studierte in Freiberg i. S. Bergfach, war Korpsstudent und mit einer Stadtratstochter verlobt. Meine Schwester war Schauspielerin geworden und erlebte an einer Provinzbühne

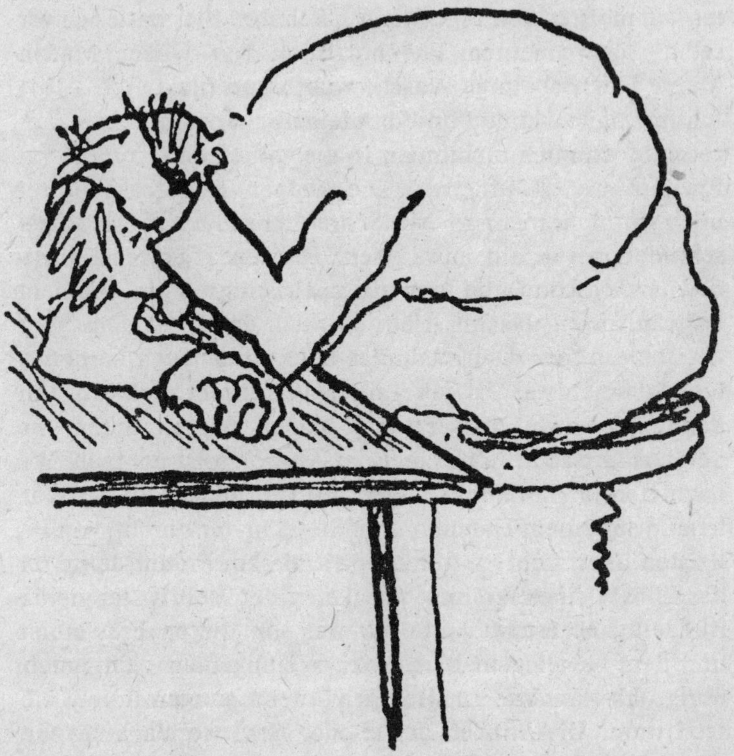

hübsche, künstlerische Erfolge, aber auch die üblichen Enttäuschungen.
Persson wurde mir zu teuer. Ich zog wieder zu Krahl, wo ich die Miete schuldig bleiben konnte, wenn ich für Frau Krahl gelegentlich Messer putzte oder Holz hackte. Es herrschte dort noch dasselbe wüste Schiffsjungenleben wie bisher. Man schlug und beschimpfte sich. Ein Rachsüchtiger warf sogar eine Gewehrpatrone in den Ofen. Bei der Explosion ging dieser und ging eine halbe Wand in Trümmer. Man suchte nach neuen Quellen zu Anborgereien und versetzte Kleider und Wäsche. Abends ersäuften wir die Ängste des Tages in Schnaps und Bier in der Seidlerschen Wirtschaft. Da ging das bißchen Geld von daheim im Nu dahin. Ich verheimlichte meine Notlage. Ich belog meine Eltern. Das ta-

ten die meisten von uns. Mantel, Schuhe, alles hatte ich versetzt. Sogar meinen Ebenholzstock von Onkel Martin. Meine fadenscheinige Wäsche wusch und flickte ich selber. Ich fror ohne Mantel, und da meine Schuhe entzwei waren, getraute ich mich nicht mehr in die vornehmen Kontors von Reedern und Kaufherren. Die kleinen Heuerbase hörten mich gar nicht mehr an. Mit Schrecken sah ich meine Logisschulden bei Krahl anwachsen. Deswegen gab ich dieses *boardinghouse* auf und ging nur noch morgens hin, um nach Post zu fragen. Nachts trieb ich mich dann mit dem Sohn des schlesischen Dienstmannes herum, der auch so heruntergekommen war. Es gab Tage, da wir nicht mehr als eine Semmel zu zweit zu verzehren hatten. Wir schämten uns, Seidlers Großmut noch länger in Anspruch zu nehmen. Wir nächteten in Hauswinkeln oder auf den Bänken in der Wartehalle auf einem Hafenponton. Stetig in der Furcht, von Polizisten überrascht zu werden. Mit diesem Freund teilte ich das Eßbare eines Weihnachtspaketes, das mein Vater viel zu frühzeitig abgesandt hatte. So war von diesen Fressereien und dem beigelegten Bargeld zu Weihnachten nichts mehr übrig. Ich wanderte am Heiligen Abend hungernd und frierend durch die Straßen der reichen Stadtviertel. Mein Gedenken war bei den Eltern. Ich wußte um jede Stunde, was da zu Hause vorging. Jetzt aßen sie den italienischen Salat, jetzt sang Mutter am Flügel das schöne Lied »Ich will dich nicht vergessen, wenn alles dich vergißt«. Ich wußte auch, daß Vater vor der Bescherung durch die Straßen gewandert war, um arme Kinder zu beschenken. Und während ich durch die erleuchteten Fenster der Hamburger Patrizier Lichterbäume sah und Weihnachtslieder vernahm, hegte ich so etwas wie eine leise Hoffnung, daß man mich beobachten könnte und daß plötzlich jemand aus einem dieser Häuser herauseilen und zu mir sagen würde: »Kommen Sie zu uns herein, junger Mann, und essen Sie sich erst einmal ordentlich satt.«

An die Eltern schrieb ich andern Tags einen völlig verlogenen Brief, worin ich lang und breit schilderte, wie ich mich in der Heiligen Nacht an ihren Gaben delektiert hätte und daß ich ihrer gedenkend mit guten Freunden auf das Wohl unserer Lieben angestoßen hätte.

Es war eine oft beschworene Vereinbarung zwischen dem Dienstmannssohn und mir: Wer zuerst Chance bekäme, würde den zurückbleibenden Freund mit allen Lebensmitteln versehen, die habhaft wären. Der Schlesier fand zuerst Stellung. Auf einem Dampfer, der an dem Pier lag. Wir waren beide gleich glücklich darüber. Es wurde ausgemacht, daß ich den Dienstmannssohn nach seinem ersten Arbeitstag abends an einem bestimmten Poller am Kai erwarten sollte. Er wollte mir dann mindestens reichlich Brot bringen, womöglich aber noch begehrtere Dinge. Ich wartete dann auf ihn viele Stunden. Bis tief in die Nacht. Er kam nicht. Ich sah ihn auch nie wieder.

Als meine Not noch höher gestiegen war, fand auch ich endlich eine Schiffsstellung.

Mißmut

Ein Rauch verweht.
Ein Wasser verrinnt.
Eine Zeit vergeht.
Eine neue beginnt.
Warum? Wozu?
Denk' ich dein Fleisch hinweg, so bist
Du ein dünntrauriges Knochengerüst,
Allerschönstes Mädchen du.

Wer hat das Fragen aufgebracht?
Unsere Not.
Wer niemals fragte, wäre tot.
Doch kommt's drauf an, wie jemand lacht.

Bist du aus schlimmem Traum erwacht,
Ist eine Postanweisung da,
Ein Telegramm, ein guter Brief –
Du atmest tief
Wie eine Ziehharmonika.

Auf der »Florida«

Am 30. Dezember 1901 musterte ich in Bremen auf der »Florida« an. Das war ein Frachtdampfer aus Lussinpiccolo, der auf Wilde Fahrt ging. Fünfundzwanzig Mann Besatzung, dabei einundzwanzig Nationen vertreten, in der Mehrzahl italienisch sprechende. Ich erhielt eine Monatsheuer von zwanzig Mark. Dies Geld wurde, wie das auf allen Schiffen Brauch war, nach Beendigung der Reise ausbezahlt, aber in den Zwischenhäfen gab man auf Wunsch kleinere Vorschüsse.

Vor allen Dingen aß ich mich nun erst wieder einmal zu Kräften.

Der Kapitän hieß Nacari. Er hatte eine rauhe Stimme und trug sich malerisch und bunt. Mit mir und einem Amerikaner sprach er englisch. Mit den anderen Leuten italienisch.

Wir holten in England Kohlen, die wir nach Venedig brachten. Unterwegs hatten wir schlimme See. Ich half erst in der Küche, ehe ich Decksmann wurde. Dann mußte ich für einen erkrankten Trimmer einspringen und in der Hitze des Maschinenraumes vor sechs Feuern Kohlen schaufeln. Stieg ich dann an Deck, so empfing mich eine abscheuliche Kälte.

Es war auch in Venedig kalt und regnete viel. Aber die Stadt gab mir doch seltsame Eindrücke. Von Bordkameraden geführt, die dort heimisch waren, bekam ich eigentümliche Spelunken und ungewöhnliche Privatverhältnisse zu sehen und erlebte allerlei. Auf den Straßen feierte man Karneval. Nacaris Frau kam mit einem zehnjährigen Töchterchen an Bord. Das wunderhübsche Kind ließ sich immer wieder deutsche Lieder von mir vorsingen.

Ich sammelte für mich und für die Geschwister Münzen, Medaillen, Briefmarken, Zigarettenbildchen und Zündholzschachteln.

Wir dampften nach Konstantinopel. – Ich lernte bald so viel Italienisch, daß ich mich mit den anderen im Notwendigsten verständigen konnte. Es waren lebhafte, recht naive, aber nicht sehr saubere Burschen. Wenn sie sich mittags Brot in die Suppe brockten, dann taten sie's nicht mit der Hand. Sondern sie bissen die Stücke mit den Zähnen ab und spuckten sie in die Teller. Und wenn jemandem bei Tisch ein Wind entfuhr und niemand das dann gewesen sein wollte, dann ging der angesehenste Matrose von Platz zu Platz und beroch jeden ganz ernsthaft hinten. Sie konnten auch sehr jähzornig werden. Ich hatte leidenschaftliche Schlägereien mit einem Mann aus Kalabrien. Leider waren unehrliche Leute an Bord. Ich wurde bestohlen.

Von Konstantinopel fuhren wir nach Nikolajew am Schwarzen Meer. Das war eine kalte Fahrt. Große Eisschollen trieben im Meer. – Ich las in der Freizeit Mark Twains »Skizzen« und »Die drei Musketiere« von Dumas.

In Nikolajew drang viel deutsche Sprache an mein Ohr. Deutsche Händler und Handwerker kamen an Bord, Schuster und Schneider, viel Juden und ein von uns gierig beglotztes Wäschemädchen. Alle ließen sich von uns Kaffee und Schiffszwieback vorsetzen. Dann erschienen Zollbeamte und ein Arzt. Die durchsuchten und untersuchten uns. Ich fand die wohlgeschriebenen, exakten und herzlichen Briefe von Vater vor, die schon durch ihren grellroten Umschlag hervorstachen, die winzig dünn geschriebenen, besorgten von Mutter, die überzärtlichen von Ottilie und die burschikosen Glückauf-Karten von Wolfgang. Mein Tollerscher Schulfreund Tausig teilte mir mit, daß er nach Westafrika führe.

Ich zog über Nacht mehrere Hemden an, weil ich sehr fror. Morgens war ich froh, wenn Luca, der Boy, den Kaffee brachte, und war wenig erbaut, wenn uns gleich danach der einäugige Bootsmann zur Arbeit holte. Wir mußten das Eis loshacken, mit dem das Schiff bedeckt war, mußten Schnee fegen, Messing putzen, die Ruderketten reparieren und all das in bitterer Kälte und in einem Gewühl von hundert russischen Schauerleuten.

Es trieb sich viel Gesindel herum. Obwohl wir gewarnt waren und sofort Posten ausgestellt hatten, stahl man uns gleich nach unserer Ankunft am lichten Tage die Messingeinfassungen einer ganzen Bullaugenfront.

Korn luden wir. Zwei eiserne Rohre spien es aus großen Speichern in den Schiffsbauch, wo Stauer und Stauerinnen es mit Holzschaufeln verteilten und glattstrichen. Wir Matrosen breiteten Säcke darüber und nähten diese zusammen. Dabei wateten wir in Korn wie in einem Teich. Mittags *buono appetito* und recht gutes Essen: Unzerkleinerte Bratkartoffeln, ich glaube *patati arrosti* genannt – *Maccaroni* – *Polenta* oder Parmesankäse mit Zimt.

Wir arbeiteten wieder bis sechs Uhr. Dann wuschen wir uns, zogen uns fesch oder akkurat an und stürmten an Land. Mit meinem intimsten Kameraden, dem Amerikaner, unternahm ich eine lustige Wagenfahrt, die nur einen Rubel kostete. Wir wollten den zerlumpten Kutscher verhauen, weil er uns um zehn Kopeken betrog. Aber sein einfältiges Gesicht rührte uns zu sehr.

Am liebsten wäre ich immer allein ausgegangen. Da aber meine Vorschüsse nicht ausreichten, schloß ich mich fremden Kapitänen und Steuerleuten an, die ich kennengelernt hatte. Sie duldeten mich gern, weil ich gebildeter und frecher als die meisten Matrosen war. Diese Herren ließen viel Geld springen und brachten es in einem Bordell fertig, alle nicht seemännischen Gäste hinauszukaufen. Das heißt, deren Zeche zu übernehmen und ihnen die Tür zu weisen. Die Bordelle empfingen uns mit offenen Armen. Für uns Seeleute waren sie sogar sonntags geöffnet. Es gab dort Mädchen im Alter von 10–60 Jahren. Man tanzte zunächst wie auf einem mondänen Ball zu weicher Musik und wählte dann sachlich.

Auch Odessa liefen wir an, um Maiskörner einzunehmen. Dann passierten wir Konstantinopel und die Dardanellen an einem herrlich blauen Ostersonntag und kamen nach Algier. Zehn pompöse englische Kriegsschiffe sichteten wir. Sie hatten Richtung nach Gibraltar und kamen vielleicht mit Kriegsverwundeten von Transvaal.

In Algier stellte sich ein langer zerlumpter Österreicher

ein. Er sei von der Fremdenlegion desertiert und wolle sich gern nach Europa zurückarbeiten. Kapitän Nacari jagte ihn rauh von Bord. Als wir dann später den Hafen verließen und schon auf offener See dampften, entdeckten wir den Österreicher an Bord. Er hatte sich bis an den Hals in die Kohlen eingegraben, daß nur sein Kopf herausragte, was sehr unheimlich aussah. Mehrere Tage hatte er hungernd in dieser Lage zugebracht. Der Kapitän fluchte. Wir sollten dem blinden Passagier nichts zu essen geben. Er müßte totgeschlagen und dann noch aufgehängt werden. Das war so Nacaris Stil. Natürlich fütterten wir den Österreicher heimlich doch. Dagegen gaben es die Italiener nicht zu, daß er unser Logis betrat. Er mußte auf einem Brett im Kohlenbunker schlafen. Mit der Zeit wurde Nacari etwas weicher und erlaubte dem »Hundesohn von Schwein Gottes« mitzuarbeiten. Der lange Deserteur setzte sich also zu uns auf das heiße Eisendeck und sollte wie wir durch wuchtige Hammerschläge den Rost von den Planken klopfen. Dabei stellte sich heraus, daß er ein ganz fauler Bursche war. Er holte zwei-, dreimal mit dem Hammer aus, dann ließ er ihn sinken und schlief ein. Vielleicht war er noch erschöpft von langen Entbehrungen und Strapazen.

Wir fuhren durch den Kanal nach Hamburg, wo wir am 17. April 1902 eintrafen. Ich hatte mich so daran gewöhnt, italienisch oder englisch zu reden, daß ich in kurze Verlegenheit geriet, als mich der Hamburger Lotse deutsch ansprach. Ich konnte ihm die ersten Fragen nur stockend beantworten.

Die Polizei erschien und nahm den Österreicher aus mir unbekannten Gründen in Gewahrsam.

Ich hatte mich an Bord wohl gefühlt. Dennoch gab ich die Stellung dort auf und beschönigte diesen Leichtsinn mit der nicht ganz unrichtigen Erklärung, daß mir Dampferfahrten für meine Karriere wenig nützten, daß ich vielmehr Seglerfahrzeit brauchte. Aus Briefen und anderen Papieren ersehe ich, daß man mir 35 Mark und 20 Pfennige auszahlte, mir ein gutes Zeugnis gab und daß ich an Land hintereinander zwei Beefsteaks, eine Bouillon, vier Semmeln, Wurst, einen Eierkuchen und Feigen verspeiste.

[...]

Ein besseres Hotelzimmer vertauschte ich bald mit der gewohnten Pension bei Krahl. Wieder ging ich auf die Suche nach einem Schiff. Der Araber und der Amerikaner schlossen sich mir an; sie hatten ebenfalls die »Florida« verlassen. Wir mieteten ein Ruderboot und fuhren im Hafen von Segler zu Segler. Denn nur ein Segelschiff sollte es sein und womöglich ein ausländisches. Ich suchte deshalb auch abends solche Lokale auf, wo Ausländer verkehrten. Es gab einige, wohin speziell Engländer und Amerikaner gingen. Es gab italienische und skandinavische Kneipen. Auf dem Scharmarkt war ein Negerlokal, wo sich Schwarze, Mulatten, Kreolen und andere Farbige trafen. Der Wirt hieß Jim Java und war ein Liberianeger. Nach der Sitte seiner Heimat trug er über Stirn und Nasenrücken einen blauen, eingebrannten Streifen. Es ging wüst in seiner Kneipe zu. Man tanzte *Step* und *Machiche* und brüllte Lieder aller Sprachen. Einmal saß ich dort mittags mit einem in Lumpen gehüllten Neger, der mich um einen Penny anbettelte. Ein wohlgekleideter Amerikaner kam an unseren Tisch. Der schenkte dem Neger ein englisches Pfund. Der Neger verschwand grinsend, kam nach einer Weile strahlend zurück. Was hatte er sich für das Pfund gekauft? Allermodernste weiße Schuhe. – Ich war selbst recht abgerissen. Mein teerbeflecktes Monkey-Jackett konnte ich an Land nicht mehr tragen. Meinem Gehrock war ich zu breit geworden. Und was ein schlechter Schneider aus meines langen Vaters abgelegten Kleidern schuf, das saß schlecht und verbrauchte sich rasch. Auf Drängen wohlmeinender Leute kaufte ich mir einen neuen Anzug. Es war ein Arbeiteranzug. Er kostete fünf Mark. Dazu trug ich meines Bruders abgelegte Gigerlkragen (vier Finger breit).

Täglich besuchte ich Kerner und Persson und Mapurko und Bade und Tomsen, und wie die Heuerbase alle hießen, ging zu Reedereien, zum *shipping-office* und zum Seemannshaus. Alles erfolglos.

Nach geballten Enttäuschungen

Und nehmen sie die ganze Hand,
Wenn ich den kleinen Finger gebe.
Und Leute sind's von hohem Stand
Und wissen doch nicht, wie ich lebe.

Dann andre wieder, die mich nutzen
Und ziehen dreist aus mir Gewinn.
Wenn meine Einsicht schweigt, dann putzen
Sie das noch aus nach ihrem Sinn.

Ich fühle – weiß nicht – was ich weiß,
Und mich gelüstets, dreinzuschlagen
Auf dieses gierige Geschmeiß. –
Doch meine Treuesten versagen.

Es scheint mich alles zu verfluchen.
Als ich mich selbst verfluchen will,
Legt sich die See. – Ich wurde still,
Fand neu, was niemals ist zu suchen.

Das Abenteuer um Wilberforce

Als ich endlich Stellung fand, nach wochenlangem Fragen und Dulden, hätte ich eigentlich froh sein müssen, nun wieder ein Bett und tägliches Essen zu haben und obendrein noch monatlich dreißig Mark zu beziehen, die vorgeschriebene Heuer eines Leichtmatrosen. Aber das Schiff, ein kleiner russischer Gaffelschoner, lag weit draußen in Harburg, und die Arbeit, die mich empfing, war schmutzig. Bei strömendem Regen luden wir Ölkuchen. Unsere Kleider, das Schiff und alle Gegenstände darauf bedeckten sich mit mißfarbigem Kleister.

Die Besatzung bestand aus dem Kapitän, einem Steuermann, zwei Matrosen und mir. Die vier Russen waren vermutlich Letten. Zu mir sprachen sie ein gebrochenes, sehr ordinäres Deutsch.

Nach drei Tagen stellte ich den Kapitän: »Ich höre, daß wir morgen auslaufen, aber ich bin noch nicht angemustert!?«

»Ach was, angemustert!« Der Kapitän entfernte sich böse, aber ich ging ihm nach. »Kapitän, ich muß auf Anmusterung bestehen; ich brauche die behördliche Bescheinigung über meine Segelfahrten später fürs Steuermannsexamen.«

Er sah mich geringschätzig und spöttisch an. »Steuermannsexamen? – Gut, wirst morgen angemustert.«

Aber anderen Tags gingen wir in See und waren nicht zur Anmusterung auf dem Seemannsamt gewesen. Das berechtigte mich, das Schiff jederzeit und jedesorts zu verlassen, und ich war entschlossen, das in England sofort zu tun, zumal die Aussichten für Seeleute dort viel besser sein sollten.

Meine Vorwürfe schnitt der Kapitän kurz ab: »Still, Schwein!«

Wir fuhren nach Boston an der Ostküste Englands. Es regnete die ganze Fahrt über. Unsere Segel hingen schlapp und brachten uns nur langsam vorwärts. Nachts plagten uns Wanzen.

Die zwei Matrosen entpuppten sich als gutmütige, verträgliche Leute. Ich forschte sie vorsichtig aus über die Schiffsverhältnisse in Boston. Boston wäre ein unbedeutender Hafen, meinten sie, aber in Grimsby lägen viele Fischdampfer, und – fügte Iwan hinzu, als ob er meine Absichten durchschaute – es gäbe dort einen schwarzen Heuerbas namens Philipps, der in Matrosenkreisen bekannt wäre und der desertierten Seeleuten zur Flucht verhülfe.

Als wir Boston sichteten, meldete ich dem Kapitän, daß ich das Schiff, wenn es festläge, verlassen würde. Er geriet außer sich. Das gäbe er niemals zu. Es sei sehr schwierig, in England einen Ersatzmann für mich zu finden, und wenn er einen fände, dann kostete der das Doppelte wie ich. Und ich wäre ein Schwein, ein verfluchtes Schwein, ein Hundeschwein, und ich möchte doch um Christi willen vernünftig sein.

Zuletzt versprach ich ihm auf sein Barmen hin, wenigstens so lange an Bord zu bleiben, als der Schoner im Hafen läge, was etwa vier Wochen dauern sollte.

Der Steuermann war ein großer, ungeschlachter und roher Lümmel. Er drangsalierte die Matrosen in herzloser Weise, gab ihnen auch nur selten Erlaubnis, des Abends an Land zu gehen. Mir konnte er den Urlaub nicht verweigern, weil ich als Deutscher auf deutsches Seemannsrecht pochte und ja sowieso jederzeit meinen Dienst aufgeben konnte. Deshalb schikanierte er mich aber auf andere und tückische Weise.

Er glitt einmal auf dem Laufbrett aus, das vom Regen naß und von der Ölkuchenmasse glitschig war, und da fiel der plumpe Riese ins Wasser und sackte, weil er nicht schwimmen konnte, wie ein Plumpsack ab. Ich kam hinzu, als nur noch eine zappelnde Hand von ihm aus dem Wasser ragte, und ich sprang über Bord, und ich tat mich selbst mit Schwimmen und Tauchen schwer. Doch erwischte ich ihn und hielt ihn über Wasser, bis ein Boot zu Hilfe eilte. Als der Steuermann an Deck wieder zu Bewußtsein kam, ging er, noch schwankend, auf mich zu und versetzte mir eine knallende Ohrfeige.

Wir arbeiteten bei Konzert, denn tags wie nachts waren in Boston die Glockenspiele der Kirchen im Gange. Abends amüsierte ich mich an Land aus Freiheit und Vorschuß, und am Sonntag war ich völlig vom Borddienst befreit. Es herrschte ungewöhnlicher Jubel und Trubel in der Stadt. Bandoneon spielende Gruppen zogen durch die Straßen. Die Gassenbuben verknatterten Feuerwerk. Und Menschen, die einander fremd waren, umarmten und küßten sich öffentlich. Man feierte gleichzeitig die Krönung der *Queen* und den Sieg Großbritanniens über die Buren.

Wir löschten Ladung, säuberten das Schiff und nahmen neue Ladung, bestimmt nach Odense in Dänemark.

Eines Morgens weckte mich Iwan: »Steh auf, wir segeln aus!«

Auslaufen? – Ha! Ich wurde munter. Ich verstand. Man hatte mir das bis zuletzt verschwiegen, wollte mich überrumpeln, mir nicht Zeit lassen, mich auszuschiffen.

Ich hatte, wie oft, in Hemd und Arbeitshose und mit Schuhen und Strümpfen bekleidet geschlafen. Nun zog ich mir rasch mein gutes Jackett über, das meine Papiere enthielt, und so stürzte ich an Deck und sah einen Schlepper, der sich uns vorspannte, um uns aus einer Flottille von ähnlichen, Seite an Seite liegenden Seglern herauszuziehen und durch die verschiedenen engen Schleusen nach See zu bugsieren.

»Schmeiß Achterleine los!« rief mir der Alte zu. Statt dessen schwang ich mich über die Reeling auf das nächstliegende Fahrzeug, kletterte von dort auf den Pier und rief meinen Kapitän an: »Ich fahre nicht mit. Lassen Sie meine Sachen an Land setzen.«

»Hundeschwein, du willst ausreißen?«

»Ich habe Ihnen das rechtzeitig gesagt.«

»Sei doch kein Dumm, komm an Bord!«

»Nein, ich verlange meinen Kleidersack!«

»Was tust du ohne Sachen in fremdes Land? Komm! Ich werde dich nachträglich anmustern.«

»Nein! Geben Sie meine Sachen heraus!«

Währenddessen war der russische Schoner »Emma« schon in Bewegung, und wie er langsam durch die Schleusen gelotst wurde, hielt ich mich auf dem Kai nebenher und forderte hartnäckig die Herausgabe meines Eigentums. Ein *policeman* kam hinzu, ließ sich den Vorfall von meinem lügenden Kapitän erklären und redete mir zu – es klang beinahe väterlich – ein *good boy* zu sein, und wieder an Bord zu gehen.

»Kapitän, ich verklage Sie, wenn Sie meine Sachen stehlen!« rief ich aufgebracht an der letzten Schleuse.

»Stehlen?« gab er zurück. »Hol sie dir! Du hast sie doch selbst an Bord gebracht!«

Es war zu spät. Die »Emma« war bereits über Reichweite und Sprungweite von Land ab. Meine seemännische Ausrüstung, all mein Hab und Gut und darunter ein mir wertvoller Atlas sowie ein kunstvoll mit Fell überspanntes afrikanisches Buttergefäß schwammen davon nach der dänischen Insel Fünen. Der Polizist lachte; ein paar Hafenarbeiter, die Zeuge des Vorgangs gewesen waren, stimmten in das Lachen ein.

Ich überzeugte mich davon, daß ich sechs Schillinge in dem blauen Jackett bei mir hatte, kaufte Seife, wusch mich an einem Brunnen und ließ mir den Weg nach dem deutschen Konsulat beschreiben.

Dem deutschen Konsul kam ich sehr ungelegen. Trotzdem hörte er mich an, riet mir, wegen meines Gepäcks an das deutsche Konsulat in Odense und wegen meiner gegenwärtigen Notlage an meine Eltern zu schreiben. Er stellte Tinte, Feder, Papier und Briefmarken zur Verfügung und ließ sich, als ich wenigstens an das Odenser Konsulat geschrieben hatte und bevor er mich kalt entließ, Papier und Porto zum Einkaufspreis bezahlen.

An meine Eltern hatte ich nicht geschrieben. Ich verstand es, daß sie mich für unstet und nie zufrieden hielten. Das, was ich zu meiner Rechtfertigung hätte anführen können, war zu viel und zu verworren. Ich wußte es nicht anzupacken, ich begriff es auch nur teilweise oder im Unterbewußtsein. Ich hatte mich allmählich so eingestellt, daß ich nur noch Nachricht gab, wenn ich etwas Erfreuliches zu berichten hatte oder glaubte. Meine Briefe – später habe ich mich selbst erstaunt davon überzeugt – machten einen äußerst liederlichen Eindruck. Wer aber, der sie las, konnte sich vorstellen, wo, wie, wann, in welcher Situation sie geschrieben waren?

Ich stand vor dem Konsulat mit der Frage: Was nun? Mir fiel Grimsby und der Neger Philipps ein. Ich erkundigte mich. Die Bahnfahrt kostete vier Schillinge. Ich fuhr.

Nie zuvor war ich in Grimsby gewesen, und die Adresse Philipps' kannte ich nicht. Jedoch ich kalkulierte, daß er im ältesten, beziehungsweise im dürftigsten Viertel wohnen müßte, und das fand ich, in Grimsby angelangt, sehr bald. In einem schmutzigen Gäßchen wandte ich mich an einen Mann, der in einem Haustor stand. Ob er zufällig wüßte, wo ein Farbiger namens Philipps wohnte.

Der Mann deutete mürrisch ins Haustor hinein und sagte: »Rückwärts, zweiter Flur links.«

Welch schnurriger Zufall!

Da niemand auf mein Pochen reagierte, öffnete ich kleinlaut die Tür und sah im Vordergrunde zwei halb entblößte Negerweiber, die Kinder stillten, und dahinter, in Tabaksqualm und Zwielicht mit lautem Spektakel Karten spielend, viele Neger, Mulatten, Mestizen und Andersfarbige. Aus diesem Kreis löste sich ein langer Schwarzer und begrüßte mich: *»I'm Mister Philipps.«*

Ich fragte heiser, ob er eine Chance für mich als Matrose –

»Bist du weggelaufen?«

»Ja.«

»Gut. Du kannst hier schlafen. Morgen früh drei Uhr laufen die Fischdampfer aus. Ich zeige dir die Schleuse, wo du dich hinstellst. Du mußt horchen, was die Kapitäne rufen. Wenn sie nach einem Matrosen verlangen, jumpst du an Bord. Hast du Sachen?«

»Nein.«

Er ging voraus, winkte mir nachzukommen. In einem Nebenraum, der einem Trödelspeicher glich, suchte er mir einen Kleidersack, eine Ölhose, ein blaues Hemd und zwei Paar Strümpfe heraus. Das gab er mir. Ich bedankte mich aufrichtig und gerührt über die unerwartet gute Aufnahme.

»Brauchst du Geld?« fragte Mister Philipps gleichbleibend sachlich.

Ich war einen Moment lang sprachlos. Welch großzügige Güte besaß dieser Nigger, welch unerschütterliches Verständnis für schweigende Not! Wie oft schon mochte er von Undankbaren enttäuscht und ausgenutzt sein!

»Willst du Geld?« wiederholte Mister Philipps. »Willst du ein Pfund?« Und er steckte mir eine Pfundnote zu. Dann zeigte er mir meine Schlafstelle; ich mußte meinen Namen auf verschiedenen Papieren eintragen und war nun fürs erste frei, spazierte noch verwirrt, aber in gehobenster Stimmung in die Stadt.

Am folgenden Morgen stand ich mit geschultertem Zeugsack neben anderen Dienstsuchenden an der Schleuse. Ein Fischdampfer nach dem anderen lief aus. Die Kapitäne riefen ihre Personal betreffenden Wünsche laut von der Brücke. Als ein *sailor* gewünscht ward, sprang ich mit einem unfehlbaren Satz an Deck.

»Columbia« nannte sich der kleine Dampfer. Wir waren nur wenig Leute an Bord. Da gab es für jeden bei Tag und bei Nacht harten Dienst. Wir mußten Ruder, Winde und Netzleine bedienen, Fische schlachten und sie in die Eiskästen verteilen, mußten heizen und in den engen Bunkerlöchern die Kohlen überm Kopf wegschaufeln. Wir blieben bei jedem Wetter draußen auf hoher See. Es war oft ein schwieriges Stück Arbeit, das schwere volle Netz aus dem Wasser zu hieven. Aber wenn es dann über Deck hing und die Schlinge gelöst wurde und Hunderte von schillernden, zappelnden, schlagenden Fischen mit wunderlichem anderen Getier herunterpladderten, dann überfiel uns alle mehr oder weniger eine märchenhafte Aufregung.

Mich persönlich interessierte am meisten alles, was die anderen beim Sortieren ins Meer zurückschleuderten, Seesterne, Algen, Muscheln und Schaltiere. Bald hatte ich eine ansehnliche Sammlung von sonderbar geformten und getönten See-Igeln beisammen. Die Engländer machten sich darüber lustig.

Das Essen war nicht nur gut, sondern ungewöhnlich köstlich. Es gab da *hash, beef, cheese, meat, mixed pickles and everything;* außerdem standen uns jederzeit die edelsten Fische zur Verfügung, frisch aus dem Wasser in die Pfanne.

Als wir nach dem ersten *trip* wieder in Grimsby anlegten und die Engländer von Bord eilten, um während der Hafenzeit bei ihren Frauen zu wohnen, blieb ich allein zurück. Man erlaubte das gern und händigte mir die Schlüssel zur Speisekammer ein. Ich war aber bereits von der gediegenen Kost so verwöhnt und ein Schleckermaul geworden, daß ich während der ganzen Liegezeit nur von einer süßen, delikaten Marmelade zehrte.

So wohl ich mich dort fühlte, und so gut ich mit den derben Fischern auskam, dachte ich doch wieder daran, daß ich für das Steuermannsexamen Segelfahrtzeit brauchte und daß Dampferfahrten meine Karriere nur aufhielten. Deshalb verließ ich die »Columbia« nach dem zweiten *trip.* Ich verabschiedete mich von der Besatzung und zog mit meinem Gepäck und einem Korb voll auserlesener Fische, die ich Mister Philipps zugedacht hatte, nach der Reederei, um mein wohlverdientes Geld abzuheben, ein stattliches Sümmchen in meinen Verhältnissen.

Der Herr am Büroschalter, der meine Papiere und meine Wünsche entgegennahm, kehrte bald zurück und erklärte, ich wäre im Irrtum, denn ich hätte ja nichts zu bekommen. Ich hätte doch meine Ansprüche an meinen Gläubiger Mister Philipps abgetreten, wie – er zeigte ein mir unbekanntes, aber von mir unterschriebenes Schriftstück vor – aus dem Papier unzweideutig hervorginge.

Ich stürzte zornglühend zu dem schuftigen Heuerbas. Er lachte zynisch. Es entstand eine Schlägerei, bei der ich den kürzeren zog, weil mehrere Farbige auf mich einschlugen.

Und währenddessen rauften sich die Weiber um meine Fische.

Dann stand ich mit meinem Zeugsack und einer umfangreichen, mit See-Igeln angefüllten Pappschachtel ganz klein und krumm auf der Straße und tippelte grübelnd davon.

Wohin? Ich überzählte meine geringe Barschaft. – Ich fuhr nach Hull.

Im Hafen dort lagen zahlreiche Schiffe jeder Art. Auf den Kais und um die langen Schuppen herrschte ein reger Betrieb. Drehbrücken spalteten sich. Eisenbahnwagen wurden über Luken umgekippt. Groteske Maschinen zogen, hoben, senkten und skandalierten.

Ich fragte auf allen Schiffen nach Chance, aber vergebens. Manchmal wurde mir im Matrosenlogis Essen oder Kaffee angeboten.

Abends verkroch ich mich in einem Schuppen zwischen Zementsäcken. Das war kein bequemes Lager, doch vor Ermattung schlief ich gleich ein und erwachte anderntags erst um die Mittagszeit. Wieder lief ich von Schiff zu Schiff und dann ins Büro der Schauerleute und zu den Schiffshändlern und Fuhrgeschäften und bot mich zu allem und billigst an, aber man wies mich allerwärts ab. Ich sah auch gewiß nicht vertrauenswürdig aus.

Zweimal versuchte ich, mich auf Dampfern als blinder Passagier einzuschmuggeln, indem ich mich im Kohlenbunker und im andern Fall zwischen Warenstapeln versteckte. Ich ward jedoch erwischt und verjagt.

Am dritten Tage ließ meine Energie nach. Ich bummelte verzagt und schlapp umher, wagte kaum noch um Stellung zu fragen, sondern war mehr darauf bedacht, Polizisten und Wachleute zu meiden, denen ich offenbar schon aufgefallen war.

Meine Füße waren wundgelaufen. Mein Rücken schmerzte. Weil mir mein Gepäck lästig war, setzte ich den Karton mit der schönen See-Igel-Sammlung plötzlich mitten auf der Straße nieder und ging sehr traurig weiter.

Als ich mich bei Anbruch der Dunkelheit wieder in mein Zementbett geschlichen, mich meiner Jacke entledigt und die paar Arbeitslumpen aus meinem Kleidersack als Polsterung verteilt hatte, darauf mit einem Seufzer mich ausstreckte, bemerkte ich erschreckend zwei Menschen – zwei *Ladies*, die den Hügel von Säcken erklettert hatten und mir neugierig zusahen.

Die eine davon wollte ihre Freundin zurückscheuchen. Aber diese wehrte sich und blieb stehen und sah mich unverwandt an mit großen ernsten Augen. Und ich blickte sie an. Denn sie sah aus, wie eine Fee für Kinder aussieht. Sie war schön, unsagbar schön, und groß und kostbar gekleidet. Sie machte einen so gütigen, unsagbar gütigen, Eindruck und hatte einen Frauenschoß und weiche Ellenbogen und zauberhafte, wissende Augen.

Aber die andere Dame ergriff die Fee am Arm und zog sie fort. Sie lachte dabei, daß es mir ins Herz schnitt, und sagte: »Laß ihn doch. Er ist betrunken.«

Da riß sich die Fee noch einmal los und schritt ganz nahe an mein Lager heran und raunte – mich ernst und tief anschauend – mir zu: *»Ten o'clock … monument.«* Und entfernte sich.

Eine Erscheinung war vorbei. Oder es war wie im Kino nach einem ergreifenden Drama, wenn man plötzlich sich in die andere, helle Welt zurückfinden muß. Nein, es war umgekehrt, denn jetzt umgab mich ein totes, einsames Dunkel.

Aber meine Phantasie hing noch an dem Erlebten und erregte sich immer mehr, je länger ich darüber nachdachte. Alle körperliche Müdigkeit war wie weggezaubert.

Was hatte sie gesagt? *Ten o'clock,* und dann etwas, was ich nicht verstanden hatte, und dann *monument.* Zehn Uhr ... Denkmal. – Eine Bestellung?! Ein Geheiß?! – Ein Rendezvous?!

Eine Fee – – selbstverständlich war es keine Fee – – eine Lady, eine feine, bestrickende, reiche Dame hatte mir Lump –

Ich sollte um zehn Uhr am Monument sein. – Wollte sie mir helfen? Sicherlich wollte – oder sie würde helfen, so oder so.

Und wenn sie auch nicht hülfe, wenn sie nur – ... ach, sie nur wiedersehen dürfen.

Oder hatte ich sie falsch verstanden? Gab es ähnlich klingende Worte wie *ten* und *o'glock* und *monument?* Oder meinte sie etwas ganz anderes, weil ich da unerlaubterweise und schmutzig und betrunken lag? Aber sie hatte so ernst, so gütig geblickt, nicht einmal gelacht, nicht einmal gelächelt. Vermochte sie meine Lage auch nur im geringsten zu durchschauen? Welches Interesse hatte sie an einem fremden, gemeinen Kerl, denn daß ich eine anständige Erziehung unter gebildeten Menschen genossen hatte, das war mir keinesfalls anzumerken.

Wie kamen sie und ihre Freundin überhaupt auf die Zementsäcke? Hatten sie mich vorher beobachtet? Wollten sie mich anzeigen? Nein, das nicht, das gewiß nicht.

Was für ein *monument?* Was hatte sie gesagt? Columbia-Monument? – Nein, es hatte wie Gilardoni geklungen – Geradoni – Goldoni – Paganini – oder ähnlich oder auch ganz anders; das war doch nicht mehr festzustellen.

Auch wenn ich noch genügend Geld besessen hätte, wäre ich damals nicht auf den Gedanken gekommen, ein Hotel aufzusuchen und im Adreßbuch oder im Fremdenführer die

Sehenswürdigkeiten, die Denkmäler nachzulesen. Ich überlegte nur, ob ich einen Menschen auf der Straße deswegen ansprechen und ausforschen sollte. Er würde mich nicht anhören, würde sich für angebettelt halten und steif und taub seines Weges ziehen. Außerdem: Was konnte ich ihn fragen?

Oder sollte ich aufs Geratewohl die Stadt durchwandern und die Denkmäler aufspüren?

Wer war sie wohl, diese berauschende Frau? Daß es die sonderbarsten Abenteuer nicht nur in Vorzeit und Büchern gab, wußte ich aus Erfahrung. Andererseits –

Ich sann und spann mich immer tiefer in groteske, dumme, eitle Windungen hinein. Bis eine ferne Uhr neun schlug. Da raffte ich mich auf.

Ich wollte die Stadt durcheilen und mich dem Zufall ergeben. Als ich aber, mich aufrichtend, auf dem Kai dicht vor den Zementsäcken einen Wächter gewahrte, der ganz ungleichmäßig hin und her schritt und, wie mich dünkte, sehr auffällig nach allen Seiten ausspähte, verlor ich mit eins allen Mut. Ich sank auf mein Lager zurück und weinte. Bis ich darüber einschlief. –

Ein reichliches Mittagessen, das mir andern Tags auf einer norwegischen Bark vorgesetzt wurde, gab mir neue Kraft, und die Gespräche der Seeleute brachten mich auf die Idee, zu Fuß nach der Westseite Englands nach der großen Hafenstadt Liverpool zu wandern, die ich kannte und wo ich schon einmal in einer ähnlichen Lage sehr schnell eine Chance als Matrose ermittelt hatte.

Bald lag Hull hinter mir, und ich schritt auf den heißen, staubigen Landstraßen hurtig und ausdauernd vorwärts.

Bei Sonnenuntergang erreichte ich müde und durstig eine vornehme Farm mit geschorenen Rasenflächen und sauber gepflegten Hecken. Ein hübsches Dienstmädchen stand hinter dem schmiedeeisernen Tor. Ich machte ihr eine Verbeugung, als ob sie eine Gräfin wäre, und fragte, ob ich sie um ein Glas Wasser bitten dürfte.

Sie holte einen weißhaarigen Herrn von aristokratischem Aussehen herbei, der mich nähertreten hieß und mir auf der Veranda Erdbeeren in Schlagsahne reichte. Ich verstand nur wenige Brocken von dem, was er sagte, und er schien mich noch weniger zu verstehen, vielleicht schenkte er auch meinen Worten keinen Glauben. Denn von Scham- und Dankgefühl verwirrt, benahm ich mich höchst närrisch. Ich verbeugte mich einmal übers andere, brachte die übertriebensten Höflichkeitsphrasen in offenbar sehr lächerlichem Englisch heraus und zählte ganz unpassend und zusammenhanglos alles auf, was meine anständige Herkunft beweisen und das Vertrauen meines Gönners gewinnen sollte.

Von den köstlichen Erdbeeren erfrischt, stiefelte ich rüstig weiter, wurde aber im nächsten Dorf von einem Polizisten gestellt, der mich ausfragte und mein Englisch auch verstand, aber mit meinem Plan, die Insel zu durchqueren, nicht einverstanden war. Ich mußte umkehren.

Ich marschierte dieselben Straßen, die ich gekommen war, nun langsamer und deprimiert zurück. Nur die Farm umging ich in weitem Bogen. Mehrmals rastete ich in Gräben oder unter Bäumen, und jedesmal fiel mir dann das Weiterwandern schwerer.

Die Nacht ging vorüber, die Sonne ging auf. Die Vögel zwitscherten. Aber ich bemerkte das kaum. Ich hob stumpf und dumpf das linke Bein, das rechte Bein, das linke Bein, das rechte Bein.

Erst das anwachsende Getriebe im Weichbilde Hulls erweckte mich.

Von zwei vorübergehenden Männern rief der eine mich in deutscher Sprache an: »Hallo, Seemann, Sankt Pauli Liederlich, wie geht's?«

Ich erfaßte im Nu, im Tausendstel-Nu, daß ihm deutsche Sprache, Seeleute und Hamburg vertraut wären und daß er mit diesen Kenntnissen vor seinem Kumpan großtun wollte.

»Schlecht!« rief ich stehenbleibend, und mein Instinkt, hier biete sich eine Hoffnung, klammerte sich von der Frage zum Frager. Ich schilderte in einem Wortschwall mein Schicksal.

Der runde, rotbackige Herr hörte belustigt zu. Mit einem Scherz, der wieder seinem Begleiter galt, sagte er zu mir: »*Come on*, du kannst bei uns bleiben, mußt aber nicht bei der Frau schlafen.«

So wurde ich Mann für alles im *Boardinghouse Bloom*, wo Kapitäne, Steuerleute, überhaupt alle Seefahrer wohnten, seit vielen Jahren immer wieder wohnten. Denn sie durften, wenn sie abreisten, große Schulden hinterlassen. Weil sie, wenn sie von langen Reisen zurückkehrten, große Summen mitbrachten und dann nicht nur sofort ihre Schulden beglichen, sondern auch gleich bedeutende Beträge vorauszahlten. An solchen Tagen schwamm das Haus Bloom in Gold.

Zunächst wurden Fleisch, Gemüse und sonstige Vorräte beschafft. Dann fingen der Herr Neuangelangte und Miß Bloom und Mistreß Bloom und Mister Bloom und sämtliche gerade anwesenden Pensionäre gewaltige Zechereien an, die bis zum Abend und die Nacht hindurch und manchmal tagelang dauerten. Und wenn es einen Sonntag betraf, dann ließ sich diese unsere bunte, wilde Gesellschaft über den Humber setzen und ratterte in Einspännern von Landhaus zu Landhaus. Denn fünf Meilen hinter der Stadt war der Ausschank alkoholischer Getränke erlaubt, und wir soffen, tanzten und johlten.

Zwischen zwei solchen Ausschweifungen gab es Perioden, da in unserer Pension auch nicht ein Penny aufzutreiben war.

Nur Frau Bloom wußte sich in den fetten Zeiten immer etwas auf die Seite zu schaffen. Davon mußte ich ihr täglich mehrmals heimlich Stout oder Ale oder Whisky besorgen.

Diese Säuferin stammte aus Kanada. Ihre Tochter war in Dünkirchen geboren. Vater Bloom wußte nicht, was er für ein Landsmann wäre. Er sprach fünf Sprachen gleicherweise perfekt.

Ich hatte für die Familie und die jeweiligen Pensionsgäste

zu kochen. Ich melkte die Ziegen, fütterte die Brieftauben – die eine Liebhaberei von Herrn Bloom waren –, beteiligte mich an der Buchführung und mußte unliebsame Seeleute rausschmeißen helfen.

Wenn ich in dem Vorstadtgäßchen, wo Blooms Haus stand, Wäsche auf die Leinen hängte, die vertraulich von Haus zu Haus gespannt blieben, dann gesellten sich die Nachbarn mir neugierig und klatschfröhlich zu. Sie nannten mich nur *Mister Blooms cook.* Ich lebte in dem bewegten und leichtsinnigen Haus Bloom eine kleinbürgerliche Behaglichkeit, die ich mir seit langem gewünscht hatte.

Fräulein Bloom hatte mir gleich bei meiner Ankunft ein Paar Schuhe geschenkt, weil meine Seestiefel so entsetzlich stanken, und im Laufe des Monats gab mir Herr Bloom einen ziemlich guterhaltenen Anzug. Außerdem erhielt ich Trinkgelder von den Gästen, und mitunter steckte mir auch Frau Bloom heimlich einen Sixpence zu.

Dennoch erschien mir der Aufenthalt dort bald langweilig und sinnlos. War es, daß ich bei den drei Blooms jedes feinere Interesse vermißte, oder dachte ich an meine Zukunft und die mir noch fehlende Segelschiffahrtszeit, jedenfalls beneidete ich die Kapitäne und Steuerleute, wenn sie wieder an Bord und in See gingen.

Ich holte mir eines Abends – und von da an jeden Abend – die Erlaubnis ein, ein paar Stunden in die Stadt gehen zu dürfen. Das nahmen mir Herr Bloom und seine Tochter sehr übel.

Und dann passierte es mir, daß ich eines Morgens verschlief und fand in der Küche schon das Herdfeuer von Frau Bloom angezündet. Ich schlug die offenstehende Ofenklappe zu, nicht ahnend, daß sich die Katze in der schon leicht warmen Röhre gelagert hatte. Ich beeilte mich mit den Morgeneinkäufen. Als ich zurückkam, war die Küche voll Rauch und Geruch, und ich entdeckte die Katze in der Röhre fürchterlich gebacken.

Frau Bloom weinte einen ganzen Tag lang, und deswegen beschimpfte mich ihr Mann mit harten Worten als einen nichtsnützigen Herumtreiber, undankbaren Faulenzer und unverbesserlichen Straßenlump.

Ich steckte diese Kränkungen ohne Widerrede ein; ich war über das Schicksal der Katze ganz erschüttert. Aber an dem Abend ging ich, ohne vorher Erlaubnis zu erbitten, in die Stadt.

Bisher hatte ich mich dort jedesmal nur eine, höchstens zwei Stunden lang planlos herumgetrieben, hatte mir Denkmäler angesehen und die Namen darauf gelesen, Namen, die mich jedesmal enttäuschten. Diesmal steuerte ich direkt nach dem Hafen zu, um trotz der späten Stunde mich auf den Schiffen als Matrose anzubieten.

Das Glück erwartete mich. Der erste Steuermann eines deutschen Kohlendampfers versprach, mich bis Bremen mitzunehmen. Das Schiff sollte bereits am folgenden Abend auslaufen.

Von Wonne erfüllt, wollte ich diese gute Fügung sofort feiern, und wenn es all meine ersparten Schillinge kostete. Ich marschierte laut und breitschultrig ins Stadtinnere, eng darauf bedacht, ein Weinlokal zu finden, wo ich Bowle bekäme. Aber wenn ich ein Wirtshaus erreichte, das solchen Eindruck erweckte, dann brachte ich angesichts meines werktätigen Anzugs nicht die Courage auf, einzutreten. Und so irrte ich weiter und immer weiter.

Ich stand auf einmal vor einem Denkmal, las den Namen WILBERFORCE. Ich wußte nicht, wer das war, es interessierte mich auch nicht. Ich sprach das Wort *Wilberforcemonument* wohl zehn-, zwanzigmal hintereinander laut aus.

Ja, das war es. Das hatte sie gesagt: *»Ten o'clock Wilberforcemonument.«*

Ich hielt einen Passanten an. Wie spät? – Es war neun Uhr. Über mich selbst gezwungen lächelnd, schickte ich mich an, eine Stunde dort zu warten, weniger aus unbestimmter Hoffnung heraus, als vielmehr, um ein Versäumnis gewissermaßen zu sühnen.

Denn was mochte sie von mir gedacht haben, als ich zehn Uhr nicht zur Stelle war.

Hatte sie etwa zehn Uhr vormittags gemeint?

Wer war sie wohl? Vielleicht war sie nur meiner Einsamkeit und Bedürftigkeit so überirdisch und vornehm erschienen. Vielleicht war sie eine ganz simple Kontoristin, die sich innerlich ebenso lustig über mich machte wie ihre Begleiterin. Dann hatten die Worte *Ten o'clock Wilberforcemonument* nur die Bedeutung eines Spaßes.

Über solchen Träumen verflog mir die Zeit sehr rasch. Nach allen Seiten auslugend, war ich derweilen andauernd im Kreise um das Denkmal geschritten. Auf dem Platze war nur wenig Verkehr um diese Stunde. Als ich wieder jemand um die Uhrzeit fragte, war es ein Viertel vor elf.

Ich sprach ein kleines vorbeigehendes Mädchen an, das grell geschminkt war und nach Himbeeren roch. Sie nahm mich mit in ihr weit entlegenes Zimmer, und ich hatte dort außer allem Erwarteten ein seltsames und eindrucksvolles Erlebnis, über das ich nicht reden mag.

Mister Bloom war sehr aufgebracht, als ich am Morgen heimkehrte und die Mitteilung machte, daß ich ihn noch am selben Tage verlassen müßte.

»Ich habe dich aus Barmherzigkeit von der Straße aufgelesen«, sagte er. »Wir haben dich herausgefüttert und wie einen Sohn behandelt, und nun hast du einen neuen Anzug und neue Schuhe bekommen, nun läufst du davon.«

Als ich aber Abschied nahm, erwiderte er meinen Händedruck doch freundlich, und Frau Bloom weinte, fast so, wie sie über die Katze geweint hatte. Der Tochter hinterließ ich Grüße, sie war seit zwei Tagen verreist.

Ansprache eines Fremden an eine Geschminkte vor dem Wilberforcemonument

Guten Abend, schöne Unbekannte! Es ist nachts halb zehn.
Würden Sie liebenswürdigerweise mit mir schlafen gehn?
Wer ich bin? – Sie meinen, wie ich heiße?

Liebes Kind, ich werde Sie belügen,
Denn ich schenke dir drei Pfund.
Denn ich küsse niemals auf den Mund.
Von uns beiden bin ich der Gescheitre.
Doch du darfst mich um drei weitre
Pfund betrügen.

Glaube mir, liebes Kind:
Wenn man einmal in Sansibar
Und in Tirol und im Gefängnis und in Kalkutta war,
Dann merkt man erst, daß man nicht weiß, wie sonderbar
Die Menschen sind.

Deine Ehre, zum Beispiel, ist nicht dasselbe
Wie bei Peter dem Großen *L'honneur.* –
Übrigens war ich – (Schenk mir das gelbe
Band!) – In Altona an der Elbe
Schaufensterdekorateur. –

Hast du das Tuten gehört?
Das ist Wilson Line.

Wie, ich sei angetrunken? O nein, nein! Nein!
Ich bin völlig besoffen und hundsgefährlich geistesgestört.
Aber sechs Pfund sind immer ein Risiko wert.
Wie du mißtrauisch neben mir gehst!
Wart nur, ich erzähle dir schnurrige Sachen.
Ich weiß: Du wirst lachen.
Ich weiß: Daß sie dich auch traurig machen.
Obwohl du sie gar nicht verstehst.

Und auch ich –
Du wirst mir vertrauen – später, in Hose und Hemd.
Mädchen wie du haben mir immer vertraut.

Ich bin etwas schief ins Leben gebaut.
Wo mir alles rätselvoll ist und fremd,
Da wohnt meine Mutter. – Quatsch! Ich bitte dich:
Sei recht laut.

Ich bin eine alte Kommode.
Oft mit Tinte oder Rotwein begossen;
Manchmal mit Fußtritten geschlossen.
Der wird kichern, der nach meinem Tode
Mein Geheimfach entdeckt. –
Ach Kind, wenn du ahntest, wie Kunitzburger Eierkuchen
schmeckt.

Das ist nun kein richtiger Scherz.
Ich bin auch nicht richtig froh.
Ich habe auch kein richtiges Herz.
Ich bin nur ein kleiner, unanständiger Schalk.
Mein richtiges Herz. Das ist anderwärts, irgendwo
Im Muschelkalk.

Seefahrten

[…]
In Hamburg lebte ich nun also wieder so wie früher. Am Tag Stellung suchend, abends in der Wirtschaft von Seidlers mit Trinkbrüdern lärmend oder mit Meta schwärmend. Ich war tief und sentimental in sie verliebt. Es gab ein Lieblingslied auf der Spieluhr dort, das wir beide liebten und für das ich manchen Groschen opferte. Ein Lied aus der Oper Norma. Wieder machte ich Schulden bei Seidlers und bei Krahl, die ich schließlich meinem Vater eingestehen mußte. Der zahlte und zahlte.

Dann nahm ich eine Stellung als Schiffsjunge auf dem Dampfer »Ramses« von der Cosmos-Linie an. Schaffte meinen Seesack an Bord, der mein Hab und Gut enthielt, und begann sogleich meinen Dienst. Das Schiff nahm Ladung. Es fiel mir schwer, wieder den Schiffsjungen zu spielen. Ich hatte die Stellung nur aus Not angenommen. Als mir eines Morgens der Erste Offizier verbot, in Holzpantoffeln über Deck zu gehen, entstand ein Wortstreit, der damit endete, daß ich den Offizier stehenließ, mich umzog und das Schiff verließ. Am Stammtisch erzählte ich dann aufgeblasen, wie keck ich dem Offizier pariert hätte und daß ich auf keinen Fall diesen »lumpigen Kasten« wieder betreten würde.

In derselben oder in der folgenden Nacht teilte mir ein Telegramm mit, ich wäre als Leichtmatrose auf dem Ozeandampfer »Columbia« angenommen und sollte mich sofort einschiffen. So verabschiedete ich mich auf Pump splendid, küßte Meta und bat Papa Krahl, er möchte meine auf der »Ramses« zurückgelassenen Effekten abholen.

Was ich selbst an Sachen auf die »Columbia« mitnahm, trug ich in einem Taschentuch.

»Columbia« war damals der größte Passagierdampfer der Hapag. Vier gewaltige Schornsteine hatte er. Und Luxuskabinen und erste Klasse und zweite Klasse. Außerdem reisten im Zwischendeck Hunderte von polnischen Auswanderern. Die hausten da unten zwischen ihrem bunten Sack und

Pack und Kindern und Windeln in einem erbarmungswürdigen Durcheinander. Sie fragten unaufhörlich und stellten sich so hysterisch an, besonders die Weiber und die Seekranken, daß wir bei starkem Sturm die Türen zum Zwischendeck abschlossen und niemand an Deck ließen. Neben ihnen und uns Schiffsarbeitern: Die reichen Reisenden mit ihren eleganten Garderoben, Schlemmermahlzeiten, Faulenzerspielen und Festivitäten mit Musik und allem erdenklichen Luxus. Da lebten zwei Gegensätze eng nebeneinander. Aber ich fand diese Fahrt berauschend, besonders die Nächte. Die Sonnenbrenner brannten aufregend. Der Qualm aus den Schornsteinen verwehte weithin übers Meer, das nahm sich aus wie Heldensagen.

Einmal sichtete ich auf solcher Nachtwache ein Wrack. Es war ein Stück Gebälk, wie ein Floß. Da eine Laterne darauf brannte, war anzunehmen, daß lebende Menschen darauf waren. Ich sah es, und noch jemand sah es, und wir riefen die Meldung zur Brücke hinauf. Aber die »Columbia« stoppte nicht, sondern jagte weiter. Vielleicht mochte der ehrgeizige Kapitän in dem Rennen um das Blaue Band die Fahrt nicht aufhalten.

Daneben gab es für uns Seeleute leichte Anekdoten, von denen sich die meisten ums Essen oder um Trinkgelder drehten. Manchmal suchten noble Passagiere aus Neugier unser Logis auf. Den Damen, die die steile Treppe zu uns herabstiegen, schielten wir unter die Röcke. Dann logen wir den Herrschaften etwas vor, übertrieben oder läppisch, nicht ahnend, daß manche von ihnen über das, was sie fragten, viel höher unterrichtet waren als wir. Aber ein Trinkgeld oder eine Zigarre ergab sich immer. Und wie solche Zigarre uns schmeckte, so schmeckte sie denen nicht.

Als ein Regen einsetzte, erbat sich ein Passagier ein Ölzeug von mir. Ich lieh ihm das meinige gern, ließ es ihn aber selbst von dem Nagel nehmen, an dem es hing. Denn dieser Nagel stand zufällig mit der elektrischen Leitung in Berührung, und man bekam jedesmal einen gelinden Schlag, wenn man nach dem Ölzeug griff. Da ich nun dem erschreckten

Passagier den Bären aufband, daß bei uns alle Ölzeuge so elektrisch geladen wären, um sie vor Ratten zu schützen, so fiel das Trinkgeld befriedigt und befriedigend aus.

[...]

Außer meiner sehr unromantischen Arbeit war mir alles neu oder interessant. Ich mußte die Messingränder der Bullaugen an Deck putzen und kam auch zu der Kapitänskajüte. Da sah ich nun von außen neugierig durchs offene Fenster. Der Alte war fürstlich eingerichtet. Er beugte sich gerade mir abgewendet über den Wascheimer und putzte sich mit ungeniertem Getöne die Zähne. Ich sah ihm interessiert zu, in der Meinung, daß er mich nicht bemerkte. Nun aber nahm er wieder einen großen Schluck Gurgelwasser in den Mund. Und plötzlich wendete er sich blitzschnell und spie mir die ganze Ladung ins Gesicht.

Dann kam die Freiheitsstatue. Dann kam die umständliche Landung und Ausschiffung. Dann sah ich Hochbauten.

Etwa vierzehn Tage lagen wir in New York. In Hoboken. Selbstverständlich ging ich jeden Abend an Land, aber was habe ich gesehen? Nichts, was mich heute berechtigte, mitzusprechen, wenn Leute über New York disputieren. Ich besinne mich, daß ich nach Brooklyn wollte und auf einem Pier auf die Fähre wartete, die mich über den River setzen sollte, auf einmal setzte sich das Stück Pier in Bewegung und war selbst die Fähre, auf die ich wartete. Das machte mir großen Eindruck.

Eine nichtswürdige Geschmacklosigkeit beging ich. Bordkameraden hatten mir Briefschaften mitgegeben, die ich an Land expedieren sollte. Um mich vor einem anderen Urlauber mit einem Spaß großzutun, schrieb ich auf alle diese Karten ganz schweinische, ekelhafte Bemerkungen, ohne zu untersuchen, ob diese Postsachen an Eltern, Bräute oder Kinder gerichtet waren.

Nichts habe ich von New York gesehen. Oder habe ich es vergessen? Aber man vergißt nichts so leicht, was Eindruck machte. Ich ging immer allein aus. Ich werde anderes erlebt haben, was man vielleicht überall erleben kann, aber was man eben einmal erleben muß.

Wir nahmen nach Deutschland wieder Passagiere mit, außerdem auch Ladung. Hauptsächlich Äpfel. Viele Räume im Unterschiff wurden bis fast an die Decke mit Äpfeln angefüllt. Die Räume waren immer beleuchtet und wurden von Aufsehern überwacht. Dennoch unternahm ich mit einem Kameraden einen planmäßig überlegten Raubzug dorthin. Wir schlichen heimlich hinter dem Ronde gehenden Wächter her, krochen auf allen vieren über die Apfelfelder und stopften in unsere ausgeschnittenen Matrosenblusen so viel Äpfel, daß wir wie vollbusige Damen aussahen. Dann wollten wir wieder in Distanz hinter dem Wächter zurückschleichen. Der hatte aber etwas bemerkt und rief uns an. Darauf vorbereitet, schossen wir mit Äpfeln. Erst die elektrischen Glühbirnen entzwei und dann im Dunkeln in der Richtung nach dem Wächter. Dabei grunzten, röchelten und zischten wir nach einer einstudierten, unheimlichen Weise und versetzten den Wächter in eine Verwirrung, in der wir leicht entkamen.

Auch die Rückfahrt mit Volldampf voraus war wieder herrlich. Wir wurden in Hamburg alle entlassen, »wegen Aufliegen des Schiffes«. Es war der 1. November 1902.

Ich bezog mein altes Quartier am Herrengraben und fragte nach meinen Sachen von der »Ramses«. Aber Krahl hatte versäumt, sie von Bord zu holen. Der Dampfer war ausgelaufen und trug nun meine Kleider, meine Wäsche nach der Westküste von Südamerika.

Ich eilte zu Seidlers. Es machte so warm, Neuigkeiten zu berichten und anzuhören. Die Seidlersche Wirtschaft war die Zentrale, wo alle Nachrichten über unsere Seemannsschicksale zusammenliefen. Der war mit dem oder dem Schiff nach X. unterwegs. Jener hatte an Bord das Ausbrechen von wilden Tieren aus einem Käfig erlebt. Das Schiff eines Dritten war überfällig, und man fürchtete, daß es abgesoffen sei. Neue Liebesdramen und Schlägereien hatten sich abgespielt.

Ich machte wieder Schulden und schrieb darüber an Vater beschönigende Briefe. Die verbrämte ich mit lustigen Zeichnungen, die immer unseren bissigen Dackel Bob karrikierten. So trugen meine Dackelstudien aus der Gymnasialzeit doch noch Früchte.

Diesmal bekam ich aber bald ein neues Schiff. Ich verheuerte mich als Leichtmatrose auf dem Hapag-Dampfer »Numidia«.

Wir fuhren nach Antwerpen und liefen dann die portugiesischen Häfen Leixoes und Lissabon an. Von dort aus dampften wir nach Südamerika. Als wir den Äquator passierten, wurde ich mit dem üblichen Ulk gründlich getauft. [...]

Kurzer Aufenthalt in Rio de Janeiro und darauf in Desterro. Briefe aus der Heimat. Neuigkeiten: Wolf litt an einem Bandwurm, Ottilie war ans Hoftheater in Braunschweig engagiert.

Wir fuhren die ganze brasilianische Küste entlang bis Rio Grande do Sul und löschten und nahmen Ladung. Wir brachten Salz, Zement, Klaviere, Schulbücher, Eisenbahnschienen, Porzellan und anderes Stückgut. Wir nahmen Büffelhörner und Kaffee. Die Hitze war unerträglich. Wir tranken Unmengen von *lemon-juice* und schliefen nachts unter Moskitonetzen. Die Eingeborenen boten uns kleine Äffchen und Papageien an. Sie trugen sich romantisch, zum Teil sehr komisch romantisch.

Wir hatten eine Musikkapelle gebildet. Auf selbst hergestellten und selbst entdeckten Instrumenten spielten wir abends an Deck und sangen dazu »Ich weiß nicht, was soll es bedeuten«. Auch ein Lied, zu dem ich den Text gedichtet habe. Es behandelte plump satirisch die Menschen und Zustände auf der »Numidia«. Denn es waren viele Sonderlinge unter uns, zum Beispiel ein Kochsmaat, dem wir mit unserem Spott so zusetzten, daß er sich zu ertränken versuchte.

Auch mit scherzhaften Zeichnungen hatte ich Erfolg. – Vorübergehend übertrug man mir das Amt eines Küpers. Ich hatte den Proviantraum mit seinen Wundern an Speck, Würsten und Käsen zu verwalten. Da schwelgte ich heimlich und ließ heimlich andere schwelgen. Als man mich aber einmal zwischen einem Faß Kümmel und einem Faß Rotwein schlafend fand, während die aufgedrehten Faßhähne links und rechts von mir Kümmel und Rotwein ausströmten, da war meine Küperschaft vorüber.

In Argentinien imponierte mir die Hauptstadt Buenos Aires. Aber ich sah mir auch hier keine Museen, keine öffentlichen Gebäude oder charakteristischen Stätten an, sondern trieb mich als Eigenbrötler in möglichst entlegenen Winkeln umher. Dabei geriet ich einmal in eine Auktion und machte mir den Spaß mitzubieten, indem ich aufs Geratewohl Zahlen dazwischenrief, die ich aus aufgefangenen portugiesischen Brocken und lateinischen Schulreminiszenzen bildete. Ganz verblüfft war ich, als mir auf einmal ein Bündel Damenschirme und seidene Tücher gereicht wurden. Ich nahm das natürlich nicht an, sondern entfernte mich eiligst, und man schimpfte mir nach.

Einmal unternahmen wir als Gäste der Deutschen Gesellschaft einen Ausflug in die Umgebung der Stadt. Im Busch wurde biwakiert, wurden Hammel am Spieß gebraten und Wettspiele veranstaltet. Der deutsche Pastor leitete diese harmlose Fröhlichkeit.

Auf der Rückreise nach Deutschland erlebten wir starke Stürme, besonders in der spanischen See. Als das Schiff seinen Kurs änderte, fing es an, dermaßen zu schaukeln, daß ich beinahe über Bord gefallen wäre. Als ich mich zur Kombüse hinarbeitete, bot sich dort ein tolles Bild. In Dampfwolken eingehüllt stand der Koch zwischen zwei hohen Töpfen mit heißem Wasser. Und Koch und Töpfe rutschten auf den nassen Steinfliesen zwischen Backbord und Steuerbord hin und her. Ich kam dem Koch zu Hilfe, wir wurden beide leicht verbrüht.

Auf der Insel Madeira erstand ich Korallen und gewann im Boxkampf mit einem Neger auf *catch as catch can* eine Tasche aus Fruchtkernen. Außerdem kaufte ich zwei *bunch* Bananen und stahl ein drittes. Da diese Fruchtbündel hängend aufbewahrt werden mußten und ich dafür keinen anderen Platz als meine Koje fand, so schlief ich fortan an Deck, wo es nachts schon recht kalt war. Aber es gab ja nichts Befriedigenderes, als den Angehörigen und Freunden etwas von weither mitzubringen.

Am 6. März 1903 wurde ich in Hamburg mit 58 Mark abgelohnt. Davon zahlte ich Krahl im voraus Miete.

In der Wirtschaft von Seidlers ging es hoch her. Erstens waren zufällig lauter nette und altvertraute Kumpane beisammen, und zweitens lagen viele Schiffe im Hafen. Fast jede Nacht konnte ein Angemusterter ein Faß Bier spendieren. Ich schenkte der Witwe Seidler ein *bunch* Bananen. Die anderen Geschenke sandte ich nach Hause. –

[...]

Duett des Schiffsjungen mit einem Passagier

Junge: Ach Faulsein ist schön!
Und schön ist die Ruhe!
Und Nichtstun ist schön!
(Nach den Füßen des Passagiers schielend)
Und schön sind schöne Schuhe!
Passagier: Ja Faulsein ist schön!
Und Schlaf tut so gut.
Und schön ist die Stille!
(Lächelt dem Jungen zu)
Und schön ist ein schöner Hut!
Junge: Und schön ist der Himmel –
Passagier: Eine Reise unterm Wind!
Junge: Und schön sind die Blumen!
Passagier: Und schön ist ein Kind!
(Lächelt dem Jungen zu)
Wie Sie es sind!
Junge: Und schön ist die Musik.
Passagier: Auch ein Bild kann es sein,
Ein Gedicht kann es sein.
Junge: Und schön ist eine Roßkastanie –
(Passagier lächelt)
Passagier: Oder ein glatter Stein.
Beide: Ja Faulsein ist schön!
Passagier: Und schön ist Paris!
Und schön sind zwei Freunde.
Junge: Und schön ist das Paradies.

Als »überzähliger« Matrose

[...]

Im nächsten Monat kam ich auf den Hapag-Dampfer »Dortmund«. Eine Reise über Emden nach dem eisfreien Hafen Narvik im nördlichen Norwegen. Und wieder zurück nach Hamburg.

Schön war's in Narvik. Die Nächte so hell, daß man lesen konnte, und erfüllt von dem lauten Donner der Erzmassen, die in den Schiffsraum polterten. Einmal sah ich in diesem kleinen, entlegenen Orte einen Trupp Soldaten der Heilsarmee. Die machten nach ihrer Weise Musik und sangen dazu. Für wen? Es stimmte mich weich.

Ich durfte den Kapitän zur Schwanenjagd begleiten, vielmehr ich mußte es. Wenn irgend möglich, ging ich lieber allein aus. Es gab so herrliche Ausflüge in den Buchten und auf den Bergen.

Die Reise mit der »Dortmund« war zauberhaft. Aber die Menschen an Bord verachtete ich, einige haßte ich.

Lange schon beschäftigte ich mich mit dem Gedanken, die Seemannslaufbahn aufzugeben. So schön es gerade mir erschien, Fernes, Wildes und Konträres zu erleben, was hatte ich davon, wenn ich es allein erlebte. Es gab so wenig gebildete oder zartfühiende Seeleute. Nur der Zufall konnte mich gelegentlich und doch nur für kurz mit diesen zusammenführen. Auf der Elbe ereignete sich ein katastrophaler Zusammenstoß von zwei Dampfern. Ein paar hundert Passagiere ertranken. Es gab einen Prozeß um die Schuldfrage. Eines der Resultate war ein neues Gesetz: Jeder Seemann sollte künftig einen gewissen, sehr streng begrenzten Grad von Augensehschärfe nachweisen und mußte sich zu diesem Zweck einer ärztlichen Untersuchung unterwerfen. Dieses harte, übertriebene Gesetz machte auf einmal altbefahrene und altbewährte Seeleute, Matrosen wie Kapitäne, brotlos. Für mich schien der neue Paragraph ein Wink des Schicksals. Die Berufsgenossenschaft zwang mir im Juli 1903 eine Bescheinigung auf, daß ich für den Dienst als Seemann, das heißt für den rein maritimen Dienst, nicht mehr in Frage käme, weil meine Augen nicht die vorgeschriebene Sehschärfe besäßen.

Ich gedachte nun, Kaufmann zu werden. Mein Vater sandte mir eine Empfehlung an seinen Freund, den Kaufmann August Ristelhüber in Hamburg. Der hatte ein Speditions- und Kommissionsgeschäft. Er war ein großzügiger, energischer und bedachtsamer Herr, auch äußerlich groß und imponierend. Ich stellte mich zaghaft, weil dürftig gekleidet, in seinem Büro vor. Er machte mir sanfte Vorwürfe darüber, daß ich meine Stellungen so oft leichtsinnig aufgegeben hätte. Man zöge doch ein Hemd nicht aus, ehe man ein neues besäße. Er wollte mich aber eine Zeitlang als Lehrling einstellen und mir ein Salär von 20 Mark pro Woche zahlen. Eigentlich bekämen Lehrlinge drei Jahre lang überhaupt nichts. Aber meine Stellung bei ihm wäre ja nur ein Provisorium, bis sich die Frage entschiede, ob ich demnächst Soldat werden müßte. Er stellte mich seinen Prokuristen und Kommis vor. Die belächelten verstohlen meinen ungewöhnlichen Anzug. Ich begann meinen Dienst.

Man zeigte und erklärte mir eine Kopiermaschine und die Funktion des Lochers oder eines Briefordners und wies mir andere leichte Aufgaben zu. Aber meine hornigen Hände waren an grobe Arbeit gewöhnt. Ich richtete mit meiner kräftigen Unbeholfenheit manches Unheil an. Die Briefe in der Kopiermaschine verwischten, weil ich zu viel Wasser verwandte, oder sie zerrissen unter meinen gewaltsamen Griffen. Die Angestellten lächelten wieder. Der rücksichtsvolle Chef aber tat, als ob er's nicht bemerkte. Einmal führte er mich vor einen Schrank in seinem Privatbüro, der viele enge Fächer hatte. Ich sollte die kleinen Seitenbretter entfernen, so daß nur vier große Fächer blieben. »Das ist eine Arbeit, die Ihnen sicher liegen wird«, sagte er beim Weggehen. Ich versuchte, die Brettchen zu entfernen. Da sie aber gefedert und gespundet waren, schlug ich erst behutsam, dann stärker und schließlich wütend gemacht, so fürchterlich drauflos, daß der Schrank zuletzt wirklich ein Trümmerhaufen war.

Der erste Prokurist lachte aus vollem Halse. Und der Chef sagte später gütig: »Das haben Sie ausgezeichnet gemacht.« Ich wurde durch solche Behandlung noch unsicherer und konfuser.

Nachts ging ich noch immer zu Seidlers, wo ich meine Schulden bezahlen und etwas spendieren konnte, da ich ja jetzt mehr als ein Matrose verdiente. Mit Meta traf ich mich auch zuweilen in einem Lokal in der Steinstraße. Einmal schwuren wir einander, daß wir uns vor dem Hause dort nach zehn Jahren wieder treffen wollten.

Ich ging auch zum erstenmal in ein Kabarett, in der Wexpassage. Eine robuste Dame sang allabendlich: »I bin a armer Bettelbuah.« Dem Zauber dieser Dame unterlag ich eine Zeitlang.

[...]

Mein Chef hatte Beziehungen zu der Oldenburg-Portugiesischen-Dampfschiffsreederei. So bekam ich nochmals eine Stellung als Matrose. Auf dem Dampfer »Villa Real«. Das behördliche Attest über meine ungenügende Sehkraft verbot mir eigentlich ein weiteres Fahren. Aber man umging diese Klippe, indem man mich als »überzähligen« Matrosen anmusterte. Als solcher hatte ich freilich keinen Anspruch auf Bezahlung.

Am 19. Oktober 1903 nahm ich von dem liebenswerten Herrn Ristelhüber Abschied und zog mit meinem Zeugsack an Bord. Unterwegs knöpfte ich meinen hohen Stehkragen ab.

Ich wurde vor den anderen Matrosen in einem bevorzugt. Man gab mir nämlich eine eigene Kammer, die auf dem Schiff als Hospital vorgesehen war. Der enge Raum ließ sich nicht heizen, so daß ich in der Nacht fror, weil ich nur eine Decke besaß. Aber ich war glücklich über mein Abgetrenntsein und machte es mir behaglich in dieser Kammer, wo ich unbeobachtet Tagebuch führte, vorsichtigerweise unter Anwendung von mancherlei Geheimzeichen.

Bald wurde ich gewahr, daß die anderen Matrosen gegen mich waren, obwohl ich eine Flasche Kümmel für sie mitge-

bracht hatte. Sie beneideten mich um die Solokabine und nahmen mich seemännisch nicht für voll, weil ich keine Heuer bezog und weil ich das Einjährige hatte. Als sie nach dem Auslaufen bei irgendwelchem Anlaß eine drohende Haltung gegen mich einnahmen, sagte ich zu ihnen: »Wer mir dumm kommt, dem komme ich auch dumm! Und wer mich anrührt, dem schmeiße ich das erstbeste Stück Eisen in die Fresse!«

Auch die beiden Steuerleute waren mir übelgesinnt und mißachteten mich, weil sie nicht kapierten, warum ich ohne Heuer fuhr. Im Kanal gab uns Sturmwetter zu schaffen. Als wir Dover passierten, neigte sich das Schiff so stark im Schaukeln, daß meine Hängelampe ein Loch in den Decksbalken sengte. Darauf nahmen mir die Steuerleute die Lampe weg. Ich mußte mich im Dunkeln ausziehen, rauchte im Dunkeln verärgert meine letzten Zigaretten, danach die Pfeife.

Wir liefen gegen den Wind nur fünf Meilen. Unsere Ladung bestand aus Zucker und Kartoffeln in Säcken. Außerdem führten wir an Deck Stückgut mit uns und eine schöne Ulmer Dogge, die wir gern mit dem Wasserschlauch erschreckten. Sie konnte sich bei dem Rollen des Schiffes nur schwer auf den Beinen halten.

Kap Finisterre kam in Sicht. Rudel von Schweinsfischen zogen vorbei. Der Sturm nahm zu. Wenn ich Tagebuch schrieb, mußte ich mich mit einer Hand am Waschtisch festklammern. Da kam aber die Tintenflasche ins Rollen. Es geschah, daß ich gleichzeitig einen Knall vernahm. Ich ließ Tinte und Buch sausen und stürzte an Deck. Im Heizraum war das Wasserstandsglas geplatzt.

Es stank in meiner Kammer. Ich fand nach langem Suchen einen vergessenen Käse in Stanniol. – Ich zeichnete. – Ich angelte. – Die Kameraden wurden freundlicher zu mir, als sie erkannten, daß ich meine Arbeit verstand. – Zwei Karls hatten wir an Bord. Karl der Schwede und Karl der Dämliche. Mit dem Ostfriesen Simon spielte ich Schafkopf. – Der *donkeyman* war ein sehr witziger Flachser. Sein und unser ständiges Opfer hieß Paul. Das war ein schwachsinniger, gutmütiger Trimmer. – Viele dort an Bord litten an Syphilis und anderen Krankheiten.

Der Sturm nahm zu. Ich hatte Tag und Nacht nasse Füße. Überall rauschte Wasser, in der Küche, unter den Kojen, in meiner Kammer. Die Dogge heulte. Es gab viel Arbeit, aber wir schrieben Überstunden an. Ich war besonders eifrig, weil ich annahm, daß man auch mir diese Überstunden bezahlen würde. Auf diese Weise blieb ich nun auch nicht ganz ohne Einnahme.

Vor Oporto ankerten wir.

Mit den anderen Seeleuten war ich inzwischen ganz ausgesöhnt. Ich unterhielt sie abends, indem ich mir Stecknadeln in die Arme stach, Messer warf und Glas und Kohle zerkaute. Ihre höchste Bewunderung gewann ich aber durch ein illustriertes Gedicht, das die Schlauchspritzenwut des Zweiten Steuermanns schilderte. Das Blatt wurde heimlich im Klosett der Achtergäste angenagelt.

Mein Verhältnis zu beiden Steuerleuten wurde immer feindseliger. Ich wollte mir's nicht mehr gefallen lassen, daß sie mich duzten, und forderte sie auf, zu mir »Sie« zu sagen. Um diese Frage ging nun während der ganzen Reise ein Streit, der erbittert geführt wurde, aber viele komische Phasen durchmachte. Erst lehnten sie es ab, mich mit »Sie« anzureden, weil ich keine Heuer bezöge, deshalb kein richtiger Seemann wäre. Als ich ihnen das widerlegte, sagten sie: »Ja, wenn du das von Anfang an gesagt hättest, dann wäre das was anderes. Nun können wir aber nicht mehr ›Sie‹ sagen.« Darauf hörte ich nicht mehr auf das, was sie mir per du befahlen. Wenn sie – bald der eine, bald der andere – mir morgens zuriefen: »Du machst die und die Arbeit«, dann reagierte ich nicht, sondern blieb in meiner Kabine. Daraufhin riefen sie künftig: »Wir wollen die oder die Arbeit machen.« Dagegen ließ sich nichts sagen. Ich gehorchte. Bald aber fiel wieder ein Satz mit Du, und sofort legte ich mein Werkzeug nieder und zog mich in meine Kammer zurück. Sie beschwerten sich beim Kapitän. Der drohte mir, mich in Lissabon oder Hamburg einlochen zu lassen, wenn ich die Arbeit verweigerte. Da ich dem sonst sehr friedliebenden und wohlwollenden Menschen (er hieß Johann Löding) nichts weiter entgegnen wollte, ging ich wieder an die Arbeit, redete nun aber die Steuerleute auch bei jeder Gelegenheit mit Du an. So blieb es bis zum Schluß, nur daß wir an friedlichen Tagen manchmal die Anrede gegenseitig ganz umgingen. Die Matrosen waren übrigens immer auf meiner Seite.

Da wir bei dem schlimmen Wetter an der Bank vor Oporto nicht vorbei konnten, löschten wir einen Teil der Ladung in Leixoes. Vor dem Hafen war eine gewaltige Brandung. Ich kannte sie schon von früher.

Aus Zollgründen mußten wir vor jedem Hafen unseren Tabak an den Kapitän abliefern. – Das Essen war schlecht, aber reichlich. Sonnabends gab's mittags den widerlichen Klippfisch; abends auch Klippfisch als Labskaus.

Wir erreichten Lissabon. Das Wetter wurde wärmer. – Ich machte Tauschgeschäfte mit den Zollbeamten.

Am 4. November gingen wir in Gibraltar vor Anker. Schwarze Wolken verhüllten die Gipfel des Felsengebirges. Am Horizont gegenüber zeigte sich ein Streifen Marokko. Wir hörten Kanonendonner und sahen viele englische Kriegsschiffe.

Die Ladung wurde gelöscht. Ich war im Schiffsraum beschäftigt und schaufelte mir während der Arbeit aus vollen Händen Zucker in den Mund. Was tat ich nicht alles, was meine Zähne ruinierte! – Ein hochgewundener Sack platzte und ergoß seinen Zucker über den Zweiten Steuermann, der neben mir Säcke flickte. Es gingen häufig Säcke entzwei. Wir nähten sie und füllten sie wieder mit dem zusammengefegten Zucker. Was dabei an Zucker verlorenging, wurde einfach durch Dreck ersetzt.

Dem leichtgläubigen Trimmer Paul zeigten wir Zigarettenbäume, feuerspeiende Berge und den Wendekreis des Herings. – Bumbootsleute brachten Apfelsinen, Feigen, Zigaretten und Floridawasser. – Meine Füße hatten sich in den nassen Stiefeln wund gescheuert. Ich fettete sie mit Margarine ein und umwickelte sie mit Twist und Apfelsinenpapier.

Wir lichteten die Anker, fuhren wieder durch die Straße von Gibraltar und weiter nach der Stadt, deren Namen unser

Schiff trug. In Villa Real blieben wir aber nicht lange, sondern dampften flußaufwärts nach einem kleinen Ort Pomerun. Hier entwickelte sich zwischen uns Matrosen und den Bumbootsleuten ein reger Tauschhandel. Wir gaben zerrissene Kleider und leere Flaschen hin und erhielten dafür Früchte und anderes. So erstand ich hundert Apfelsinen, drei Kistchen Feigen, zehn Eier und zwei lebende Stieglitze mit Bauer. Nie wieder habe ich soviel Apfelsinen gegessen wie damals. Die Zähne wurden davon stumpf. Eine große Menge Apfelsinen konservierte ich. Das kostete mich viel Zeit, denn ich mußte jede Frucht schälen und in Scheiben zerlegen. Die Scheiben verwahrte ich zwischen Zuckerschichten in großen Gläsern, die ich fest verschloß.

Unentwegt wurde der arme Paul zum besten gehalten. Wir ärgerten ihn durch gefälschte anonyme Drohbriefe, die angeblich aus seinem Heimatdorf eingetroffen waren. Nachts bestrichen wir seine nackten Beine mit Teer.

Auf einem Sonntagsausflug zeigten wir ihm Kap Horn und das Palais des Sultans und deuteten ihm all das Fremdartige, was wir erblickten, entsprechend aus. Der Weg war steil und steinig. Zur Seite blühten seltsame Sträucher. Uns begegnete eine dunkelhaarige Frau, die einen schwer bepackten Esel trieb. Dann Männer in engen Hosen, kurzen Jacketts, mit roten Schärpen und breitkrempigen Hüten. Auf einem Felsengipfel waren niedrige Häuser aus unbehauenen Steinen errichtet. Die Mauern darum hatten Nischen, die als Kamine dienten. Bunt gekleidete schöne Mädchen schauten uns neugierig an, Kinder bettelten um Tabak. In den holperigen Straßen wälzten sich rotbraune Schweine. Wir fanden ein kleines Wirtshaus, wo wir uns mit englischen Matrosen anfreundeten und viel roten Landwein tranken. Der war so stark, daß ich auf einmal stockbetrunken wurde. Ich warf auf dem Rückweg Steine nach dem Steuermann, der gar nicht zugegen war. Ich wollte giftige Vogelbeeren essen. Als mich die Kameraden daran hinderten, entfloh ich ihnen und lief davon, von lachenden Kindern verfolgt, bis ich hinfiel und mit dem Gesicht gegen einen großen Stein prellte. Als wir unser Ruderboot erreichten, tauchten mich meine Freunde mehrmals unter Wasser, aber ich wurde dadurch nicht nüchterner. An Bord der »Villa Real« hämmerte ich mit den Fäusten gegen die Kammertür des Ersten Steuermanns und schrie: »Komm heraus, du Schuft, wir wollen uns schlagen!« Der hütete sich aber. Schließlich brachten mich die Matrosen zur Koje. Andern Tags erwachte ich mit Kopfschmerzen, mein Körper hatte Risse und blutunterlaufene Beulen.

Wir luden Erz. – Ein stellungsloser deutscher Konditor kam an Bord und bat um freie Rückfahrt. Der Kapitän wies ihn ab. Wir Matrosen aßen gerade Pellkartoffeln mit Hering. Ich gab meine Portion dem Konditor und ließ ihn Platz bei uns nehmen. Über sein verhungertes Gesicht ging ein glückliches Strahlen. »Pellkartoffeln mit Hering!« sagte er gedehnt und griff zaghaft nach dem Teller. In dem Moment rief der Steuermann das Kommando herab: »Schiff verholen! Der fremde Mann soll sofort von Bord!« Wir eilten an Deck. Der Konditor kam um seine Mahlzeit, ich konnte ihm nur ein Stück Brot zustecken.

Wir nahmen vor zwei anderen kleinen Orten und dann wieder in Lissabon Kisten mit Ölsardinen und Korkplatten in großen Ballen; auch fertige Flaschenkorke sowie ein paar tausend Säcke Kakaobohnen. – Ich bekam häufig Nasenbluten und vom Kautabak Sodbrennen. – Ein Korkballen löste sich aus der Schlinge, fiel in den Laderaum zurück und prellte mich drei Meter weit weg. – Es gab einen Tumult wegen der ungenießbaren Kost.

Am 16. November liefen wir in Oporto ein. Eine schwierige Einfahrt zwischen der Sandbank und Felsblöcken. Der Lotse stand selbst am Ruder, und zwei Boote, mit je zwölf Portugiesen besetzt, halfen bei dem Manöver.

Wir luden Ölkuchen, Wein, Zwiebeln und Tierfelle. – Ein Eingeborener gab mir sechzig Äpfel für meine ranzige Margarine, auf die ich versehentlich Petroleum verschüttet hatte.

Wir traten die Rückreise an. Den Matrosen wurde das Geld für die Überstunden ausbezahlt. Mir zahlte der Steuermann nichts.

Vorübergehend trieben wir steuerunfähig; wir hatten die Feuer gelöscht, um einen Maschinendefekt zu beseitigen. – Ein weißer Dreimastschoner fiel uns wegen seiner ungewöhnlichen Bauart auf. Durch Flaggensignale erfuhren wir, daß es die »Gauß« war, die von einer Südpolarexpedition zurückkehrte. Was mochte sie entdeckt und erlebt haben! – Ich kostete meine eingemachten Apfelsinen. Sie schmeckten so bitter, daß sie nicht mehr zu genießen waren.

Der Kanal bescherte uns noch einen tüchtigen Sturm. Im Logis rollte der Käfig mit meinen zwei Stieglitzen zwischen Blechgerät, verschüttetem Mittagessen und Kohlen hinüber und herüber.

Wir ankerten in Kuxhaven. Ich wurde zum Kapitän befohlen. Ich dachte, er würde mir meine Überstunden bezahlen und lief freudig nach der Kajüte. Aber dort empfing mich ein Kriminalbeamter. Der händigte mir eine Strafverfügung über drei Mark ein. Weil ich mich vor Monaten einmal in Hamburg nicht abgemeldet hatte.

Der Arzt kam zur vorgeschriebenen Untersuchung an Bord.

Am 24. November musterte ich in Altona ab.

Und fragt nicht, wie lang wir's noch treiben

Segler

Weiße oder braune
Flügel führen schaukelndes Holz
Leise durchs Wasser fort:
Fischer? Lustfahrten nach Laune?
Oder Sport?

Aus dem Hafen läßt sich stolz
Ein stattliches Vollschiff leiten,
Um draußen vom Klüver bis zum Besan
Schweres Tuch auszubreiten
Und selbständig dann durch den Ozean
Zu gleiten.

Es schwankt eine kleine Stadt im Sturm
Unterm Befehl vom Kommandoturm. –
Schaumwirbelnde Wellen springen
Um ihre Mauern. – Die See wird wild
Und wieder mild. – Es wechselt das Bild
Immer neu. –

Die Matrosen singen
Und ziehen an Tauen Hand über Hand,
Und bringen Schätze von Land zu Land.
Ahoi!

Durchnäßte Kleider. – Vereister Bart. –
Viel Arbeit und Wache um Wache. –
Ein harter Beruf in der Segelschiffahrt!
Doch es ist eine ehrliche Sache,
Und eine schöne, wenn Meer und Wind
den Seglern gnädig sind.

Äquatortaufe

Geistigkeit gibt es bei ihnen [den Matrosen, die Hrsg.] nicht, wohl aber zuweilen gesunden, simplen Humor. Ihre derben Späße sind zum großen Teil überliefert.

Sie reichen dem Schiffsjungen ein Fernrohr, zwischen dessen Gläser sie vorher ein Haar gespannt haben. Er soll ausschauen, ob der Äquator schon in Sicht wäre. Mancher Junge sieht ihn.

Und dann werden die getauft, die den Äquator noch nie zuvor passiert haben. Alle möglichen hinterlistigen Gebräuche kommen dabei in Anwendung, und der Schiffsführer darf nichts dagegen einwenden, sieht auch, gleich den anderen Offizieren, gern schadenfroh zu.

Der junge Herr Zahlmeisteraspirant muß wohl oder übel hinter einer lebenden Sau in einen langen Segeltuchschlauch kriechen. Dann halten einige Matrosen den Schlauch hinter ihm zu. Andere richten durch die vordere Öffnung einen Wasserstrahl auf die Sau, die dann zurückprallend mit dem Herrn Zahlmeisteraspirant kollidiert.

Auf großen Passagierdampfern gestalten sich die Zeremonien noch umfangreicher und pompöser. Da spielt das Einseifen und Rasieren mit einem riesigen Holzmesser, spielen Nixen mit breiten Schultern und seltsam rauhen Stimmen eine große Rolle, und der leibhaftige Neptun steigt aus dem Wasser an Bord.

Zum Schluß stellt der schreibkundigste Matrose schwitzend und wichtig dem Täufling das Taufzeugnis aus. Er schreibt mit den schwieligen Händen unorthographisch den altübernommenen mühsam auswendig gelernten Text, den alle Matrosen unterzeichnen und den der Steuermann zum Schluß mit dem Schiffsstempel versieht.

WIR NEPTUN aus eigener göttlicher Macht Herr und Gebieter aller Meere, Seen, Flüsse, Bäche, Teiche, Sümpfe, Gräben, Moräste und Pfützen, bekunden hiermit, daß am heutigen Tage:

Im Jahre des Heils 1902 den 25. Dezember

der Leichtmatrose *Hans Bötticher* beim Passieren der Linie (Äquator) die übliche Taufe erhalten und als Bürger unserer nassen Staaten aufgenommen ist.

Wir befehlen daher allen Behörden und Meerjungfern aller oben aufgeführten Elemente, dem

p. p. BÖTTICHER

beim Betretungs- resp. Hineinfalle alle Hilfe und jeden Schutz angedeihen zu lassen.

Gegeben an Bord S. S. Numidia

Unter Unserem Königl. Insiegel u. eigenhändiger Unterschrift

Neptun

Es folgen Unterschriften

Heimweh?

Das Heimweh, jenes Heimweh des Gebirgssohnes, der sich niemals ganz in die Fremde einfindet, ist ihnen oder wird ihnen fremd. Ja, es bildet sich bei ihnen mit der Zeit etwas beinahe Gegenteiliges heraus. Ein Fernweh. Sie müssen immer wieder weit weg und woanders sein und sind es gern. Ohne daß sie darüber die Liebe zur Heimat verlieren.

Wie froh schlägt den Deutschen das Herz, wenn sie nach langer Abwesenheit Elbe aufwärts fahren und die Hamburger Michaeliskirche in Sicht kommt. Oder wie gespannt erwarten sie in Yokohama – und wie oft lesen sie – einen Brief aus der Heimat. Was bedeutet für den Memelsmann ein Weihnachtspaket von Muttern, das er in Tropenhitze öffnet!

Ich besinne mich auf ein Weihnachten, da ich in solcher Tropenhitze mit einem Dampfer auf der Reede von Maranhao lag. Wir durften nicht an Land, weil die Pest dort herrschte. Wir hatten den Tag über und bis spät in die Heilige Nacht hinein schwer zu arbeiten, um einen bedenklichen Schaden auszubessern. Hinterher öffneten wir das Weihnachtsgeschenk unserer Reederei: pro Mann eine Flasche Bier. Das Bier war durch die Hitze verdorben. Aber dann hatte einer von uns in eine Holzspiere zwei Löcher gebohrt und in die Löcher zwei Handfeger gesteckt, die Borsten nach unten, so daß das Ganze aussah, wenigstens für uns aussah, wie ein Weihnachtsbaum. Und wir sangen ein Weihnachtslied und hatten Hunger und insgeheim etwas Sehnsucht. Und hätte damals eine Fee einem von uns nur eine unbelegte und unbeschmierte Scheibe richtigen frischen Brotes geschenkt, der Empfänger wäre hochbeglückt gewesen. Und wir anderen mit ihm. Denn er hätte es unter uns fünfzehn (oder wieviel wir auch sein mochten) geteilt.

Gefahren und Strapazen

Äußerste Disziplin, Umsicht und Kaltblütigkeit sind erforderlich, um auf den einsamen Schiffen den Gefahren, Beschwerlichkeiten und unberechenbaren Zufällen zu begegnen.

Wie mannigfaltig diese sind, davon erhalten wir schon ein kleines Bild, wenn wir einmal die allgemeinen Beförderungsregeln auf den Konnossementen (Ladescheinen) der Schiffsfahrtslinien durchlesen. Es heißt da unter § 11: Der Reeder ist nicht verantwortlich für Schäden, Einbußen und Verluste, die verursacht sind durch:

1. Höhere Gewalt, die Gefahren der See, Feuer, Explosionen, Kollisionen, Strandungen und alle anderen Schiffahrtsunfälle,

2. Feinde, Seeräuber, Baratterie, Beraubung, Diebstahl (es sei denn, daß die Beraubung oder der Diebstahl durch die Schiffsmannschaft begangen ist), Arrest oder Verfügungen von hoher Hand, Werfen oder Nehmen, Ausräucherung, Desinfektion oder sonstige Sanitätsmaßnahmen behördlicher Art, Meuterei, Boykott, Streik und Aussperrungen,

3. Platzen und Explosion von Dampfkesseln oder Rohr-

leitungen, Brechen von Schäften oder Lösch- und Ladegeschirr oder irgendeinen Fehler am Schiff, dessen Zubehör, an den Maschinen oder Kesseln und Zubehör (es sei denn, daß ein Fehler die Ursache ist, der bei Antritt der Reise unter Anwendung der Sorgfalt eines ordentlichen Verfrachters erkennbar war),

4. Ungeziefer, Ratten- und Wurmfraß, Rost, Schweiß, Zersetzung, Schwinden, Bruch, Hitze, Regen, klimatische Einflüsse, Oxydation oder aus diesen Ursachen entstandene Folgen, Landbeschädigung oder irgendeinen aus der natürlichen Beschaffenheit der verladenen Güter oder der mangelhaften, schwachen oder vorschriftswidrigen Verpackung, mangelhaften oder unvorschriftsmäßigen Adressierung, Bezeichnung oder Markierung, Verwischen oder Verschwinden der Marken, Nummern, Adressen oder Bezeichnungen der verladenen Güter entstandenen Nachteil, auch wenn zu dem Eintritt oder der Vergrößerung solcher Schäden, Einbußen oder Verluste, rechtswidrige Handlungen, Nachlässigkeiten, Irrtümer oder Fehler des Lotsen, des Schiffers, der Schiffsbesatzung oder anderer Personen, deren sich der Reeder zur Erfüllung seiner Verpflichtungen bedient, mitgewirkt haben. Der Reeder ist berechtigt, die in diesen Fällen etwa entstehenden Havarie-große-Beiträge von den Beteiligten zu fordern.

Herzlos ist die See und sind ihre Wetter. In den Runzeln und Falten alter Seemannsgesichter kann man's lesen.

Nur zähe Naturen halten den Seemannsberuf aus. Allerdings ist die stete Bewegung in freier Salzluft die beste Abwehr gegen Krankheiten. In vielen Fällen haben sogar schwere Krankheiten an Bord sozusagen sich von selbst geheilt.

Die harte Arbeit stählt den Körper. Auf See gehen die Matrosen meist Wache um Wache, vier zu vier. Das heißt, sie haben vier Stunden Dienst und dann vier Stunden Schlaf und das abwechselnd so weiter durch Tag und Nacht. Aber in die Schlafzeit fallen ihre Mahlzeiten und ihre privaten Verrichtungen.

Der langbefahrene Seemann, der sich mit Ersparnissen rechtzeitig vom Berufe zurückzieht, um sein Leben an Land zu beschließen, erreicht meist ein hohes Alter.

An Bord sterben wenige eines natürlichen Todes. Das Seemannsbegräbnis auf hoher See, da man den Toten in Segeltuch einnäht und ins Meer versenkt, ist kein häufiger Fall.

Aber Unwetter und Unglücksfälle aller Art drohen den Matrosen. Das Wasser hat keine Balken, und die Haifische haben Hunger. Alljährlich verschlingt die See zahllose Opfer. Daß die meisten Matrosen nicht schwimmen können, hat damit kaum etwas zu tun.

Ein armselig tapferes Volk sind diese Matrosen. Auf Walfischfängern, auf Fischerbooten, auf Seglern und Dampfern. [...]

Gespräch im Sturm auf der Raa

Pschsch – – – bumms – bäx!
Noch solchen Brecher, dann saufen
Wir ab.
Dann singt der Pastor – pschsch – – – bumms – »Wellen-
grab«
Pitt! Ob du, wenn wir noch diesmal lebendig einlaufen,
Ob du Bengel dann wohl jemals wieder zur See fährst?
Ja, wenn du wie ich zehn Jahre auf Walfischern gondelt
wärst!
Aber ich sag dir was. – Reich mal den Marlspieker,
Pitt! –
Wenn ik versuppe: Ich nehme ein großes Wundergeheimnis
mit.
Ich habe ein Javaweib gekannt – Pitt hör man tau! –
Ich will, wenn ich löge, jetzt abstürzen und absacken,
Die hatte acht Titten. Bei Gott, genau as'n Sau,
Oder wie beim Kommiß die Knöpfe an die Paradejacken. –
Pschsch – Halt dich fest – bumms – – – Verfluchter
Beschiß!
Mach einer hier oben bei solcher See einen Spliß.
Also dies Weib – – Wie? Was? Ich verstehe kein Wort. –
Wenn man die an die backbordschen Titten riß – –
Bumms – – Fokyourself! – Pitt! Pitt! – Armer Kerl.
Er ist fort.
Hallo an Deck! Schickt einen Mann auf die Raa.
Den Pitt hats erwischt. Ich bin noch da.

Manila

Als ein altes Tau durch derbe,
Doch verständniswarme Hände glitt,
Sagte eine Stimme: »Bob, ich sterbe,
Ehe Land in Sicht. Und du stirbst mit.«

Noch bevor die Stimme Antwort kriegte,
Kämpften sie: Vollschiff gegen Orkan.
Hatten oft gekämpft, bis eines siegte.
Und das andre war dann abgetan.

Nur ein Treibstück wurde aufgefunden.
Daran hingen kalt, ersoffen, blau
Zwei alte Matrosen, angebunden
Mit einem alten Tau.

Seemannsgedanken übers Ersaufen

Ich sterbe. Du stirbst. Er stirbt.
Viel schlimmer ist, wenn ein volles Faß verdirbt.
Aber auch wir wollen erst ausgetrunken sein.
Besauft euch beizeiten.
Alle Flüssigkeiten
Finden sich wieder ins Meer hinein,
Wo wir den Schwämmen gleich sind,
Wo uns nichts gebricht,
Weil wir weich sind.
Und wenn man in eine Leiche sticht:
Sie fühlt es nicht.
Wird mich nie mehr acht Glasen wecken,
Will ich gerne den Fischen wie Hackfleisch mit Rührei schmecken.
Weil das mit Sinn so geschieht,
Denn die haben gewiß nicht vergessen,
Wieviel Schollen wir in uns hineingefressen.
Nur bei den Würmern im Sarge ist ein Unterschied.
Wenn uns der Haifisch beim Wickel kriegt –
Das müßte mal einer malen!
Was da wohl alles so unten beisammenliegt –
Zerbrochene Schiffe, Krebse und Apfelsinenschalen.
Frisch ersoffen also und nicht gejammert,
Aber natürlich auch nicht zu übereilt;
Wer sich nicht tapfer noch an die letzte Handuhle klammert,
Der ist im Leben nie um die Horn gesailt.
Ein Schuft, wer mehr stirbt, als er sterben muß!
Aber muß es sein, dann nicht schüchtern.
Ersaufen ist auch ein Genuß,
Und vielleicht wird man dann nie mehr nüchtern.
Denn nur über das Fleisch und die Knochen
Weiß man was, offenbar.
Aber sonst hab' ich noch keinen gesprochen,
Der richtig ersoffen war.

Die Kartenlegerin

Das Schiff war schon im Hafen leck.
Man besserte an dem Schaden.
Das Schiff hatte Fässer geladen
Und Passagiere im Zwischendeck.

Mittags stieg eine Negerin
In das Matrosenlogis.
Sie wäre Kartenlegerin,
Bedeutete sie.

»Two shillings« – oder ein Kleidungsstück,
Sie zeigte auf wollene Sachen.
So eine weiß manchmal, wie man sein Glück
Kann machen.

Sie redeten voreinander dumm,
Gaben der Alten zu saufen,
Drückten ihr lachend am Busen herum
Und ließen sie dann laufen.

Nachts hockte die alte, schwarze Kuh
An Deck zwischen Fässern und Tauen.
Vor ihr lag Kuttel Daddeldu
Dienstmüde und dachte an Frauen.

Da legte die Kartenlegerin
Die Karten, die ihn betrafen,
An Deck und murmelte vor sich hin.
Kuttel war eingeschlafen.

Sie murmelte Worte in den Wind.
Das Schiff fing an zu rollen.
Das Schiff und die Menschen darauf sind
Verschollen.

Störtebekerlied

Seeräuber und Kameraden,
Wenn meine Augen richtig sind,
Hat die Bark voraus auch Fässer geladen. –
Auf, ihr Hurenboys! An die Brassen!
Royal hoch! Alle Lappen noch härter an den Wind.
Denn die Hunde wittern Blut,
Denn sie segeln gut,
Das muß der Teufel ihnen lassen.

Hei! Holt die hollandsche nieder
Und hißt die Flagge rot – rot – rot!
Und singt recht schweinische Lieder.
Vielleicht ist einer von uns morgen tot.
Denn sie haben eine Kanone an Bord
Und ein halbes Dutzend Soldaten
Mit Blei und mit Dünnschiß geladen.
Wir aber sind kühne Piraten
Und fürchten nicht Tod noch Mord.
Wir sind weder fromm – aber frei.

Was mag in dem Schiffe wohl sonst noch sein?
Kakerlaken oder Seife oder Gold oder Wein? –
Nun signalisieret: »Dreht bei!«
Und ich, euer Captain, rufe: Enterhaken klar!
Und kämmt den Krämern das ölige Haar.
Nur merkt euch: Die Leute alle über dreißig Jahr
Sollen leben bleiben. Leben bleiben –
Nun hofft, wie es kommt, und glaubt, wie es war,
Und fragt nicht, wie lang wir's noch treiben.

Liebe mit mir verfluchte Halunken.
Was soll denn mit den
Unter dreißig geschehn?
Die machen wir mit Braunteer betrunken.
Aber wer uns gefällt,

Weil er's ehrlich mit uns hält,
Dem sei das Leben geschunken.
Den andern aber sagen wir: Amerika ist nah.
Und knüpfen sie sauber an die Obermarsraa.

Old sailors! Likedelers!
Kommt selber und schaut:
Sie haben ein Weibstück an Bord. Unsre Braut
Sie soll leben! Unsre Braut sie soll leben!
Und ich werde sie weitergeben.
Bis zuletzt sie der Schiffsjunge nimmt.
Der soll dann mit Eisenstücken
Und Ankerketten sie schmücken
Und sehen, wie weit sie damit schwimmt.

Land in Sicht

(Matrosensang)

Kameraden, vorbei ist das Fasten,
Ich sehe den Leuchtturm durchs Glas.
Schon flattern um unsere Masten
Die Möwen. Im Wasser schwimmt Gras.

Schon steigen die Türme vom Hafen
Wie Kräuterkäse grün aus dem Grau.
Old sailorboys, heute nacht schlafen
Wir alle an Land bei der Frau.

Vielleicht noch tanzen wir heute
Und saufen, soviel uns behagt.
Wir haben als Fahrensleute
So lang dem Vergnügen entsagt.

Hei ho! Macht euch sauber, Matrosen!
Bald tritt auf den Kampfplatz der Stier.
Die besten Hemden und Hosen
Warten steif auf die Mädchen auf dem Pier.

Schon seh ich die Tücher sie schwenken.
Denn jeder von uns ist ein Held
Und naht sich mit Auslandsgeschenken.
Hei ho! Heut abend rollt Geld!

Hafenkneipe

In der Kneipe »Zum Südwester«
Sitzt der Bruder mit der Schwester
Hand in Hand.

Zwar der Bruder ist kein Bruder,
Doch die Schwester ist ein Luder
Und das braune Mädchen stammt aus Feuerland.

In der Kneipe »Zum Südwester«
Ballt sich manchmal eine Hand,
Knallt ein Möbel an die Wand.

Doch in jener selben Schenke
Schäumt um einfache Getränke
Schwer erkämpftes Seemannsglück.
Die Matrosen kommen, gehen.
Alles lebt vom Wiedersehen.
Ein gegangener Gast sehnt sich zurück.

Durch die Fensterscheibe aber träumt ein Schatten
Derer, die dort einmal
Oder keinmal
Abenteuerliche Freude hatten.

Zweinational Trunkengespräch

»…Mein Baum hat hundert Blätter.
Deiner hat vielleicht tausende.
Meine rascheln, deine sind vielleicht brausende …«

» »*Are you a* Mensch, der beneidet?
never mind Baum. – *Take a drink!*
Certainly you are invited…« «

»In meinem Baum schläft ein Fink!«
» » Wollen den jetzt nachts nicht stören.« «

»*Well. You will* nichts von Fink und Baum hören?«
» »*Why not? Well. You are a* Baum …« «
»*No thank you: I take now no drink more from you …*«
» »*Why not? I am a* Baum *too.*
Aber hat *wood*, und *world* nicht Raum
Genug *for* Bäume wie ich und du
Und – –« «

»*Shake hands! Now I beg for a drink.*
Your Baum *has also – has perhaps every* Baum *his* Fink?«

Stammtischworte

Wenn ein Schiffbruch dich ins nasse Element
Setzte. Wenn, wie es der Seemann nennt,
Kälberköpfe auf dem Meere zischen,
Und ein Rettungsboot sich dir näherwürgt,
Ja, dann ist noch lange nicht verbürgt,
Ob sie dich erwischen.

Wenn du eine Blase wie ein Hai,
Eine Nase wie ein Papagei
Oder Flossen an den Ohren hättest,
Ob du dich
Rettest. – – –

Meinetwegen lasse dir dein Leben
Hoch versichern und dir Vorschuß geben.
Wollen sehen, wie der Hase läuft.
Doch ich wär' der erste, der sich freute,
Wenn dein Erbe, wenn du heute
Fern auf See ertränkest, morgen auch ersäuft. – –

Manchmal spart Ertrinken das Begraben. –

Wärst du nicht schon gar so alt und mürbe,
Wünschte ich mir, daß ich vor dir stürbe.
Jetzt will ich noch einen Whisky haben.

An Land, die Whiskyberauschten

Wir sind betrunken wie die Wellen
Im Stillen Ozean.
Das hat uns armen Gesellen
Der Whisky angetan.

Wir glotzen stur in das Leben
Wie ein gekochter Fisch.
Wenn wir uns jetzt erheben,
Liegen wir unter dem Tisch.

So bleiben wir besser noch sitzen
Und trinken immer noch mehr.
Und unsere Nasen schwitzen
Sehr.

Wir wollen alle alle nur noch lallen
Und brüllen wie ein Rind,
Daß wir den Leuten gefallen,
Die nüchtern sind.

Ihre Kleidung oder Uniform

Wenn du die Matrosen der Handelsmarine nicht kennst, aber sie kennenlernen willst, und du suchst in Hamburg deshalb eine Hafenkneipe auf, dann mag es dir passieren, daß du diese Seeleute gar nicht siehst oder sie übersiehst. Etwa in jener lächerlichen »Unterirdischen Reitbahn«, wo ein paar Gäule in einem engen Rondell zwischen notwendig gepolsterten Säulen herumtraben, unbelästigt von dem gutmütig wilden Peitschenknallen eines Cowboys. Dort sitzen unsere Jahnmaate zwischen unbedeutenden Hafenarbeitern und durchaus nicht anders gekleidet als diese. Hemd, Hose, Weste, Jacke, ohne Kragen, ohne Manschetten, auf dem Kopf eine Schirmmütze.

Sie starren verlangend und schweigend auf die Kokotten, die dort, wenn sie eine Tour reiten wollen, sich aus Anstandsbedenken eine lange Schürze umbinden lassen müssen.

Nein, diese Matrosen können dir nicht auffallen, bevor sie betrunken sind. Sie sitzen ganz unbeholfen brav da und wissen nicht die geringste Konversation mit den Mädchen zu führen, die sich an ihren Tisch setzen und sie um so beredter zum Schnaps oder Bier animieren.

Und wenn dich auf der Straße einer dieser breitschwankenden Kerle anrempelt, nur aus Ungewandtheit, nicht aus böser Absicht, dann wirst du erst recht nicht auf den Gedanken kommen, daß das ein Mann sein könnte, der hundert Länder und Völker besucht und seltsame Erlebnisse und furchtbare Ereignisse durchgemacht hat.

Die Uniformen der Kriegsmarinen sind schön und vorbildlich. In der Hauptsache bestehen sie aus einer Hose, die eng um die Taille faßt und ohne Hosenträger sitzen muß, und aus einem anschmiegenden Hemd mit freiem Brustausschnitt und breitem Wetterkragen, der vor dem Rückenwind schützend von selber aufklappt.

Es ist eine zweckmäßige und gesunde Tracht. Deshalb kleidet man auch Kinder derart.

Wenn wir gegen strengstes Verbot Uniformstücke an unsere Seemannsbräute verschenkten, dann waren diese hochbeglückt. Denn die Marine führte nur erstklassige Stoffe. Aus unseren Paradehemden machten die Mädchen sich Sommerblusen, und zwei von unseren seidenen Halsknotentüchern reichten schon zu einem Rock. Unsere Mützenbänder wurden zu einem Kissenbezug zusammengenäht.

Auch Artisten kleiden sich gern nach Marinevorbild.

[...]

Weil Matrosen in der Trunkenheit schamlos nachlässig sind, hat man ihre Hosen entsprechend geschnitten. Man gibt ihnen aus ähnlichen Gründen auch außerdienstlich kein Seitengewehr mit an Land, überhaupt keine Waffe.

Sie ziehen sich pedantisch peinlich sauber an. Manche hübschen Jungen mit raffiniertem Schick, zumal jene Matrosen, denen wir in Berliner Kellern und auf dem Kurfürstendamm begegnen.

Die Nordländer – bei uns die Norddeutschen – sind sauber von Haus aus. Mit ihnen an Bord zusammen, nehmen die Süddeutschen, sofern sie keine mitbringen, Sauberkeit an. Oder man zwingt sie dazu mit Hohn, Verachtung, evtl. mit Gewalt.

Malerischer und persönlicher, gern verwegen oder renommistisch kleiden sich die südlichen Matrosen.

Kitsch und Sentimentalität

Es ist begreiflich und berechtigt, daß Leute eines so schweren und lebensgefährlichen Berufes sentimental sind.

Ihre Sentimentalität äußert sich bescheiden, wenn auch meist geschmacklos. Aber was können sie dafür, wenn die Hafenphotographen sie zu pompösen Stellungen überreden und sie vor die unwahrscheinlichsten oder läppischsten Hintergründe rücken.

Eine große Industrie lebt von dem Kitsch, den Matrosen sich kaufen. Andenken aus allen Städten, in Muscheln,

Samt, Perlen und Spiegelglas. Öldrucke und Ansichtskarten mit Wehmut triefenden Abschiedsszenen, süßen, neckischen Mädchen oder mit wildromantischen Wellengräbern »Seemannslos«.

Damit schmücken sie ihre Koje liebevoll aus. Denn diese Koje, die nicht viel größer und anders ist als ein Sarg, bedeutet ihnen ihr eigenstes Heim.

Was sie selbst an Bord in ihrer kargen Freizeit mühselig und peinlich exakt anfertigen, aus Kork, Perlen, Segeltuch und Tauresten, jene Buddelschiffe, jene Rettungsringe mit dem Schiffsnamen, Fußreiniger und Handtaschen, das sind kümmerliche, unkünstlerische Arbeiten, die aber als Geschenke, denn nur dafür sind sie gedacht, doch wohl immer an die richtige Adresse kommen und dann erfreuen und geehrt werden. Dazwischen gibt es aber auch Seeleute, die die entzückendsten Schiffsmodelle anfertigen oder Hängematten und andere praktische Sachen zu knüpfen verstehen.

Erinnern wir uns ferner jener Reservisten, die im Binnenlande lustiges Aufsehen erregten, wenn sie nach dreijähriger Dienstzeit mit meterlang herunterhängenden Mützenbändern, mit verziertem Spazierstock und bunt bemalter Feldflasche stockbetrunken singend in die Heimat zurückkehrten.

In ihren Tätowierungen spielen vor allem Glaube, Liebe, Hoffnung – Anker, Herz und Kreuz – dann auch Schlange, Sonne, Dolch und andere primitive Embleme eine Rolle. Das stechen sie einander ein mit Nähnadeln und chinesischer Tusche in Schwarz und Rot. Manche lassen sich auch ganze Landschaften, Mädchenköpfe, freche oder unanständige Bilder ins Fleisch stechen. Auf die Brust, in die Arme, auf den Popo, ganz gleich wohin.

Hätte mir in meinen jungen Seemannsjahren ein geschickter Kamerad den Antrag gemacht, mir einen schönen Stern auf die Stirn zu tätowieren, ich hätte das ohne Bedenken angenommen. So trage ich nur an dem Oberarm Täto wierungen, und schon diese wurden mir ein wenig fatal, als ich später, mit knapper Not zur Offizierslaufbahn zugelassen, zusammen mit anderen Offiziersaspiranten und Vorgesetzten zum Baden ging. Obwohl man bei Reserveoffizieren häufig Tätowierungen antrifft.

Etwas echt Rührendes klingt aus allem Kitsch, aus aller Sentimentalität der Matrosen, klingt aus ihren Briefen und aus ihren Liedern.

Ihre Lieder

Wenn Marinesoldaten geschlossen marschieren, gelingt es nur selten, einen Marschgesang aufzubringen. Sie genieren sich voreinander und vor Fremden. Niemand will anfangen. Sie witzeln sich dumm drum herum. Wenn sie aber wirklich ein Lied anstimmen, dann kennen sie nur den ersten Verstext, und so verebbt ihr Marschgesang rasch.

Sie können aber auch nicht marschieren. Von dem Gang auf dem schaukelnden Deck sind sie entartet. Ihre Schritte schwanken noch an Land, auch bei völliger Nüchternheit. Bei den Marinern findet man auffallend viel krumme Beine.

Das offiziell eingeführte Deutsche Flaggenlied »Stolz weht die Flagge Schwarz Weiß Rot« wird wohl von Schulen oder Wandervögeln gern angestimmt, von Matrosen aber nur auf Befehl gesungen. Höchstens bringen es die Marinekapellen im Binnenland als beliebten Schlager.

Unbewußt bevorzugen Seeleute Lieder, die die Monotonie einer ruhigen Seefahrt oder den Rhythmus eines durch die Wellen streichenden Schiffes tragen. Zwischen Auf und Nieder, zwischen Hin und Her, also jumpend und rollend macht ein Schiff eigenartige, mannigfaltig kombinierte Bewegungen.

In dem Schmalzlied »Stürmisch die Nacht und die See geht hoch« ist dieser Rhythmus ausgezeichnet getroffen.

Wir pflegten aber auch andere und ganz unseemännische Gesänge. Schornsteinfegerlieder, Soldatenlieder, Müllerlieder, Bergmannslieder. Wir sangen das unanständige, mitreißende Pfannenflickerlied, außerdem viele rührselige Lieder, in denen stets das Mütterlein vorkam.

Wir sangen auf einsamer Wache, mit schnellen Schritten an Deck auf und ab gehend, oder an schönen Abenden gemeinsam auf der Back zu einer Ziehharmonika oder zu einem Banjo. Literarische Lieder sangen wir nie. Außerdem sind noch die Shanties zu erwähnen, die von den Seeleuten zur Arbeit gesungen oder mehr geschrien werden. Beim Ziehen an Tauen, beim Drehen der Winden und Pumpen. Von den Trimmern beim Schaufeln, von den Kochsmaaten beim Schaumschlagen.

Auf der »Florida«, wo ich unter fünfundzwanzig Mann Besatzung (unter denen einundzwanzig Nationen vertreten waren) der einzige Deutsche war, sang ich oft einen etwas schlüpfrigen Gassenhauer vor mich hin, der damals gerade populär war.

Hans und die Ella
Saßen im Keller
Auf einer Bank ... usw.

Dieses Lied zündete und wurde bald von allen Leuten an Bord gesungen. Alle hatten sich nach ihrer Sprache einen eigenen Text dazu erfunden, den wiederum ich nicht verstand. Die Melodie hatte ein so vergnügtes, lebhaftes Tempo und wirkte unwiderstehlich ansteckend. Der Araber säuselte das Lied mit seiner hohen Kastratenstimme. Der mürrische Kapitän Nacari brummte es heiser vor sich hin. Seine Tochter, eine süße, blondhaarige Zehnjährige, trällerte es in der Hängematte auf der Brücke, und der lange italienische Koch jubelte es laut zum Takte zweier Hackemesser, mit denen er Zwiebeln zerkleinerte.

Ihre Verpflegung

Essen und Trinken spielen eine Hauptrolle in ihrem Leben, infolgedessen auch in ihren Gesprächen.

Sie werden an Bord wahrlich nicht verwöhnt, zumal nicht

auf kleinen Segelschiffen, wo der Kapitän die Länge der Reisezeit nicht voraussehen kann und schon deshalb zu einer vorsichtigen Rationierung des Proviants gezwungen ist, andererseits aber auch aus persönlicher Gewinnsucht großes Interesse an Sparsamkeit hat.

Windstille in tropischen Gewässern läßt die Schiffe wochenlang, ja monatelang treiben. Das Salzfleisch verdirbt. Der Hundekuchen – Hartbrot oder Schiffszwieback – verrottet. Maden kommen hinein, und die Katze hat sich daraufgesetzt. Denn eine Katze oder einen Hund, oder einen Papagei oder einen Ameisenbär, irgendein Tier hält sich jedes Schiff.

Auf Dampfern, die Stückgut geladen hatten, bohrten wir wohl, wenn der Hunger uns allzusehr plagte, gelegentlich heimlich eine Kiste an und noch eine und immer noch eine, wenn wir in all diesen Kisten zu unserer Enttäuschung nur Seife fanden.

Schlimmer noch, wenn das Wasser knapp wurde. Wenn pro Tag pro Mann nur noch eine Tasse voll »Zum Waschen und Trinken« verausgabt wurde, denn bekanntlich ist Meerwasser zu beidem nicht zu gebrauchen. Aber das Waschen gab man dann leicht auf. Bis endlich ein Regen einsetzte, den wir mit flach gespannten Segeln auffingen. Das gesammelte Wasser begann in der Tropenhitze freilich sich bald zu beleben und zu stinken. Aber man trank und wusch sich und seine Wäsche. Oft hat das häßliche und gefährliche Krankheiten zur Folge. In Liverpool besuchte ich einen großen eben eingetroffenen Segler. Dort an Bord waren nach einer weiten Reise nur noch drei arbeitsfähige Leute, alle anderen an Skorbut erkrankt oder gestorben.

In der Beziehung sind unsere modernen Schiffe heute hygienischer ausgerüstet und sind auch die entsprechenden Gesetze verbessert.

Ein Freund von mir, ein gelehrter Vogelkenner, haßt die Seeleute, und zwar nur, weil er gelesen hat, daß portugiesische Matrosen im siebzehnten Jahrhundert auf der Insel Mauritius die Riesentaube Dronte ausgerottet, nämlich restlos aufgefressen haben. Aber doch nur aus Hunger, lieber Freund. Wer kann von Fingernägeln und Salzwasser leben!

Ich muß an den Eskimo Nanuk denken. Dessen rauhes Tagewerk von einer Filmgesellschaft an Ort und Stelle aufgenommen wurde. Man erzählt sich, daß die Filmoperateure nach der Aufnahme diesen Nanuk nach New York mitnahmen und daß er sich in wenigen Tagen zu Tode gefressen hätte. An den herrlichen Speisen, um die man dort nicht kämpfen, noch stundenlang wandern, lauern oder frieren muß. Die tragische Geschichte mag wahr sein.

Sind sie fromm?

Im kirchlichen Sinne gewiß nicht. Dem Seemannspastor, der sie kurz nach der Landung im fremden Hafen besucht und zum Gottesdienst einlädt, geben sie zur Antwort, ein Pfund Rindfleisch wäre ihnen lieber.

Die in das christliche Seemannsheim einkehren, sind

arme stellungslose Matrosen, die sich dort aufwärmen oder eine Bohnensuppe profitieren wollen. Mit düsterem Schweigen ertragen sie es, daß sie dafür unverständliche Lieder singen, Gebete sprechen und uninteressante Vorträge anhören müssen.

Matrosen sind abergläubisch. Der fliegende Holländer, Klabautermann und andere dämonische Wesen und Gespenster sind ihnen heute nur noch Kindermärchen. Aber fast jeder Seemann führt sein Amulett oder einen Fetisch mit sich. Ich besinne mich auf einen russischen Matrosen, der einen lästig großen Backtrog seiner Großmutter auf allen Reisen als Talisman bei sich behielt.

Viele haben ihre speziellen abergläubischen Angewohnheiten. Daneben gehen allgemeine Regeln. Kein Schiff läuft ungestraft am Freitag aus.

Ins Kapitel Aberglauben gehört auch der goldene Ring, den manche Leute im Ohr tragen und der sie vor Augenkrankheiten schützen soll.

Matrosen fluchen wie die Türken. Vielleicht fluchen die Türken wie Matrosen. Die fluchen *»porco madonna!«* und *»God damned son of a bitch!«* und was nicht alles. Aber das besagt nicht viel. Beten habe ich noch keinen gehört. Aber Ertrinkende, Sterbende, riefen: »Jesus Maria, meine arme Anna!« oder »O Gott! O Gott! O Gott!«

Ihre Sprache

Es fällt ihnen nicht schwer, sich in fremden Häfen zurechtzufinden. Ihr Interessenradius ist klein. Die wenigen Ausdrücke sind leicht erlernt, wenigstens in den Hauptsprachen Englisch, Französisch, Deutsch und Spanisch.

Aber auch darüber hinaus verständigen sie sich leicht mit den Hafenleuten und Seeleuten anderer Völker. Ihre Ziele und Wünsche sind meist dieselben. Essen, Trinken und Weiber, meist in den dürftigsten Stadtteilen. Sie sprechen ein Mischmasch aus vielerlei Küstensprachen. Platt und

Messingsch, Spanisch und Skandinavisch, Holländisch und *Pidgin-English* oder *Bêche de mer.*

So finden sich internationale Matrosen auch an Bord rasch zusammen. Einig im gleichen Beruf, in gleichen Instinkten und gebunden an gewisse allgemeine, zum Teil ungeschriebene Seemannsgesetze.

Da gibt es einen Ausdruck aus Sprachverquickung *»mi no savi«*, den die Seeleute und Küstenbewohner aller Länder verstehen und der soviel bedeutet wie *»Kannitverstan«*. Mit diesem Ausdruck habe ich einmal ein gutes Geschäft gemacht. Ich lag mit einem Dampfer in Cardiff. Mein Haar war überlang und verwildert, und so ging ich, um es schneiden zu lassen, an Land, in den ersten besten Barbierladen. Ich hatte einen Schilling in der Tasche, nach meiner Erfahrung also reichlich mehr Geld, als ich brauchte.

Der Friseur machte sich eifrig an seine Arbeit, und wir führten dabei ein sehr lebhaftes, scherzhaft streitendes Gespräch auf englisch über den damals aktuellen Burenkrieg. Ich trat für die Buren ein, der Friseur für die Engländer.

Als er endlich fertig war, entstand ein seltsamer Dialog. Ich fragte: »Was bin ich Ihnen schuldig?«

Er sagte: »Zwei Schilling.«

Ich sagte: »Unmöglich. Sie scherzen wohl?«

Er schob meinen hingelegten Schilling zurück und sagte plötzlich sehr unfreundlich: »Nein. Zwei Schilling.«

Ich schob den Schilling vor. »Ich habe nur einen Schilling bei mir.«

Er schob achselzuckend den Schilling zurück. »Zwei Schilling.«

Ich schob den Schilling vor, legte meine silberne Uhr dazu und sagte: »Ich bin auf dem Schiffe soundso. Wir liegen dort und dort. Ich werde den anderen Schilling holen und bringen.«

Er schob Geld und Uhr zurück. »Nein. Zwei Schilling, oder ich rufe einen Polizisten.«

Ich zuckte die Achseln und steckte Uhr und Schilling wieder ein. Der Barbier verließ den Laden und schloß die Tür von außen ab.

Ich saß sehr unbehaglich da und nahm die Sache viel zu tragisch. Hin und her sinnend, faßte ich endlich einen Entschluß, über dessen Wirkung ich mir absolut nicht klar war.

Nach geraumer Zeit betrat der Barbier wieder den Laden. Ihm folgte einer jener langen und durch einen langen Helm noch verlängerten englischen *policeman.* Der wandte sich sofort barsch an mich: »Sie wollen diesen Mann nicht bezahlen?«

Ich sah den Schutzmann dumm verständnislos an und sagte: *»Mi no savi.«*

Er: »Sprechen Sie nicht englisch?«

Ich: *»Mi no savi.«*

Der Barbier wurde krebsrot. »Wundervoll englisch spricht er«, schrie er, »wir haben uns über den Krieg unterhalten.«

Der Polizist zu mir: »Was sagen Sie dazu?«

Ich, dumm wie bisher: *»Mi no savi.«*

»Wo kommen Sie her?« »Zu welchem Schiffe gehören Sie? Wo liegt Ihr Schiff?« Ich antwortete auf alles: *»Mi no savi!«*

Der Schutzmann und der Barbier zogen sich zurück und flüsterten miteinander. Dann trat der Schutzmann ruhig auf mich zu und – unbetont und ohne irgendwelche bezeichnende Handbewegung dazu zu machen – sagte er: »Gut, dann scheren Sie sich zur Hölle.«

Gottlob, ich merkte diese Falle und blieb still sitzen und antwortete wieder dumm verständnislos: *»Mi no savi.«*

Im nächsten Moment packte mich der *policeman* am Kragen, der Barbier riß die Tür auf. Ich befand mich plötzlich auf der Straße und ging mit meinem Schilling vergnügt eins trinken. Auf das Wohl dieses Gauners und Dummkopfes.

Und schrieb das kleine Erlebnis etwas später nieder, und das Hamburger Fremdenblatt zahlte mir dafür acht Mark Honorar.

[...]

Das Mädchen mit dem Muttermal
Chanson

Woher sie kam, wohin sie ging,
Das hab' ich nie erfahren.
Sie war ein namenloses Ding
Von etwa achtzehn Jahren.
Sie küßte selten ungestüm.
Dann duftete es wie Parfüm
Aus ihren keuschen Haaren.

Wir spielten nur, wir scherzten nur;
Wir haben nie gesündigt.
Sie leistete mir jeden Schwur
Und floh dann ungekündigt,
Entfloh mit meiner goldnen Uhr
Am selben Tag, da ich erfuhr,
Man habe mich entmündigt.

Verschwunden war mein Siegelring
Beim Spielen oder Scherzen.
Sie war ein zarter Schmetterling.
Ich werde nie verschmerzen,
Wie vieles Goldene sie stahl,
Das Mädchen mit dem Muttermal
Zwei Handbreit unterm Herzen.

Tropensehnsucht

Nashornida nannte ich die Kleine.
Eigentlich klingt das so mild.
Nashornida hatte Trampelbeine
Und war wild.

Nashornida hat mir einen Knochen,
Alle Gläser, Porzellan und die
Linke Wand vom Kleiderschrank zerbrochen.

Doch sie hat nach Afrika gerochen,
Und das reizte meine Phantasie.

Letztes Wort an eine Spröde

Wie ich bettle und weine –
Es ist lächerlich.
Schließe deine Beine! –
Ich liebe dich.

Schließe deine Säume
Oben und unten am Rock.
Was ich von dir träume
Träumt ein Bock.

Sage: Ich sei zu dreist.
Zieh ein beleidigtes Gesicht.
Was »Ich liebe dich« heißt,
Weiß ich nicht.

Zeige von deinen Beinen
Nur die Konturen kokett.
Gehe mit einem gemeinen,
Feschen Heiratsschwindler zu Bett.

Finde ich unten im Hafen
Heute ein hurendes Kind,
Will ich bei ihr schlafen;
Bis wir fertig sind.

Dann: – die Türe klinket
Leise auf und leise zu.
Und die Hure winket –
Glücklicher als du.

Abschied der Seeleute

Chor der Seeleute: Wir Fahrensleute
Lieben die See.
Die Seemannsbräute
Gelten für heute,
Sind nur für *to-day.*

Die Mädchen, die weinen,
Sind schwach auf den Beinen.
Was schert uns ihr Weh!
Das Weh, ach das legt sich.
Unsre Heimat bewegt sich
Und trägt uns in See,
Far-away.

Chor der Mädchen: Wir, die Bräute
Der Fahrensleute,
Lieben und küssen,
Doch wissen, sie müssen
Zur Seefahrt zurück.

Und wenn sie ertrinken,
Dann – wissen wir – winken
Uns andre zum Glück.

Seemannstreue

Nafikare necesse est.
Meine längste Braut war Alwine.
Ihrer blauen Augen Gelatine
Ist schon längst zerlaufen und verwest. –
Alwine sang so schön das Lied:
»Ein Jäger aus Kurpfalz«.

Wie Passatwind stand ihr der Humor.
– Sonntags morgens wurde sie bestattet
In der Heide, wo kein Bäumchen schattet,
Und auch ihre Unschuld einst verlor.

Donnerstags grub ich sie wieder aus.
Da kamen mir schon ihre Ohrlappen
So sonderbar vor.

Freitags grub ich sie dann wieder ein.
Niemand sah das in der stillen Heide. –
Montags wieder aus. Von ihrem Kleide,
Das man ihr ins Grab gegeben hatte,
Schnitt ich eine Handbreit gelber Seide,
Und die trägt mein Bruder als Krawatte. –

Gruslig war's: Bei dunklem oder feuchtem
Wetter fing Alwine an zu leuchten.
Trotzdem parallel zu ihr verweilen
Wollt ich ewiglich und immerdar.
Bis sie schließlich an den weichen Teilen
Schon ganz anders und ganz flüssig war.

Aus. Ein. Aus; so grub ich viele Wochen.
Doch es hat zuletzt zu schlecht gerochen.
Und die Nase wurde blauer Saft,
Wodrin lange Fadenwürmer krochen. –
Nichts für ungut: das war ekelhaft. –

Und zuletzt sind mir die schlüpfrigen Knochen
Ausgeglitten und in lauter Stücke zerbrochen.

Und so nahm ich Abschied von die Stücke.
Ging mit einem Schoner nach Iquique,
Ohne jemals wieder ihr Gebein
Auszugraben. Oder anzufassen.

Denn man soll die Toten schlafen lassen.

Geld allein

Wie gut, daß alle einander nicht gleichen.
Wie recht, daß manche es erreichen,
Daß sie eines Tages reich sind.
Wie gut, daß auch diese einander nicht gleich sind.

Schlechte Menschen ohne Geist, ohne Geschmack,
Wenn sie noch so reich sind, bleiben nur Pack.

Selbstverständlich genießen sie freie Wohnung und Verpflegung an Bord. Ihre Löhnung wird ihnen vorsichtigerweise erst nach Beendigung der Reise ausbezahlt. In den Häfen unterwegs gewährt man ihnen nur geringe Vorschüsse.

Davon besaufen sie sich und kaufen exotische Spezialitäten ein.

Um diese Geschenke, Papageien, Parfüms, ausgestopfte Krokodile, Muscheln, Elefantenzähne, Felle usw., wohlbehalten nach der Heimat zu bringen, scheuen sie keine Unbequemlichkeit. Sie erstehen etwa in Madeira zwei Büschel Bananen und hängen sie – weil die Früchte nicht liegen dürfen – in ihrer engen Koje auf und schlafen von nun an bis Hamburg auf dem harten Deck. In Hamburg aber schlingen die Schlafbase oder Kneipenwirte die geschenkten Bananen so gleichgültig hinunter, wie sie andere Bananen verzehren, die dort billig auf den Straßenkarren zu kaufen sind.

Nach Beendigung der Reise hat der Seemann mit eins viel Geld in der Tasche. In diesem Glücksgefühl verschwendet und verschleudert er sein Geld und die mitgebrachten Andenken wahllos und großzügig.

Jahnmaat bringt einen silbernen Drachenbecher aus China mit, für seine Mutter in Erfurt bestimmt. Im Hamburger Zollamt spricht ein Kommis ihn an, ob der schöne Becher wohl verkäuflich wäre. Jahnmaat schenkt den Becher sofort dem Kommis. Der zieht dankend ab und lacht hinterher über den dummen Matrosen. Und später entdeckt er auf dem Boden des Bechers den Stempel »Made in Germany«.

Es kommt auch vor, daß Matrosen ohne Geld zurückkehren und unter Umständen nicht einmal den Zoll für die mitgebrachten Auslandssachen erschwingen können. Weil sie die Dinge aber nicht dem Zollbeamten schenken wollen und andererseits Eile haben, an Land zu kommen, so werfen sie dann das Zollpflichtige kurzerhand ins Wasser.

Matrosen und Zollbeamte leben in einem steten Krieg.

Erfinderisches Raffinement einerseits und Spitzfindigkeit andererseits übertrumpfen einander immer wieder.

Hansen und ich hatten zollpflichtige Waren aus Argentinien mitgebracht. Wir packten sie zuunterst in einen Kleidersack und stopften die schmutzige Wäsche darüber.

»Was haben Sie in dem Sack?« fragte mich der Beamte, als wir vorm Freihafen das Zollamt betraten.

»Dreckige Wäsche«, antwortete ich mürrisch.

»Packen Sie mal aus!«

Ich schob den Sack Hansen hin. »Pack du den Saukram aus!«

Hansen stieß den Sack von sich. »Pack ihn doch selber aus! Es sind doch deine verwanzten Lumpen!«

Der Beamte öffnete nun selbst den Sack ein wenig, sah obenauf etwas Schmutziges, Schmieriges, murmelte etwas von verwanzten Lumpen und winkte uns zu, uns schleunigst davonzumachen.

Aber solche Tricks lassen sich nicht wiederholen.

Als ich in Bremen auf der »Florida« anmusterte, geschah das so eilig und so kurz vor Abfahrt des Dampfers, daß ich nicht mehr Gelegenheit fand, mir eine Matratze zu kaufen. Ich bat deshalb in England den Kapitän um einen Vorschuß für diese Besorgung. Unfreundlich zahltc er mir einige Schillinge aus, die ich dann aber im Wirtshaus verputzte. So mußte ich während der Weiterfahrt auf den harten Kojenbrettern schlafen. Bis Venedig. Dort ging ich zum Kapitän. »Die Schillinge haben nicht gereicht. Ich bitte um einen neuen Vorschuß.«

Herr Nacari fluchte, nannte mich einen vermaledeiten Lügner, aber gab mir abermals Vorschuß. Jedoch der italienische Wein war so gut, und man feierte gerade Karneval in Venedig. Ich kehrte ohne Matratze an Bord zurück. In Odessa betrat ich zögernd die Kajüte. »Kapitän, ich bitte um Vorschuß; ich habe das Geld in Venedig versoffen.«

»Du Hundesohn, du Bestie! Hinaus, oder ich schlage dich tot.«

Ich erhielt kein Geld. Es schlief sich allzu hart auf den

nackten Brettern. Als wir in Nikolajew anlegten, bestellte ich mir heimlich, auf Schiffskosten, eine Matratze bei dem Händler, der die »Florida« dort mit Proviant und Schiffsmaterial versorgte.

Mittags saß ich unten im Matrosenlogis mit meinen Kameraden beim Essen, als von oben eine laute Stimme ertönte: »Aufgepaßt unten!«

Und da polterte etwas Großes, Unförmiges die Treppe runter. Eine zusammengerollte, breite Matratze. Wir lachten alle.

»Aufgepaßt unten!« rief die Stimme oben wieder. Und abermals rollte etwas herunter. Eine zweite solche Matratze.

»Nanu?«

»Aufgepaßt unten!« Eine dritte Matratze fuhr wie eine Lawine in das enge Logis.

Meine Kameraden hatten aus Scherz und Mitleid mir ebenfalls heimlich eine Matratze bestellt. Und das gleiche hatte der Kapitän getan; ich weiß nicht, ob aus menschlichem Erbarmen. Jedenfalls besaß ich nun auf einmal drei Matratzen, und ich mußte sie später alle bezahlen, und wir trieben viel Unfug damit.

Ihre Gutmütigkeit

Matrosen genießen unter der Bevölkerung der Hafenstädte wenig Achtung, am wenigsten bei den Leuten, die an ihnen viel Geld verdienen.

Wenn ein heimkehrendes Schiff am Kai festmacht, dann lauert schon eine Rotte von betrügerischen Händlern, diebischen Huren, Bettlern und aussaugenden Schlaf- oder Heuerbasen auf die Seeleute. Und diese – unbewachte, eigensinnige, übermütige Kinder – plumpsen zuverlässig in die Fallen, die ihnen gestellt werden.

Sie greifen mit breiten Flossen in ihre Geldtaschen, bemerken es nicht, wenn gelegentlich auch fremde Hände hineingreifen. Sie geben mitleidig und reichlich den Bettlern. Sie feilschen bei den Händlern nicht.

»Denn was nützt denn dem Seemann sein Geld, wenn's ihm schließlich ins Wasser reinfällt.« Und: »Wenn das Geld versoffen ist, dann fahren wir wieder zur See!«

Sie füttern und beschenken stellungslose Kameraden, die sich an Bord einfinden.

Sie sind gutmütig wie die Bergleute, Schornsteinfeger und Artisten, wie meist Leute sind, die viel im Freien und unter Lebensgefahr schaffen oder häufig sterben sehen. Wie Leute, die etwas Positives leisten müssen, die nicht markieren, sich nicht um ihre Arbeit herumdrücken können.

Zwei mir bekannte einfache Fahrensleute mußten auf einer Urlaubsreise nach einer Abschiedssauferei in einem Gasthof sechster Güte übernachten. Das gemeinsame Zimmer kam ihnen aber äußerst vornehm vor, und das bedrückte sie sehr. Da sie aber stark besoffen waren, schliefen sie doch in ihren Betten bald ein. Plötzlich erwacht Hein und übergibt sich. Ohne sich aufzurichten. Er versucht weiterzuschlafen, was ihm aber nicht gelingt, weil ihn der Gedanke quält, was das feine Gasthofsfräulein morgen zu der Sauerei sagen würde. Plötzlich hört er Stüven glucksen. Hein fragt: »Du, was hast du?«

»Hein, ich muß kotzen!«

»Hierher, um Gottes willen!« ruft Hein. »Mein Bett ist nun einmal schon eingesaut.«

Und Stüven springt auf und beugt sich tief über Hein, und Hein rührt sich nicht, schließt nur die Augen. –

Ihre Gutmütigkeit gibt sich grob, aber ehrlich. Matrosen sind ehrliche Leute.

Sie vergreifen sich manchmal an der Schiffsladung. Nicht nur, wenn sie vor Hunger sich nicht anders zu helfen wissen. Nein. Schiffsgüter gelten bei ihnen als unpersönliches Eigentum, als etwas Vogelfreies, wenn nur der Kapitän nichts bemerkt. Wie auch andere und die meisten Menschen sich freuen, wenn sie dem Fiskus etwas abzwacken oder vorenthalten können.

Ich besinne mich auf ein riesiges Faß Malaga, das an Deck zwischen anderem Stückgut stand. Wir Matrosen gaben ihm im Vorbeigehen manch heimlichen Fußtritt. Und als dann eines Tages eine kräftige Brise die ersten Sturzseen über das Schiff fegte – und durch einen nachhelfenden Seestiefelabsatz –, bekam das Faß wirklich ein Leck. Nun rasten wir mit allen aufzugreifenden Gefäßen herbei, um den strömenden Wein aufzufangen. Töpfe, Flaschen, Tassen, Kannen, Waschbalgen, Pißeimer, Mützen, sogar eine leere Petroleumkanne mußten herhalten.

Es folgte eine Zeit unerhörter Bezechtheit. Wer den Sachschaden tragen und ob der untere *Force majeure* gebucht würde, das machte uns kein Kopfzerbrechen.

Andermal luden wir in Spanien Korkballen und außerdem Kisten, welche Ölsardinen in Dosen enthielten. Auf der Weiterfahrt schlichen wir uns in den Laderaum, erbrachen die Kisten nahmen die unteren Dosenschichten heraus und legten statt dessen Korkstücken hinein. Dann nagelten wir die Kisten wieder sorgfältig zu.

Revolutionäre

Seeleute erleben die sozialen Gegensätze zwischen arm und reich, zwischen Befehlen und Gehorchen viel krasser als Landarbeiter und Landsoldaten.

Sie sahen an Bord, als knappgehaltene Schwerarbeiter, neben sich das Faulenzen der Passagiere und deren luxuriöse Bequemlichkeiten. Sie sahen auf monatelangen Reisen elegante Herren mit schönen, zart gekleideten Frauen flirten. Und holde Kinder spielten an Deck. Die Matrosen betrachteten das so, wie arme Kinder durch Schaufenster auf Wunder von Süßigkeiten blicken.

Es war ja ein interessantes, wechselndes und ablenkendes Schauspiel. Es war wie Kino für sie. Auch fiel dabei sonst manches Angenehme für sie ab.

Als ich mit dem großem Schnelldampfer »Columbia«

nach New York fuhr, schickten wir – wenn Sturm war – abends nach dem *souper* der Passagiere unsere Jungens mit großen Blechschüsseln vor die Kombüse. Sie hielten die Schüsseln dort vor die Bullaugen, und der Koch warf ihnen hinein, was von den Speisen der Seekranken übriggeblieben war, alles bunt durcheinander. Fleischstücke, Bratensaucen, Weintrauben, Hummermayonnaise, Schlagsahne, Pudding, Gemüse. Wir nannten diese willkommene Spende den »Omnibus« und wünschten uns seinetwegen jeden Tag Windstärke 12, Orkan.

Vom Saufen und Raufen

Täppische Bären sind sie an Land, lustig oder lästig, anrempelnd und sich übernehmend.

Die Teerjacken der Handelsmarine fühlen sich auf festem Boden unsicherer als die uniformierten Matrosen, besonders wenn sie in bessere Stadtviertel oder gar in elegante Lokale oder Gesellschaften geraten. Denn im gleichen Maße, wie sie reichgekleidete oder studierte Leute an Bord heimlich verlachen, haben sie vor denselben an Land eine hohe Achtung. Ganz einfache, gefühlsmäßige Achtung. Ihre urwüchsige Natur grübelt nicht tief und wägt nicht lange ab.

Große Reedereien haben in den Zeugnisformularen für ihr Schiffspersonal eine Rubrik »Nüchternheit« vorgesehen. Mir hat ein Steuermann in diese Rubrik einen Strich gesetzt.

Matrosen saufen so, daß die Gastwirte sie lieben, die Kokotten sich bei ihnen sicher fühlen und passierende Damen ihnen in weitem Bogen ausweichen.

Sie raufen so, daß Regierungen und öffentliche Polizeien sich ihrer manchmal bei politischen oder öffentlichen Vorgängen bedienen.

Sie raufen und saufen so, daß die einzelnen Polizisten ihnen gern aus dem Wege gehen.

[...]

Manche Matrosen können im Suff äußerst streitsüchtig werden. Als ich von 1903 bis 1904 auf S. M. S. »Nymphe« und S. M. S. »Carola« mein Pflichtjahr abdiente, hatten wir viele solcher rauhen und rohen Kraftburschen an Bord, Kerle, die manchmal nachts mit der Zwangsjacke vom Urlaub zurückgeholt werden mußten, weil sie sonst den ersten besten Vorgesetzten in die Augen geschlagen hätten.

Diesen Leuten gab man an anderen Tagen extra Zulagen in Wurst oder Schnaps, weil sie Bärenkräfte hatten und weil sie bei den Ruderregatten, wenn es um die Schiffsehre ging, ihre äußerste Muskelkraft einsetzten.

Wir Einjährigen hatten einen Heidenrespekt vor diesen Bullen. Es kam hinzu, daß die Einjährigen bei der Marine auch von seiten der Offiziere strenger und geringschätziger behandelt wurden als die dreijährig dienenden Gemeinen. Was gewiß eine sehr weise Einrichtung war.

Damals ging es in Kiel vor den Landungsstegen nachts so wüst zu, daß Damen oder modisch gekleidete Herren sich dort nicht hinwagen durften. Es gab nicht nur persönliche Reibereien, sondern zum Beispiel lagen sich immer die Leute von der Matrosendivision mit denen der Torpedodivision in den Haaren. Letztere hatten als äußerlichen Unterschied nur eine rote Biese um den Mützenrand.

Es traf also ein Matrose von der I. M. D. einen Matrosen mit roter Biese. Sofort und ohne viel Worte – denn Maulhelden sind sie nicht – begann die Schlägerei.

Ein Zivilist blieb stehen, sich das Schauspiel anzusehen. Sofort fielen die beiden Matrosen über den »Grandy« her. Grandy war der Spitzname der Zivilisten.

Während der harmlose Teufel von den Marinern vertobackt wurde, tauchte ein Engländer auf. Sofort stürzten sich die bisherigen drei Kämpfer gemeinsam auf den *Englishman.* Es wurde eine harte Boxerei.

Bis auf den Lärm hin ein Schutzmann erschien. Dann wurde dieser Schutzmann von den beiden Matrosen, dem Engländer und dem Zivilisten gemeinsam siegreich verprügelt.

In solch perfekter Reihenfolge vollzogen sich die Schlachten dort wohl nie, aber diese damals zirkulierende Anekdote griff nicht weit daneben und kennzeichnete die damalige mannschaftspolitische Lage im Kieler Hafen.

Matrosenliebe – Seemannstreue

Matrosenbräute??

Losgelassene Stiere, durchgehende Pferde nach langer Stallzeit, so stürmen die Matrosen an Land. Ihre Ansprüche sind nach so langen Entbehrungen nicht kompliziert. Die letzte Erfüllung wird in der ersten Nacht meistens von bewußtloser Besoffenheit umnebelt.

Sie sind ihren Bräuten schwärmerisch treu. Bis zum nächsten Hafen. Die Bräute verhalten sich ähnlich.

Aber ich weiß auch entzückendc gegenteilige Beispiele, weiß von rührender, lebenslänglicher Anhänglichkeit japanischer Freudenmädchen, weiß manches Schöne darüber mehr.

Auf Heimaturlaub und besonders, wenn ihre Heimat im Binnenlande liegt, lassen sich Seeleute mit komischem Stolz bewundern und mit etwas geschämigem Behagen verhätscheln. Von den Eltern, von Geschwistern, Freunden, Bekannten oder von einer Braut.

Verwirrt und in Verlegenheit vor den tausend Fragen, die an sie gerichtet werden, kommen sie dann leicht dazu, zu lügen oder aufzuschneiden, Seemannslatein zu erzählen, Seemannsgarn zu spinnen.

Die vielfach verbreitete und naheliegende Ansicht, daß unter den Matrosen außergewöhnlich viel Homosexuelle wären, trifft nicht zu.

Es gibt aber bei ihnen eine ergreifende männliche und salzige Freundschaft zwischen Kameraden. Es gibt eine starke Treue zum Schiff und eine innige Anhänglichkeit an Heimat, heimatliche Bräuche und Lieder und an die Muttersprache.

Ehemaliger Seemann

Gestern hab' ich mitten zwischen Witzen,
Unter trunknen Weibern, geilen Fritzen
Allen Einklang plötzlich durchgebrochen
Und – es gab sich so – gut über Gott gesprochen.
Heute stach die Post in unsre Not,
Brachte mehr Geld, als ich sehr sehr brauchte.
Unser Schornstein rauchte,
Und der Bäcker neigte sich devot.
Wurst und Butter hüpften frech aufs Brot.
Alles war mit Dankbarkeit getrüffelt.
Abends zechten wir im Freien.

Wäre – als wir singend, uns umschlingend, angesüffelt
Nachts heimkehrten – hinter uns, uns zweien,
Ein derzeit Bedrückter hergeschlichen,
Hätte sein und unser Los verglichen
Und gedacht, wie reich und hart wir seien – – –

Ach, ich möchte einmal wieder
Als Matrose im Atlantik kreuzen,
Um mein Herz und meine Lieder
In die wilden Wetter auszuschneuzen.

Wie Daddeldu so durch die Welten schifft

Daddeldu verprügelt den Schiffsjungen

Wenn du siehst, daß jemand ins Wasser fällt,
Dann springst du sofort hinterher.
Denn man weiß nie bestimmt,
Ob er sackt oder schwimmt,
Und die nassen Kleider sind schwer.

Wenn du erst dich besinnst, was du selber riskierst,
Dann ist das eine Hundeschweinerei!
Denn, wenn du wirklich dein Leben verlierst,
Was wäre dann schon Schlimmes dabei?!

Wenn aber der Jemand ertrinkt – und, wie hier
Es beinahe geschah, eine Frau –,
Dann verdienst du, daß ich die Leiche dir
Rechts und links um die Ohrflossen hau.

Vom Seemann Kuttel Daddeldu

Eine Bark lief ein in Le Haver,
Von Sidnee kommend, nachts elf Uhr drei.
Es roch nach Himbeeressig am Kai,
Und nach Hundekadaver.

Kuttel Daddeldu ging an Land.
Die Rü Albani war ihm bekannt.
Er kannte nahezu alle Hafenplätze.

Weil vor dem ersten Hause ein Mädchen stand,
Holte er sich im ersten Haus von dem Mädchen die Krätze.

Weil er das aber natürlich nicht gleich empfand,
Ging er weiter – kreuzte topplastig auf wilder Fahrt.
Achtzehn Monate Heuer hatte er sich zusammengespart.

In Nr. 6 traktierte er Eiwie und Kätchen,
In 8 besoff ihn ein neues, straff lederbusiges Weib.
Nebenan bei Pierre sind allein sieben gediegene Mädchen,
Ohne die mit dem Zelluloid-Unterleib.

Daddeldu, *the old* Seelerbeu Kuttel,
Verschenkte den Albatrosknochen,
Das Haifischrückgrat, die Schals,
Den Elefanten und die Saragossabuttel.
Das hatte er eigentlich alles der Mary versprochen,
Der anderen Mary; das war seine feste Braut.
Daddeldu – Hallo! Daddeldu,
Daddeldu wurde fröhlich und laut.

Er wollte mit höchster Verzerrung seines Gesichts
Partu einen Niggersong singen
Und »Blu beus blu«.
Aber es entrang sich ihm nichts.

Daddeldu war nicht auf die Wache zu bringen.
Daddeldu Duddel Kuttelmuttel, Katteldu
Erwachte erstaunt und singend morgens um vier
Zwischen Nasenbluten und Pomm de Schwall auf der Pier.

Daddeldu bedrohte zwecks Vorschuß den Steuermann.
Schwitzte den Spiritus aus. Und wusch sich dann.

Daddeldu ging nachmittags wieder an Land,
Wo er ein Renntiergeweih, eine Schlangenhaut,
Zwei Fächerpalmen und Eskimoschuhe erstand.
Das brachte er aus Australien seiner Braut.

Kuttel Daddeldu im Binnenland

Schlafbrüchige Bürger von Eisenach
Tapsten ans Fenster. Denn draußen gab's Krach.
Da sang jemand, der eine Hängematte
Und ein Geigenfutteral auf dem Rücken hatte.
Und ließ auch Töne frei, die man besser
Sich aufspart für Sturmfahrten im Auslandsgewässer.
Zehn Jahre zuvor und von Eisenach sehr entfernt
Hatte Daddeldu bei Schwedenpunsch, Whisky, Rotwein und Kuchen
In Grönland eine Gräfin Pantowsky kennengelernt,
Die hatte gesagt: »Sie müssen mich mal besuchen.«
Und zehn Jahre lang merkte sich Kuttel genau:
Eisenach, Burgstraße 16, dicke, richtig anständige Frau.

Auch studierte bei Eisenach oder Wiesbaden herum
Sein Schwager zolologisches Studium;
Für den schleppte Kuttel in dem Futteral
Seit Bombay ein seltnes Geschenk herum.
Nun, nach dem Untergang der Lotte Bahl,
Wollte er Schwager und Gräfin sozusagen
Mit zwei Fliegen auf einer Klappe schlagen.

Rief also jetzt die nächtlichen Thüringer Leutchen
Mit englischen Fragen an. Später mit deutschen.
Aber die Gräfin Pantowsky kannte keiner.
Und auf einmal las Kuttel an Luvseite „Zum Rodensteiner«
Und kalkulierend, daß dort was zu trinken sei,
Klopfte er. Teils vergeblich und teils entzwei.
Weil weder Wirts- noch Freudenhaus noch Retirade
Sich öffneten, sagte Daddeldu: »Schade.«
Fand aber weitersteigend und unverdrossen
Das Haus Burgstraße 16. Leider verschlossen.
Die Tür zum Gräflich Pantowskyschen Zwetschgengarten
Zersplitterte. Daddeldu hatte beschlossen zu warten.

Mittags im Pensionat Kurtius
Bewarfen die Mädchen nach Unterrichtsschluß
Mit Stöpsels und leeren Konservendosen
Einen furchtbaren Kerl, der mit buchtigen Hosen
Und einem imposanten Revers
Zwischen Ästen in Höhe des Hochparterres
In einer Hängematte schlief
Und nicht reagierte auf das, was man rief.

Als er doch endlich halbwegs erwachte,
Weil von zwei Bäumen einer zur Erde krachte,
Spritzten die Mädchen dem Manne Eau de Kolon ins Gesicht.
Aber die Gräfin Pantowsky kannten sie nicht.
Und verwirrt über die Falschheit des Binnenlands,
Nannte Kuttel die Vorsteherin »Alte Spinatgans!«
Und taumelte schlaftrunken, römische Flüche stammelnd, zu Tal,
Mit Hängematte, doch ohne das Dingsfutteral.

Alsbald, von wegen das Taumeln und Stammeln,
Begannen sich Kinder um ihn zu sammeln.
Und der Kinder liebende Daddeldu,
Nur um die Kinder zu amüsieren,
Fing an, noch stärker nach rechts und nach links auszugieren,
Als ob er betrunken wäre. Und brüllte dazu:
»The whole life is vive la merde!«
Und wurde so polizeilich eingesperrt.
An Gräfin Pantowsky glaubte dort keiner.
Und der unglücklich nüchterne Daddeldu
Gab den zerbrochenen Rodensteiner,
Gab alles andre Gefragte eilig zu
Und drehte – ohne Tabak – in der Nacht
Wie ein Log zwölf Knoten ins hölzerne Lager,
Oder vielmehr in die Hängematte.
Weil er das schöne Geschenk für den Schwager

In der Mädchenpension vergessen hatte.
Gewiß war das Futteral schon erbrochen,
Und das Geschenk war herausgekrochen
Und hatte vielleicht schon wer-weiß-wen gestochen.

Später im D-Zug, unter der Bank hinter lauter ängstlichen Beinen,
Fing Daddeldu plötzlich an, zum einzigsten Male zu weinen
(Denn später weinte er niemals mehr.) –
Beide Flaschen Eau de Kolon waren leer.

Kuttel Daddeldu und die Kinder

Wie Daddeldu so durch die Welten schifft,
Geschieht es wohl, daß er hie und da
Eins oder das andre von seinen Kindern trifft,
Die begrüßen dann ihren Europapa:
»Gud morning! – Sdrastwuide! – Bong Jur, Daddeldü!
Bon tscherno! Ok phosphor! Tsching – tschung! Bablabü!«
Und Daddeldu dankt erstaunt und gerührt
Und senkt die Hand in die Hosentasche
Und schenkt ihnen, was er so bei sich führt,
– – Whiskyflasche,
Zündhölzer, Opium, türkischen Knaster,
Revolverpatronen und Schweinsbeulenpflaster,
Gibt jedem zwei Dollar und lächelt: »Ei, ei!«
Und nochmals: »Ei, ei!« – Und verschwindet dabei.

Aber Kindern von deutschen und dänischen Witwen
Pflegt er sich intensiver zu widmen.
Die weiß er dann mit den seltensten Stücken
Aus allen Ländern der Welt zu beglücken.
Elefantenzähne – Kamerun,
Mit Kognak begoßnes malaiisches Huhn,
Aus Friedrichroda ein Straußenei,
Aus Tibet einen Roman von Karl May,
Einen Eskimoschlips aus Giraffenhaar,
Auch ein Stückchen versteinertes Dromedar.

Und dann spielt der poltrige Daddeldu
Verstecken, Stierkampf und Blindekuh,
Markiert einen leprakranken Schimpansen,
Lehrt seine Kinderchen Bauchtanz tanzen
Und Schiffchen schnitzen und Tabak kauen.
Und manchmal, in Abwesenheit älterer Frauen,
Tätowiert er den strampelnden Kleinchen
Anker und Kreuze auf Ärmchen und Beinchen.

Später packt er sich sechs auf den Schoß
Und läßt sich nicht lange quälen,
Sondern legt los:
Grog saufen und dabei Märchen erzählen:
Von seinem Schiffbruch bei Helgoland,
Wo eine Woge ihn an den Strand
Auf eine Korallenspitze trieb,
Wo er dann händeringend hängenblieb.
Und hatte nichts zu fressen und saufen;
Nicht mal, wenn er gewollt hätte, einen Tropfen
Trinkwasser, um seine Lippen zu benetzen.
Und kein Geld, keine Uhr zum Versetzen.
Außerdem war da gar nichts zu kaufen;
Denn dort gab's nur Löwen mit Schlangenleiber,
Sonst weder keine Menschen als auch keine Weiber.

Und er hätte gerade so gern einmal wieder
Ein kerniges Hamburger Weibstück besucht.
Und da kniete Kuttel nach Osten zu nieder.
Und als er zum drittenmal rückwärts geflucht,
Da nahte sich plötzlich der Vogel Greif,
Und Daddeldu sagte: »Ei wont ä weif.«
Und der Vogel Greif trug ihn schnell
Bald in dies Bordell, bald in jenes Bordell
Und schenkte ihm Schlackwurst und Schnaps und so weiter. –
So erzählt Kuttel Daddeldu heiter –
Märchen, die er ganz selber erfunden.
Und säuft. – Es verfließen die Stunden.
Die Kinder weinen. Die Märchen lallen.
Die Mutter ist längst untern Tisch gefallen,
Und Kuttel – bemüht, sie aufzuheben –
Hat sich schon zweimal dabei übergeben.
Und um die Ruhe nicht länger zu stören,
Verläßt er leise Mutter und Gören.
Denkt aber noch tagelang hinter Sizilien
An die traulichen Stunden in seinen Familien.

Kuttel Daddeldu erzählt seinen Kindern das Märchen vom Rotkäppchen und zeichnet ihnen sogar was dazu

Also Kinners, wenn ihr mal fünf Minuten lang das Maul halten könnt, dann will ich euch die Geschichte vom Rotkäppchen erzählen, wenn ich mir das noch zusammenreimen kann. Der alte Kapitän Muckelmann hat mir das vorerzählt, als ich noch so klein und so dumm war, wie ihr jetzt seid. Und Kapitän Muckelmann hat nie gelogen.

Also lissen tu mi. Da war mal ein kleines Mädchen. Das wurde Rotkäppchen angetitelt – genannt heißt das. Weil es Tag und Nacht eine rote Kappe auf dem Kopfe hatte. Das war ein schönes Mädchen, so rot wie Blut und so weiß wie Schnee und so schwarz wie Ebenholz. Mit so große runde Augen und hinten so ganz dicke Beine und vorn – na kurz, eine verflucht schöne, wunderbare, saubere Dirn.

Und eines Tages schickte die Mutter sie durch den Wald zur Großmutter; die war natürlich krank. Und die Mutter gab Rotkäppchen einen Korb mit drei Flaschen spanischen Wein und zwei Flaschen schottischen Whisky und einer Flasche Rostocker Korn und einer Flasche Schwedenpunsch und einer Buttel mit Köm und noch ein paar Flaschen Bier und Kuchen und solchen Kram mit, damit sich Großmutter mal erst stärken sollte.

»Rotkäppchen«, sagte die Mutter noch extra, »geh nicht vom Wege ab, denn im Walde gibt's wilde Wölfe!« (Das Ganze muß sich bei Nikolajew oder sonstwo in Sibirien abgespielt haben.) Rotkäppchen versprach alles und ging los.

Und im Walde begegnete ihr der Wolf. Der fragte: »Rotkäppchen, wo gehst du denn hin?« Und da erzählte sie ihm alles, was ihr schon wißt. Und er fragte: »Wo wohnt denn deine Großmutter?«

Und sie sagte ihm das ganz genau: »Schwiegerstraße dreizehn zur ebenen Erde.«

Und da zeigte der Wolf dem Kinde saftige Himbeeren

und Erdbeeren und lockte sie so vom Wege ab in den tiefen Wald.

Und während sie fleißig Beeren pflückte, lief der Wolf mit vollen Segeln nach der Schwiegerstraße Nummero dreizehn und klopfte zur ebenen Erde bei der Großmutter an die Tür.

Die Großmutter war ein mißtrauisches, altes Weib mit vielen Zahnlücken.

Deshalb fragte sie barsch: »Wer klopft da an mein Häuschen?«

Und da antwortete der Wolf draußen mit verstellter Stimme: »Ich bin es, Dornröschen!«

Und da rief die Alte: »Herein!«

Und da fegte der Wolf ins Zimmer hinein. Und da zog sich die Alte ihre Nachtjacke an und setzte ihre Nachthaube auf und fraß den Wolf mit Haut und Haar auf.

Unterdessen hatte sich Rotkäppchen im Walde verirrt. Und wie so pißdumme Mädel sind, fing sie an, laut zu heulen.

Und das hörte der Jäger im tiefen Wald und eilte herbei. Na – und was geht uns das an, was die beiden dort im tiefen Walde miteinander vorgehabt haben, denn es war inzwischen ganz dunkel geworden, jedenfalls brachte er sie auf den richtigen Weg.

Also lief sie nun in die Schwiegerstraße. Und da sah sie, daß ihre Großmutter ganz dick aufgedunsen war.

Und Rotkäppchen fragte: »Großmutter, warum hast du denn so große Augen?« Und die Großmutter antwortete: »Damit ich dich besser sehen kann!«

Und da fragte Rotkäppchen weiter: »Großmutter, warum hast du denn so große Ohren?«

Und die Großmutter antwortete: »Damit ich dich besser hören kann!«

Und da fragte Rotkäppchen weiter: »Großmutter, warum hast du denn so einen großen Mund?«

Nun ist das ja auch nicht recht, wenn Kinder so was zu einer erwachsenen Großmutter sagen.

Also da wurde die Alte fuchsteufelswild und brachte kein

Wort mehr heraus, sondern fraß das arme Rotkäppchen mit Haut und Haar auf. Und dann schnarchte sie wie ein Walfisch. Und draußen ging gerade der Jäger vorbei.

Und der wunderte sich, wieso ein Walfisch in die Schwiegerstraße käme. Und da lud er seine Flinte und zog sein langes Messer aus der Scheide und trat, ohne anzuklopfen, in die Stube.

Und da sah er zu seinem Schrecken statt einen Walfisch die aufgedunsene Großmutter im Bett.

Und – *diavolo caracho!* – da schlag einer lang an Deck hin! – Es ist kaum zu glauben! – Hat doch das alte gefräßige Weib auch noch den Jäger aufgefressen. –

Ja, da glotzt ihr Gören und sperrt das Maul auf, als käme da noch was. – Aber schert euch jetzt mal aus dem Wind, sonst mach ich euch Beine.

Mir ist schon sowieso die Kehle ganz trocken von den dummen Geschichten, die doch alle nur erlogen und erstunken sind.

Marsch fort! Laßt euren Vater jetzt eins trinken, ihr – überflüssige Fischbrut!

Die Weihnachtsfeier des Seemanns Kuttel Daddeldu

Die Springburn hatte festgemacht
Am Petersenkai.
Kuttel Daddeldu jumpte an Land,
Durch den Freihafen und die stille Heilige Nacht
Und an dem Zollwächter vorbei.
Er schwenkte einen Bananensack in der Hand.
Damit wollte er dem Zollmann den Schädel spalten.
Wenn er es wagte, ihn anzuhalten.
Da flohen die zwei voreinander mit drohenden Reden.
Aber auf einmal trafen sich wieder beide im König von Schweden.
Daddeldus Braut liebte die Männer vom Meere,
Denn sie stammte aus Bayern.
Und jetzt war sie bei einer Abortfrau in der Lehre,
Und bei ihr wollte Kuttel Daddeldu Weihnachten feiern.

Im König von Schweden war Kuttel bekannt als Krakeeler.
Deswegen begrüßte der Wirt in freundlich: »Hallo old sailer!«
Daddeldu liebte solch freie, herzhafte Reden,
Deswegen beschenkte er gleich den König von Schweden.
Er schenkte ihm Feigen und sechs Stück Kolibri
Und sagte: »Da nimm, du Affe!«
Daddeldu sagte nie »Sie«.
Er hatte auch Wanzen und eine Masse
Chinesischer Tassen für seine Braut mitgebracht.

Aber nun sangen die Gäste »Stille Nacht, Heilige Nacht«.
Und da schenkte er jedem Gast eine Tasse
Und behielt für die Braut nur noch drei.
Aber als er sich später mal darauf setzte,
Gingen auch diese versehentlich noch entzwei,
Ohne daß sich Daddeldu selbst verletzte.

Und ein Mädchen nannte ihn Trunkenbold
Und schrie: er habe sie an die Beine geneckt.
Aber Daddeldu zahlte alles in englischen Pfund in Gold.
Und das Mädchen steckte ihm Christbaumkonfekt
Still in die Taschen und lächelte hold
Und goß noch Genever zu dem Gilka mit Rum in den Sekt.
Daddeldu dacht an die wartende Braut.
Aber es hatte nicht sein gesollt,
Denn nun sangen sie wieder so schön und so laut.
Und Daddeldu hatte die Wanzen noch nicht verzollt,
Deshalb zahlte er alles in englischen Pfund in Gold.

Und das war alles wie Traum.
Plötzlich brannte der Weihnachtsbaum.
Plötzlich brannte das Sofa und die Tapete,
Kam eine Marmorplatte geschwirrt,
Rannte der große Spiegel gegen den kleinen Wirt.
Und die See ging hoch, und der Wind wehte.
Daddeldu wankte mit einer blutigen Nase
(Nicht mit seiner eigenen) hinaus auf die Straße.
Und eine höhnische Stimme hinter ihm schrie:
»Sie Daddel Sie!«
Und links und rechts schwirrten die Kolibri.

Die Weihnachtskerzen im Pavillon an der Mattentwiete erloschen.
Die alte Abortfrau begab sich zur Ruh.
Draußen stand Daddeldu
Und suchte für alle Fälle nach einem Groschen.
Da trat aus der Tür seine Braut
Und weinte laut:
Warum er so spät aus Honolulu käme?
Ob er sich gar nicht mehr schäme?
Und klappte die Tür wieder zu.
An der Tür stand: »Für Damen«.

Es dämmerte langsam. Die ersten Kunden kamen
Und stolperten über den schlafenden Daddeldu.

Kuttel Daddeldu besucht einen Enkel

»Mein lieber Heini! – Denn so heißt du ja wohl? –
Über die Folgen der Weiber und des Alkohol
Mußt du mal deine Mutter befragen –
Oder nein!! Besser schon gehst du
Damit zum Lehrer. – Ich will dir nur Eines sagen:
Gehe niemals zur See!! Verstehst du?
Denn das Seemannsleben ist sauer ernst und schwer;
Und wie du mich hier mit meinem weißen Bart
Siehst – du dummer Bengel, so kik doch her! –
Habe ich mir bis heute noch keinen Groschen erspart.

Mein lieber Heini! du bist heute konfirmiert oder
eingesegnet.
Ich schenke dir hiermit, weil du nun eingesegnet oder
gefirmt
Bist, diesen Schirm. Nicht, daß er dich jemals beschirmt.
Sondern, wenn's mal recht kabelgarndick vom Himmel
regnet,
Sollst du ihn an der nächsten Kante in Stücke zerschlagen.
Denn ein rechter Kerl muß jedes Wetter vertragen
Und nur auf Gott und seinen Kaptein vertraun.
Und sollte dir jemals jemand was andres sagen,
Dem mußt du deine Seekiste über den Bregen haun.
Weil ein Mann sich soll als ein Kerl benehmen,
Und laß dich nicht vor den Landratten lumpen.
Wenn wir uns auch mal im Hafen den Schlauch
vollpumpen,
Deswegen braucht sich von uns an Deck keiner zu schämen.
Denn jedes Frauenzimmer will sich doch mal amüsieren,
Und als Schiffsjunge heißt es vor allem parieren.
Wenn einem draußen solch dicker Teifun
Durch Nase und Arschloch pfeift – –
Dann hättest du Großvater Daddeldun
Sehen sollen, wie er den Jungens die Eier schleift!

Hauptsache ist, daß man nur richtig die Lage peilt.
Was die Studierten predigen, das ist alles Beschiß.
Mein erster Bootsmann hat sich viermal die Syphilis
Nur mit Spiegelscherben und Branntwein geheilt. –
Was feixt du da, naseweiser Flegel! –
Das ist alles Wort für Wort wahr
Und gar nicht zum Lachen.

Na laß man. Du bist erst fünfzehn Jahr.
Da wollen wir beide mal heute mit vollem Segel
So einen Trip durch Sankt-Liederlich machen.«

Kuttel Daddeldu und Fürst Wittgenstein

Daddeldu malte im Hafen mit Teer
Und Mennig den Gaffelschoner Claire.
Ein feiner Herr kam daher,
Blieb vor Daddeldu stehn
Und sagte: »Hier sind fünfzig Pfennig,
Lieber Mann, darf man wohl mal das Schiff besehn?«
Daddeldu stippte den Quast in den Mennig,
Daß es spritzte, und sagte: »Fünfzig Pfennig ist wenig.
Aber, God demm, jedermann ist kein König.«
Und der Fremde sagte verbindlich lächelnd: »Nein,
Ich bin nur Fürst Wittgenstein.«
Daddeldu erwiderte: »Fürst oder Lord –
Scheiß Paris! Komm nur an Bord.«

Wittgenstein stieg, den Teerpott in seiner zitternden Hand,
Hinter Kutteln das Fallreep empor und kriegte viel Sand
In die Augen, denn ein schwerer Stiefel von Kut-
Tel Daddeldu stieß ihm die Brillengläser kaputt
Und führte ihn oben von achtern nach vorn
Und von Luv nach Lee.
Und aus dem Mastkorb fiel dann das Brillengestell aus Horn,
Und im Kettenkasten zerschlitzte der Cutaway.
Langsam wurde der Fürst heimlich ganz still.
Daddeldu erklärte das Ankerspill.
Plötzlich wurde Fürst Wittgenstein unbemerkt blaß.
Irgendwas war ihm zerquetscht und irgendwas naß.
Darum sagte er mit verbindlichem Gruß:
»Vielen Dank, aber ich muß – – –«

Daddeldu spuckte ihm auf die zerquetschte Hand
Und sagte: »Weet a Moment, ich bringe dich noch an Land.«
Als der Fürst unterwegs am Ponte San Stefano schmollte,
Weil Kuttel durchaus noch in eine Osteria einkehren wollte,

Sagte dieser: »Oder schämst du dich etwa vielleicht?«
Da wurde Fürst Wittgenstein wieder erweicht.
Als sie dann zwischen ehrlichen Sailorn und Dampfer-
halunken
Vier Flaschen Portwein aus einem gemeinsamen Becher
getrunken,
Rief Kuttel Daddeldu plötzlich mit furchtbarer Kraft:
»Komm, alter Fürst, jetzt trinken wir Brüderschaft.«
Und als der Fürst nur stumm auf sein Chemisette sah,
Fragte Kuttel: »Oder schämst du dich etwa?«
Wittgenstein winkte ab und der Kellnerin.
Die schob ihm die Rechnung hin.
Und während der Fürst die Zahlen mit Bleistiftstrichen
Anhakte, hatte Kuttel die Rechnung beglichen.

Der Chauffeur am Steuer knirschte erbittert.
Daddeldu hatte schon vieles im Wagen zersplittert,
Während er dumme Kommandos in die Straßen und Gassen
Brüllte. »Hart backbord!« – »Alle Mann an die Brassen!«
Rasch aussteigend, fragte Fürst Wittgenstein:
»Bitte, wo darf ich Sie hinfahren lassen?«
Aber Daddeldu sagte nur: »Nein!«
Darauf erwiderte jener bedeutend nervös:
»Lieber Herr Seemann, seien Sie mir nicht bös;
Ich würde Sie bitten, zu mir heraufzukommen,
Aber leider – –« Daddeldu sagte: »Angenommen!«

Auf der Treppe bat der Fürst Wittgenstein
Den Seemann inständig:
Um Gottes willen doch ja recht leise zu sein;
Und während er später eigenhändig
Kaffee braute – und goß in eine der Tassen viel Wasser
hinein –,
Prüfte Kuttel nebenan ganz allein,
Verblüfft, mit seinen hornigen Händen
Das Material von ganz fremden Gegenständen.
Bis ihm zu seinem Schrecken der fünfte

Zerbrach. – Da rollte er sich in den großen Teppich hinein.
Dann kam mit hastigen Schritten
Der Kaffee. Und Fürst Wittgenstein
Sagte, indem er die Stirne rümpfte:
»Nein, aber nun muß ich doch wirklich bitten – –
Das widerspricht selbst der simpelsten populären Politesse.«
Daddeldu lallte noch: »Halt die Fresse!«

Daddeldus Lied an die feste Braut

Lat man goot sin, lütte seute Marie.
Mi no ssavi!
Ich habe deine Photographie
In der Meditteriniensi
Weit draußen auf dem Meere
Damals verloren,
Als ich bei den Azoren
Mit der Bulldogg beinah versoffen wäre. –

Bulldog aheu!

Swiethart! Manilahaariges Kitty-Anny-Pipi –
Oder wie du heißt –
Bulldog aheu!
Bei Jesus Chreist
Ich war – seit Konstinopel – dir immer treu.

Scheek hends! Ehrlich und offen:
Ich bin gar nicht besoffen.

Giff öß e Whisky, du, ach du! Jesus Chreist!

Skool! bleddi Sanofebitsch – Ohne Spott:
Ich glaube, dich hat der liebe Gott
An einem Sonntag zusammengespleist.
Weißt du, was du bist: Weißt?
Hör mich einmal ernsthaft auf mich.
Du – du bist – mein zweites Ich.
Du mußt mir mal deinen Namen ausbuchstabieren,
Hein soll mir das auf den Arm tätowieren.

Mary, mach mal deinem Daddeldu
Die Hosentür zu.

Ich habe noch immer die graue Salbe von dir,
Das ist ganz egal; das ist auch ein Souvenir.
Wer mir die Salbe nimmt –
Ich bin der gutmütigste Kerl, glaub es mir;
Ich habe noch keinem Catfisch ein Haar gekrümmt –
Wenn ich zurück bin aus Schangei,
Wie Gott will hoffen –
Wer mir die Salbe nimmt,
Dem hau ik die Kiemen entzwei.

Bulldog aheu! Ich bin nicht besoffen.
Wirklich nicht!
Wirklich nicht!
Wer mir die Salbe krümmt,
Dem renn ich die Klüsen dicht. –
Komm her, Deesy, wir schlagen die Bulldog entzwei.
Wenn ich aus Kiatschu, Kiatschau –
Porko dio Madonna!
Mary, du alte Sau,
Wer dir die Salbe stiehlt aus Schangei,
Der wird einmal Kapitän Daddeldus Frau.

Nun wird mein Jahrgang wohl bald sterben müssen

Vor meinem Kinderporträt

Da ich ganz fremd mein Kinderbildnis sah,
Die Augen meiner Kindheit standen da
Vor mir, photographiert. Die Augen, die
So wenig sahn vor lauter Phantasie.

Nun wird mein Jahrgang wohl bald sterben müssen.
Diese Betrachtung klingt zurecht sehr schal.
Auch ist's ein schiefes Tun, sich selbst zu küssen.
Ich wurde weinerlich vor fremden Leuten.
Ich sah mich selber im Eswareinmal
Und wußte mir so viel daraus zu deuten.

Ich weinte, während ich mein Testament schrieb. Es wurde ein ausführliches und in der Form korrektes Schreiben, darin ich Tante Michel, bei der ich wohnte, zur Universalerbin meiner sichtbaren wie auch unsichtbaren Hinterlassenschaft sowie meiner Schulden einsetzte. Falls Tante Selma nicht mehr lebte, sollten meine Eltern diese Erbschaft übernehmen.

Ich sprach dann in bewegten Worten über meine Stellung zum Tode und über mein bisheriges, vielfarbiges Leben, deutete an, wie oft ich Hunger gelitten und kein Obdach gehabt hatte und was für schöne Pläne in mir gewesen wären. Ich erklärte, daß ich mir bewußt sei, auch viel Böses getan zu haben und bat alle Betroffenen und Gott, mir zu verzeihen.

Tante Selma ersuchte ich, nach einer beigefügten Liste gewisse Andenken an gewisse, mir teure Menschen zu verteilen. »Das Buch ›Aus der alten Fabrik‹ an Eichhörnchen ... einen Ring an Wanjka ... auch eine Kleinigkeit an Meta Seidler in Hamburg« usw.

Ferner fertigte ich eine zweite Liste an: Welchen Personen ich noch wieviel Geld schuldete (es waren insgesamt 318 Mark) und bat Tante Selma, wenn sie es vermöchte, auch das zu regeln.

Mein Testament schloß mit dem Wunsche, daß die Gottheit, an die ich glaubte und die ich persönlich mit keiner kirchlichen Verbildlichung identifizieren könnte, meinen Angehörigen und meinen Freunden gnädig sein möchte.

Ich weinte noch, als ich das Manuskript kuvertierte, versiegelte und ins Geheimfach meiner altmodischen Truhe verschloß.

Denn nun war wirklich der Krieg erklärt. Ich dachte an Kriegsromantik und Heldentod, und meine Brust war bis an den Rand mit Begeisterung und Abenteuerlust gefüllt.

Nachts traf ich Freunde in der Torggelstube, denen ich mitteilte, daß ich mich nach der Instruktion zwar erst am zweiten Mobilmachungstage in Augsburg zu stellen hätte, daß ich aber es so lange nicht aushielte und deshalb schon morgen führe. Ich war der erste in der Tischgesellschaft dort, der in den Krieg zog. Alle staunten mich an, und der Anarchist Mühsam führte mich zu Frank Wedekind und sagte begeistert: »Du, Wedekind, der geht morgen in den Krieg!«

Danach wurde ich aber in eine Schlägerei mit einem Korpsstudenten vom Nebentisch verwickelt. Er hatte mißgünstig unser Gespräch belauscht, und indem er das Gehörte nun boshaft verdrehte, behauptete er laut: ich triebe englandfreundliche Politik. Der Wirt bat mich beiseite, zwei herbeigeholte Schutzleute verhafteten mich und führten mich in ein Auto. Unterwegs schenkten sie meiner ehrlichen und entrüsteten Erklärung jedoch Glauben und entließen mich unter der Bedingung, daß ich nicht in jene Weinstube zurückkehren würde.

Ich packte am nächsten Tage ein paar nötigste Reisesachen in ein Köfferchen und war ganz allein in Selmas Wohnung, denn die Tante weilte derzeit zur Kur in Ötztal. Und weil mich niemand zur Bahn brachte, mir aber in meiner sentimentalen Stimmung nach etwas Abschiedsherzlichkeit verlangte, betrat ich noch einmal den Laden meiner Zigarettenfrau. Auch fing ich noch den Briefboten ab, der mir Geld und ein Schreiben von meinem Vater brachte.

»Leipzig, den 1. August 1914. – Geliebter Gustav, Schicke Dir gleichzeitig mit diesem Briefe – zunächst 30 Mark per Postanweisung, bitte umgehend mir wissen zu lassen, ob Du mehr brauchst (was sehr möglich), dann erhältst Du sofort weiteres. (Bitte schreib es offen und ungeniert!!) Eine furchtbare Katastrophe bricht herein, ob durch die Dummheit oder die Falschheit des Zaren ist zur Zeit nicht klar. Begeisterung kann man bei solch einem schweren Fall die Stimmung, die allerorts (auch hier) in Deutschland herrscht, kaum nennen, aber das Gefühl der Treue zu den Bundesgenossen und der männlichen Empörung für den niederträchtigen Friedensstörer ist auch etwas Schönes und Gewaltiges, alle Bedenken Wegfegendes.

Ich hoffe sehr, mein geliebter Junge, daß Du durch Deine Füße freikommst. Hermann und Hans Mitter sind beide, als Offiziere, bereits im Begriff einzupacken und sich zu stellen. Dem alten Mitter geht es sehr nahe, und auch Otti weint.

Die Lage bringt furchtbare Veränderungen hervor, und es ist noch gar nicht abzusehen, was alles daraus erfolgen wird.

Ich umarme und küsse Dich, mein geliebter Gustav! Dein Pa.«

Der Zug nach Augsburg war überfüllt. Es machte einen seltsamen, großen Eindruck, so viel Menschen ernst und um einen allgemeinen Gedanken beschäftigt zu sehen. Leute, die einander ohne Worte innig zugrüßten, aus allen Provinzen zusammengeströmte Deutsche, die höflich zueinander waren, jeden Streit vermieden und sich alle als ein einig Volk fühlten. Nichts Gleichgültiges, nichts Läppisches wurde gesprochen. Allenthalben hörte man ruhige gütige Worte, klare Auskünfte, knappe Berichte von Neuigkeiten.

In Augsburg bezog ich ein kleines Hotel und besah mir aus Geld, Freiheit und Unbekanntsein heraus das öffentliche Treiben. Die ganze Bevölkerung verkehrte in den Straßen und Gaststätten wie familiär. Man scharte sich um Plakatsäulen, die dauernd mit Meldungen über neue Fortschritte beklebt wurden. Eine arme Frau sprach mit einem reichen Herrn über die bevorstehende Teuerung. Stündlich tauchten neue Gerüchte auf. Man hatte einen französischen Flieger bei Nürnberg gefangen. In München waren aufrührerische Leute erschossen worden. Die Russen waren bereits in deutsches Gebiet eingedrungen.

Etwas wie ein Gruseln ging durch alle, und auch die ruhigdenkendsten Leute waren tief ergriffen von dem Gedanken des Weltbrandes.

Abends saß ich im »Grünen Haus« bei Moselwein und redete mir als Ahnung ein, daß ich meine Freunde und Verwandten nimmer wiedersehen würde. Wie gut, daß ich alles noch geordnet, mein Testament gemacht und auf dem Leihhaus meine Pfänder eingelöst hatte.

Demonstrationen, Lobeshymnen auf den Krieg und den

Dreibund, Laufereien um Paß und Ausweise, Zweifel, ob wir losschlagen würden oder nicht, schlaflose Nächte. – Es lag eine Zeit voll Spannung und Aufregung hinter mir. Ich war blaß, hatte starken Husten und bei der Schlägerei in der Torggelstube hatte ich mir Finger verstaucht. Zudem war ich etwas traurig darüber, daß ich Anno 1903 als Einjähriger auf die Reserveoffizierslaufbahn verzichten mußte, weil mir das nötige Geld fehlte; nun würde ich als Unteroffizier gewiß unter viel rohes Volk geraten.

Indessen der Wein im »Grünen Haus« war gut. Das erste Glas den Eltern und Geschwistern! Das zweite Tante Selma! Das dritte für Eichhörnchen; das liebe Mädchen hatte mir von dem knappen Salär, das sie als Hauslehrerin bezog, noch tags zuvor Reisegeld gesandt.

Am Nebentisch saß ein Offizier in Uniform. Ich erkannte in ihm einen Arzt, mit dem ich früher oft vergnügt gezecht hatte. Erfreut eilte ich auf ihn zu, wünschte ihm guten Waffengang und erzählte, daß auch ich morgen – allerdings als Unteroffizier –, er erwiderte kühl und lud mich nicht an seinen Tisch.

Plötzlich draußen anhaltendes, brausendes Vivatrufen. Einige Abteilungen Infanterie und Kavallerie zogen aus, alle neu und blank ausgerüstet, mit herrlichen Pferden. Gott mit ihnen! Eine große Zeit! dachte ich und bestellte noch eine Flasche »Wachenheimer Luginsland«.

Das Lokal füllte sich mit Offizieren, die alle Gesellschaft, mindestens jeder eine Dame, bei sich hatten. Meine Einsamkeit und der Wein stimmte mich etwas kritisch. Ich trat hinaus in die warme Sommernacht. Überall nationale Lieder. Aus einem Kaffeehaus wurde ein junger Mann geworfen, den die Menge draußen mit Füßen und Stöcken jämmerlich zurichtete, weil er bei einer Ovation sich nicht vom Stuhle erhoben hatte.

Nach unruhiger Nacht begab ich mich pünktlich zur Sängerhalle am Stadtgarten. Ich zeigte meine Papiere, und weil daraus hervorging, daß ich seinerzeit als Bootsmannsmaat entlassen war, wurde ich durch eine Armbinde als Zugführer gekennzeichnet. Etwa tausend ehemalige Mariner waren zusammengeströmt, Matrosendivision, Seebataillon, Maschinenpersonal usw. Sie sollten um zehn Uhr nach dem Norden abtransportiert werden. Nur wer »partout krank« wäre, sollte sich melden. Nur einer tat's. Selterwasser in Flaschen und einpapierte Frühstücksbrote wurden verkauft.

Ich ward als Führer einem Kupee zugeteilt, das achtundvierzig Menschen enthielt, rote, verbrannte, größtenteils tätowierte Gestalten. Einige hatten ihre ehemaligen Uniformen an; wir anderen in Zivilkleidern sahen aus wie Leute aus dem Asyl für Obdachlose. Auf jeder Station wiederholte sich dasselbe: Unsere Leute ließen sich nicht halten, sondern stürmten über Geleise und Wagen, über Zäune und Mauern in die Stadt, und obwohl nirgends alkoholische Getränke verabfolgt wurden, kehrten doch alle mit Bier zurück. Mehrere tausend bayrische Bierkrüge reisten gen Norden. Einmal kam es zu einem Krach. Ein Offizier befahl einem Manne, der sechs Maß Bier anbrachte, diese in den Sand auszugießen. Anfangs weigerte der Mann sich. Einige Kameraden riefen ihm zu: »Tu es doch!« Da tat er es. Aber erst als der Offizier ihm den Verlust reichlich bezahlte, legte sich die Erregung über den Vorfall, der mehr Aufsehen machte als die Nachrichten, die in Würzburg verteilt und multipliziert wurden: daß die russische Ostseeflotte vernichtet und daß Peter von Serbien mit zwanzigtausend Mann gefangen sei.

Mit Kreide wurde Peter am Galgen auf die Außenwand des Waggons gezeichnet und darunter geschrieben: »Die serbischen Raben mögen nun Peterchen fressen samt seinen Läusen!« Um das Bild hingen wir Speckschwarten. Andere Wagen dekorierten wir mit Tannengrün.

Unsere Fahrt war ein strapaziöser Triumphzug. Auf jedem Bahnhof empfing uns eine Hurra rufende Menge, und wir gaben aus unserem Viehwagen Hurra zurück oder sangen mit total heiseren Stimmen die wenigen Zeilen, die wir von unserem Marinelied wußten »Stolz weht die Flagge ...«. Dabei ward unaufhörlich nach Bier, Limonade und Zeitungen verlangt. Aus allen Dörfern, die wir passierten, von allen Landstraßen, aus den Feldern, überall winkten uns Mädchen und Feldarbeiter zu; alte Frauen weinten, daß mir selbst die Augen feucht wurden. Aber die meisten von uns begriffen das nur halb und lachten und witzelten. Nur wenn man sie nach ihren zurückgelassenen Frauen und Kindern ausfragte, wurden sie für Momente ernst.

An der Bahnstrecke entlang standen ergraute Landsturmleute mit Gewehr als Wachen, oft Vater und Sohn zusammen. Uns ward bekanntgegeben: Wer den Bahnkörper beschädigt, wird sofort erschossen.

Lange Züge entgegengesetzter Richtung mit Militär, Kanonen und Pferden donnerten an uns vorbei, und das Hurra war ein kurzer, gigantischer Schrei. Im Fenster neben mir saß ein Mann, der durchaus die Beine an die Luft hängen wollte, so daß ich vor jedem Tunnel um ihn bangte. Als abends eine allgemeine Müdigkeit einsetzte, legte ein ungeschlachter Kerl seinen Kopf in meinen Schoß wie ein Kind.

Und weiter gings. Unsere Lampe war ausgebrannt. Ich saß lange draußen auf der Plattform, rauchte eine Zigarette nach der andern und sann, während der Qualm der Lokomotive mir Mund, Nase und Augen mit Ruß füllte. Mein Husten ward elefantisch, und meine Stimme ging auf Urlaub. So kriegte ich kein »Danke« heraus, als ein langer Bursche, der mit dem Kopf in meiner Achselhöhle lag und mit den Beinen irgendwo oben hing, mir plötzlich drei Bonbons in den Mund schob.

Allerorts brachte man uns neue Gerüchte zu. Leute waren erschossen, weil sie einen Bahntunnel sprengen wollten. »Hier war soeben vor unserer Ankunft eine sonderbar verschleierte Frau den Berg hinauf geflüchtet und wurde nun verfolgt.« Man hörte das heimlich schaudernd und schlief wieder ein. Wenn der eine einschlief, ward ein anderer gerade wach und warf irgendein Scherzwort in die Stille. »Bildet mal einen Satz mit Weißwürst«, rief ein Bayer in seinem Dialekt und gab gleich selbst die Lösung: »Wer weiß würst du mich wiedersehen?« Jemand wollte ein Lied anstimmen, aber alle Lieder waren schon abgesungen, wir waren schon elf Stunden unterwegs. Ein anderer fragte, wie wir in Wilhelmshaven verteilt würden, ob wir gleich auf Schiffe kämen usw. Aber keiner wußte mehr als der andere oder mehr als nichts. Und bis Wilhelmshaven waren mindestens noch elf Stunden, man schnarchte weiter. Ich rechnete mir aus, daß ich seit ungefähr einer Woche auch nicht einmal so geschlafen und gegessen hatte, wie es ein normaler Mensch benötigt. Trotzdem – vor Aufregung – spürte ich weder Hunger noch Müdigkeit.

Der Transport führende Offizier kam keinen Moment zur Ruhe. Er tat mir leid, ich bot ihm meine Hilfe an. Er bat mich nur, ihm etwas Trinkwasser zu besorgen. »Durst!« schrie es aus allen Mündern, aus allen Augen und aus den Tausenden von leeren Maßkrügen.

In vielen Gegenden waren – hieß es – als Frauen, zumal als Nonnen, verkleidete Spione verhaftet.

In Bebra war ich ausgetreten und fand meinen Zug nicht wieder. Aber schon ziemlich abgestumpft und abgespannt setzte ich mich in den Warteraum, schrieb dort Tagebuch und hörte gleichzeitig mit wachsender Bissigkeit auf ein recht blasiertes Zivilistengespräch. Auf einmal vernahm ich drei Hurras. »Ist das Marine?« frug eine Stimme. »Ja!« Ich sprang, ohne meine Zeche zu bezahlen, aus dem Fenster, sah einen rollenden Zug und erreichte mit einem kühnen Sprung den letzten Wagen. Als ich beim nächsten Halt mein Abteil aufsuchte, brachte mir meine Mannschaft eine Ovation.

Sie hatten ihren Waggon inzwischen mit einem Sielrohr armiert, durch das sie leere Selterwasserflaschen schossen. Der ganze Zug war mit Tannenkränzen und Girlanden und die Lokomotive über und über mit Bierseideln behängt.

In Niederhofen ward einer unserer Leute wahnsinnig. In Wunsdorf bei Hannover verteilten Damen Erfrischungen. Ich schenkte einem hübschen, bezopften Mädchen ein seidenes Tuch, notierte mir ihre Adresse, Elly Meyer, Wunsdorf bei Hannover, Südstraße 3, und verabredete, das seidene Tuch – wenn ich zurückkehren sollte – gegen zwei Küsse nicht wieder einzulösen. Eine alte Dame drückte herzzerbrechend weinend mir die Hand: »Schlagen Sie diese Russen!«

Wir fuhren durch entzückende Wälder und Täler. Die Vogelbeeren leuchteten und erinnerten mich wehmütig an Burg Lauenstein.

Als wir in Nienburg lagen, lief ein anderer Zug ein, der von Bremen kommend österreichische Soldaten nach der französischen Grenze beförderte. Plötzlich verbreitete sich das Gerücht, ein russischer Spion hielte sich in diesem Zuge versteckt. Im Nu hatten wir tausend Mariner uns mit Steinen und Brettern bewaffnet und stürmten den Zug unter Ausrufen wildester Wut. Alle Wagen wurden außen, innen, oben und unten durchsucht. »Hier ist er!« Alles raste nach hinten. »Hier ist er!« Alles raste nach vorn. Und dann fanden sie ihn unter der Lokomotive. Während er hervorgezogen wurde, bekam er schon blutige Schläge auf den Kopf, bis er sich als einer unserer eigenen Leute erwies. Er war von der einen Seite suchend unter die Lokomotive gekrochen, und von der andern Seite hatte man ihn als Spion hervorgeholt.

Der Bahnhof Oldenburg bereitete uns einen eindrucksvollen Empfang. Schöne, große Frauen überschütteten uns mit Aufmerksamkeiten. Unsere Bayern, besonders diejenigen, die noch kurze Wichs trugen, sangen ihnen zum Dank Schnadahüpfel oder melancholische Heimatlieder und tanzten Schuhplattler vor. Wieder sprach und tröstete ich, so gut ich vermochte, eine schluchzende alte Dame, die drei Söhne und den Mann an die Front gegeben hatte.

Wir fuhren nicht, wir schlichen. Man hatte Angst vor Sabotagen durch Spione. Endlich tauchte Wilhelmshaven auf. »Morgenrot ...« stimmten wir an, und ein Virtuose verstand es, dazu die Trompete zu imitieren. Doch der Gedanke: Jetzt kommen wir alle an Bord! frischte die abgespannten Gesichter auf.

Wie enttäuscht waren wir, als unser Zug im weitem Bogen

um die Stadt nach der düsteren Kaserne geführt wurde, wo schon Tausende Leute wie wir in Zivilkleidern seit einem, seit zwei, sogar drei Tagen warteten, ohne erfahren zu können, was aus ihnen würde. Sie schimpften darüber, daß auch in bezug auf Verpflegung, Schlafdecken usw. kein Mensch sich um sie kümmerte. Mich deprimierte am meisten die Mitteilung eines Obermaats, daß die Seewehr – wozu ich gehörte – überhaupt nicht auf Schiffe käme. Ich hatte mir vorgenommen, gleich anfangs um einen besonders gefährlichen und hohe Anforderungen stellenden Posten zu bitten. Nun irrte ich bedrückt mit den anderen durch die stinkenden Schuppen, wo die Leute dicht an dicht im Stroh lagen, und dann wieder in dem sumpfigen Hof herum, auf dem kärgliche Waschkübel mit schmutzigem, fettigem Waschwasser standen. Darin wusch auch ich mich endlich und trocknete mich mit meinem Nachthemd ab.

Unter all den bunten Gerüchten, die dort kursierten, erregte die Nachricht von Englands Kriegserklärung unser höchstes Interesse, hatten wir doch einen höllischen Respekt vor der englischen Flotte.

In Wilhelmshaven und Umgebung waren Brot und die wichtigsten Lebensmittel ausgegangen. Ich schloß mich unbemerkt einigen Leuten an, die eine Kneipe wußten, wo es wenigstens Fisch gab. Zurückgekehrt, mußten wir wieder einmal antreten, abzählen, warten, wieder auseinandertreten und weiter warten, ohne daß sich irgend etwas für uns änderte. Derweilen trafen immer neue Mannschaftstransporte ein. Das Bild dieser Massen lud gewiß zu malerischen und anderen reizvollen Betrachtungen ein, aber wir hatten keinen Sinn dafür. Wir hatten seit drei Tagen nicht Kleider, Strümpfe und Schuhe gewechselt, noch ein Bett gesehen; wir waren ungeduldig und murrten über das unsinnige Stehen und Warten. Infolge des langen Sitzens im ratternden Bahnwagen standen meine Beckenknochen wie Schmetterlingsflügel ab. Auch mein Fußleiden, ein Ekzem, das mir seit Jahren zu schaffen machte, hatte sich verschlimmert, und ich fürchtete, was mein Vater erhoffte, daß man mich wegen dieser Krankheit für dienstuntauglich erklären würde. Als wir aber schließlich durch ein Bad zur ärztlichen Untersuchung kamen, ward ich, und wurden, soweit ich das verfolgte, nach kurzem Abklopfen alle für tauglich befunden, darunter Leute, die soeben erst von der Ruhr und Pest genesen waren. Würde ich nun auf ein Schiff kommen?

Auch in den Büros der Kaserne herrschte ein grelles Durcheinander. Treppauf, treppab. Türen klappten, Befehle und Telephongespräche überstürzten sich, und die jungen, rosigen Schreibstubenmatrosen hatten es heiß damit, die verwickelten Paßangelegenheiten zu entwirren. Von und nach den Bekleidungsämtern und Proviantämtern wogten Berge von blauen Hosen, Kommisbroten, Schuhwerk und anderem. Es war kaum zu begreifen, daß das alles an Fäden lief.

Wir wurden instruiert, wie man sich feindlichen Luftschiffen und Flugzeugen gegenüber zu verhalten hätte. In den Straßen durfte kein Licht brennen. Auf den Dächern standen Posten, die des Nachts häufig auf angebliche Flieger schossen und offenbar sehr gern schossen.

Endlich standen im Hof ein paar tausend Mariner, ausgerüstet bereit, an Bord zu gehen. Ein kurzer Gottesdienst; die Musik spielte einen Choral. Dann flogen die Kleidersäcke auf Handwagen, und ab marschierten die Beneideten.

Wir, die wir von Augsburg kamen, wurden nun getrennt und eingekleidet. Ich kriegte eine Hose, die Kilometer zu lang und zu weit war, und Stiefel, die mich an der Ferse drückten. Aber alles Jammern half nichts, die Schuster und Schneider waren schon unabsehbar überhäuft mit Reparaturaufträgen. So erfand ich eine List nach der andern, um zu einer neuen Hose, später auch noch zu einer neuen Jacke zu kommen. Viele andere Leute begingen ähnliche Schwindeleien, denn die Bekleidungsstellen hatten für Kontrolle keine Zeit. Meine jämmerlich zugerichteten Zivilkleider mußte ich verpacken und mit der Adresse meiner Eltern abgeben. Ich legte einen herzlichen Abschiedsbrief an Vater und Mutter bei, in welchem ich fragte, ob mein Bruder auch eingezogen sei und ob ich etwas Geld bekommen könnte.

Mit einem Dutzend anderer Leute wurde ich der dritten Kompanie zugewiesen. Man gab uns eine Kasernenstube mit Betten. Da wir aber in diesen Betten noch schlafende Fremdlinge fanden, die sich partout nicht aufwecken ließen, und weil wir kurz zuvor pro Mann zwei Mark als Ersatz für unsere Reisespesen erhalten hatten, so eilten wir zur Kantine, wo ich mir Grog und Malzbonbons gegen meinen Mammut-Husten kaufte und mich mit Notizbüchern versah. Auch traf ich dort Kameraden, die mich aus München oder das eine oder andere Gesicht von mir aus Zeitschriften kannten.

Ich hatte mir mit der Begründung, meine Hose bei einem Zivilschneider abändern zu lassen, einen Passierschein verschafft, den ich zu einem Dauerpaß fälschte. Damit verließ ich abends die Kaserne, wo ich sowieso weder Bett noch Decke noch einen Tisch bekam.

Zwei Damen, die mit ihren Kindern belegte Brote als Liebesgaben zu unseren Soldaten brachten, erklärten sich auf meine Anfrage bereit, mir in der Stadt ein Zimmer zu vermieten. Sie führten mich zum Lehrer Mechau in Rüstringen, der mir in einem Klassenzimmer der Schule ein Lager bereitete und mich vortrefflich bewirtete. Morgens schlich ich dann wieder in die Kaserne. Herr Mechau nahm keine Bezahlung von mir. Der Schneider, der meine Hose kürzte, nahm keine Bezahlung. Eine Dame, die sich erboten hatte, mir die Namenläppchen in mein Unterzeug einzunähen, lehnte ebenfalls jede Vergütung ab. Im Gegenteil, alle diese Leute bewirteten und beschenkten mich noch obendrein und führten mich zu neuen Gönnern. Ganz anders erging es uns Mannschaften in den Wirtshäusern. Dort war ein Matrose oder ein Maat eben nur einer von Tausenden, ein »Kuli«. Ob einer hinzukam oder wegblieb, war dem Wirt gleich, sein Geschäft florierte wie nie zuvor.

An meinem Geburtstage wollte ich eine stille, gute Flasche Wein trinken und dabei möglichst nicht unter Matrosen sein, deren Kriegsgeschwätz mir auf die Dauer doch langweilig wurde. Ich erkundigte mich bei einem Schutzmann, wo das vornehmste Weinhaus wäre. Er nannte mir Trokadero, fügte aber mit einer entsprechenden Handbewegung hinzu: »Das ist viel zu fein für euch Kulis!«

Als ich abends zur Kaserne zurückkehrte, ward ich vom Posten angehalten und zur Wache gebracht, weil ich die Parole nicht wußte und man meine Paßfälschung erkannte. Indessen war weder Zeit noch Raum da, die vielen Paßschwindler einzusperren, und so entließ man mich, nachdem man meinen Passierschein zerrissen hatte. Ich schlich mich auf das Zimmer der dritten Kompanie. Da fand ich alle Betten und auch jeden Fleck am Boden mit Schlafenden belegt. Plötzlich rief einer derselben mir zu: »Bist du's?« »Ja«, flüsterte ich. Er lüftete einen Zipfel seiner Decke und sagte müde: »Komm her! Ich habe zwei Decken für uns ergattert.« Schnell warf ich die Hose und Hemd ab und kroch zu ihm unter die Decke, mich des knappen Raumes wegen eng an ihn anschmiegend. »Ach«, rief er enttäuscht, »ich dachte, du wärst der Signalmaat von der Wettin.« Ich schnarchte. Leider lagen wir am Fenster, wo es scheußlich zog. Ich feuerte Salven grünen Hustens in die Nachbarschaft. Am nächsten Morgen ward Antreten zum Appell gepfiffen und gerufen. Jedermann fürchtete, zum Kohlenschaufeln oder zum Exerzieren abkommandiert zu werden. Jedermann versuchte, sich irgendwie beiseite zu drücken. Die, denen das gelang, trafen sich dann im Kasino beim Grog wieder. Aber häufig wurden sie dort alle wieder ausgehoben. Die Gewieftesten aber schnallten sich ihr Seitengewehr um und schlossen sich, als wären sie im Dienst, irgendeinem Trupp an, der gerade die Kaserne verließ. Draußen, hinterm Tor, versteckten sie ihr Seitengewehr im Hosenbein und gingen spazieren. Wer hätte sich die vielen Gesichter und Namen merken können.

Ich erhielt telegraphisch fünfundzwanzig Mark mit Gruß und Kuß von den Eltern. Auch erreichte mich, was bei dem Durcheinander durchaus nicht sicher war, mein Unterzeug.

Jene Dame hatte die Namenläppchen so sauber eingenäht, daß mir der Feldwebel später ein Lob erteilte. Ich rauchte vergnügt meine Shakpfeife, die ich »Lulu« getauft hatte.

Was tat man nicht alles, um aus der Kaserne zu kommen. Man erbettelte Urlaub wegen Zahnschmerzen, wegen Haare schneiden, und wenn das nichts nützte, fand man andere Wege. Der Dienst kam besonders uns altgedienten Soldaten recht überflüssig vor. Wir wußten nicht mehr viel davon. Auch das Grüßen in der Stadt bereitete uns anfangs Schwierigkeiten. Es waren seit unserer Dienstzeit so viel neue Abzeichen eingeführt worden. Zum Glück nahmen es auch die Vorgesetzten derzeit mit der Grußpflicht nicht so genau.

Nachts schlief ich auf Stroh unter einer Treppe. Ich fühlte mich von Tag zu Tag energieloser werden und sehnte mich an Bord nach Strenge und Arbeit. Versuchte ich aber, mit solchen Wünschen mich einem der Offiziere zu nähern, so stieß ich jedesmal auf krasse, entmutigende Ablehnung. Es war nicht Zeit für individuelle Behandlung.

Immer wieder antreten, abzählen, stillstehen, während lange, nach Feldwebelschweiß riechende Listen verlesen wurden, exerzieren in der Hitze, Kohlen schaufeln oder »Wache schieben«. Dazu waren auch unsere Privatgelder ausgegangen. Im Unteroffizierskasino fand ich keine Partner mehr für Schach und Billard. Man las etwas Zeitung, las über Lüttich und vom Sinken eines englischen Dampfers. Aber die Begeisterung flammte nicht auf, wir waren in unserer Mühle abgestumpft und müde und priesen einen Mann glücklich, der entlassen wurde, weil er an der linken Hand nur vier Finger hatte. Obwohl der Stabsarzt meinte, das wäre genug zum Draufhauen. Das Essen blieb sich zum Überdruß gleich. Einige reinigten ihre Blechschüsseln im Sande des Hofes, andere sah man mit dem Tischmesser auch Stiefelsohlen und Fingernägel beschneiden.

Immer neue Schübe von Zivilisten kamen an. Die armen Kerle lagen mißmutig wartend im Hof und in den Rasenanlagen herum. Die Passierscheinkontrolle war streng geregelt worden, es gab nur noch in beschränktem Maße Stadturlaub.

Der Mißmut machte sich in Anschnauzern und Zänkereien Luft, wozu oft die geringfügigsten Anlässe herhalten mußten. Beim Infanteriedienst war ein scharfer Schuß gefallen, vermutlich hatte ein Posten bei Ablösung vergessen, das Gewehr zu entladen. Ich verprügelte den kleinen Moritz, weil er auf meinem Zeugsack geschlafen und dabei mein Nähzeug zerdrückt hatte. Besonders aber spitzte sich der Kampf um ein Bett zu. Wer noch immer keins hatte, der suchte sich eins zu stehlen oder eins mit Gewalt einzunehmen, und wer eins hatte, mußte, wenn er abends in die Stadt ging, befürchten, daß es ihm gestohlen oder zum Beispiel von Leuten eingenommen wurde, die ihr Vorrecht damit begründeten, daß sie von Wache kämen, also ernsthaft Dienst verrichtet hätten und nicht, wie wir, nur Heimarbeiter und Faulenzer wären. Eines Tages wurden aber alle Betten und Spinde in unserer Stube frei, weil die für den Kreuzer »Yorck« bestimmte Mannschaft ausrückte. Wir waren selig, diese Kerle losgeworden zu sein, packten unsere Kleidersäcke aus und richteten uns endlich einmal ein, wie sich's gehört. Spiegel, Ansichtskarten und Photographien von Bräuten wurden angenagelt, und als wir mit allem fertig waren, kam uns der Befehl zu, sofort nach einer Stube im obersten Stock zu übersiedeln, wo es wieder keine Spinde und nur Strohsäcke gab.

Auch dem Abendurlaub waren keine Reize mehr abzugewinnen. Die wenigen Frauen in Wilhelmshaven hatten bestenfalls nur für Offiziere etwas übrig, und was sonst herumlief, waren Mariner oder Seebatailloner, daß einem der Arm vom Grüßen lahm wurde, sonst nur noch Schlachter, Papierhändler, Uniformschneider und Wirte, Leute, die größtenteils die Kulis verachteten, obwohl sie von ihnen lebten.

Es erwischte auch mich eines Tages, zum »Kohlen« abkommandiert zu werden. Das galt schwere und vor allem schmutzige Arbeit zu verrichten, und mir grauste davor, obwohl es Löhnungszulagen dafür gab und ich als Unteroffizier selbst weder schaufeln noch Körbe dabei zu schleppen brauchte. Brummig rückten wir nach dem Südhafen ab, wo mehrere Torpedoboote und auch große Schiffe lagen und unter den Klängen ihrer Bordkapellen Kohlen einnahmen. Wir sollten für die »Straßburg« arbeiten, wurden dort aber zu unserer Freude wieder weggeschickt, weil bereits andere Leute kohlten. Ganz langsam, Pfeife rauchend, Mädchen grüßend und Lieder pfeifend, marschierten wir zurück. In der Kaserne grollte ein böses Donnerwetter. Der neue Abteilungschef inspizierte und war sehr unzufrieden. Es sollten strengerer Dienst und straffere Disziplin eingeführt werden. Das war zweifelhaft nötig und wurde wohl beschleunigt, weil man einen neuen Divisionskommandeur erwartete, Herrn von Meerscheit-Hülsen. Dieser populäre Kapitän schritt am nächsten Vormittag bei Musik die peinlichst ausgerichtete Front ab und hielt hinterher eine etwas schwülstige, aber sehr anständige Rede, die mit drei Hurras auf den Kaiser endete, der ihn aus dem Zivilstand einberufen hätte. Der Kommandeur sagte unter anderem: Unsere Bekleidung, Verpflegung und Versorgung seien etwas mangelhaft, doch käme das daher, daß außer den erwarteten Mannschaften noch tausend Mann mehr sich freiwillig gestellt hätten. Hatten wir beim Antreten und Vorbereiten zum Teil gelacht und gemurrt, so stand jetzt, während dieser Ansprache, alles straff und mäuschenstill. Gewehre und Koppelzeug blitzten in der Sonne, und die windgepeitschten Mützenbänder kitzelten unsere Nacken. Dann folgte die Besichtigung der Räumlichkeiten. Herr von Meerscheit-Hülsen sagte mir, der ich als Ältester von uns Meldung zu erstatten hatte, daß unsere Stube sehr sauber und im Vergleich zu den anderen ein Paradies wäre. Seitdem hießen wir nur noch die Paradiesvögel. [...]

Was dann?

Wo wird es bleiben,
Was mit dem letzten Hauch entweicht?
Wie Winde werden wir treiben –
Vielleicht!?

Werden wir reinigend wehen?
Und kennen jedes Menschen Gesicht.
Und jeder darf durch uns gehen,
Erkennt aber uns nicht.

Wir werden drohen und mahnen
Als Sturm,
Und lenken die Wetterfahnen
Auf jedem Turm.

Ach, sehen wir die dann wieder,
Die vor uns gestorben sind?
Wir, dann ungreifbarer Wind?
Richten wir auf und nieder
Die andern, die nach uns leben?

Wie weit wohl Gottes Gnade reicht.
Uns alles zu vergeben?
Vielleicht? – Vielleicht!

Mit »Blexen« in der Werft

Ich war für das 2. Jade-Sperrschiff »Blexen« bestimmt. Zunächst mußte ich aber noch von Schreibstube zu Schreibstube laufen und überall lange warten, bevor ich nähere Instruktionen, Ausweise und meine rückständige Löhnung bekam. Dabei hatte ich ein zufälliges Wiedersehen mit meinem »Gesuch betreffend Schadenersatz für Reparatur einer im Dienste beschädigten Privatuhr«. Das Schreiben war vom Hauptmann unterschrieben, es wanderte nun zur Kompanie, von dort zur Division und wahrscheinlich weiter, immer weiter.

Mit anderen Schicksalsgenossen marschierte ich nach der Werft, an den beiden beschädigten Schiffen »Frauenlob« und »Stettin« vorbei zum Navigationsressort, wo wir uns meldeten und wo unsere Personalien zum unzähligsten Male aufgenommen wurden. Dann wieder durch die weitläufigen Dockanlagen, zwischen Stapeln von Fässern, Schiffsschrauben und über sauber aufgeschichtete Ankerketten hinweg, immer den schweren Zeugsack auf dem Buckel und überall nach der »Blexen« fragend. Wir fanden und beschnüffelten sie kritisch. Es war ein kleiner, wenig Vertrauen erweckender Privatschlepper, der knapp für fünf Personen Platz hatte, und wir sollten ihn mit elf Mann besetzen, nämlich dem Kommandanten, zwei Maaten (Jessen und ich), zwei Matrosen (Eichmüller und Apfelbaum), drei Maschinistenmaaten und drei Heizern. Im Logis konnten sich zwei Menschen nur mit Mühe aneinander vorbeiwinden. An Deck waren Arbeiter beschäftigt, alles war verdreckt, und außer Minenmaterial fanden wir kein Inventar an Bord. »Das gibt viel Arbeit mit Aufklaren, Waschen und Malen«, sagte Jessen. Mit ihm verabredete ich, daß wir fortan zu den Leuten etwas Distanz wahren und sie auch künftig mit »Sie« anreden wollten, weil einige gleich plump vertraulich auftraten, ...

Wer etwas kochen könnte, fragte der Kommandant. Apfelbaum trat vor und wurde in die niedrige, enge Küche gesteckt, wo er sich unter unserem Gelächter einrichtete. Dann fuhr ein Teil von uns mit dem Kommandanten in einer Barkasse über den Bauhafen, um Bordrequisiten zu beschaffen. Staunend und darüber unwillkürlich leise, wie auf Zehen, gingen wir durch die weiten Säle des Depots. Da war einer ganz mit Flaggen, ein anderer mit Porzellan, ein dritter mit Besenstielen und Scheuerlappen bis an die Decke angefüllt. Und wie wir die Barkasse nun mit soundsoviel Signalflaggen, Ölzeugen, Kupferkesseln, nautischen Instrumenten, Bootshaken, Pinseln, Tassen, Tellern, Farbe, Proviant und anderen Dingen beluden, die alle nagelneu und blitzeblank waren, da sagte jemand: »Das ist wie Weihnachtsbescherung.« Mehrmals mußten wir mit solcher Ladung hinüber- und zurückfahren. Mir ward so seemännisch wohl zumut. Die Barkasse schaukelte in Wind und Sonne. Ringsherum sah man die von Kanonen strotzenden Panzerschiffe, und aus dem geteerten Tauwerk roch ich alte Erinnerungen.

Inzwischen hatte der Koch uns Kaffee gebrüht und Speck und Butter hingestellt. Er gab mir, sicher nicht aus Sympathie, ein besonders großes Stück und machte mir auch vor, wie ich auf meiner Bootsmannspfeife blasen müßte. Aber ich vermochte nur klägliche und blamable Töne zu erzeugen, während alle meine Kameraden auf demselben Instrument die festgelegten, vielen Signale wie Lerchen trillerten.

Ich richtete meine unglaubhaft schmale und kurze Koje ein, eine Decke pfropfte ich zusammengerollt zu Kopfende unter die Matratze. Am Fußende war ein Tragbrettchen angebracht. Dorthin legte ich mein Wichtigstes: Uhr, Börse, Bordmesser und Spindschlüssel. Mein kleiner Spind war so vollgepfropft, daß ich ihn nur mit Hilfe von Fußtritten schließen konnte. Aber nicht alle Leute bekamen Koje und Spind, für einige wurden Matratzen auf den Boden gelegt, für andere Hängematten aufgehängt.

Bevor wir Urlaub bis zehn Uhr erhielten, gab mir der Kommandant noch den mich ehrenden Auftrag, am nächsten Morgen Punkt 8 Uhr die Flaggenparade vorzunehmen.

Außerdem wurden wir wieder einmal ermahnt, nicht über maritime Verhältnisse oder Vorgänge zu sprechen. Diese Instruktion war diesmal besonders aktuell. Täglich kursierten neue schlimme Nachrichten über die Flotte. Ein Torpedoboot war gesunken, und der Kreuzer »Mainz« und die »Köln« wurden vermißt. In der Stadt herrschte große Besorgnis darüber. Vor der Wilhelmshavener Zeitung warteten Menschenmengen, ich sah Tränen und sprach Zivilisten, die Angehörige an Bord der vermißten Schiffe hatten.

Und nachts schlief ich nun wirklich seit Jahren wieder einmal an Bord, in der Stickluft eines überfüllten Logis. Auf dem Tisch klebte und flackerte eine Kerze. Ein höllisches, an Maschinengewehre erinnerndes Geknatter ließ das ganze Schiff erzittern. Oben an Deck wurden Nieten mit Preßluft eingeschlagen. Die Arbeiter mit ihren schlangenartigen Instrumenten, von aufgeregten Fackeln beleuchtet, boten ein seltsames Bild.

Morgens brachten wir die Flaggenparade rechtzeitig und nach vorgeschriebenem Zeremoniell zustande, obwohl nicht ohne Schwierigkeit, denn der Flaggenstock achtern paßte nicht in seine Ringe, und der Kommandantenwimpel hatte sich in der Gaffel verwickelt, es brauchte viel Zeit, Mühe und Meinungsverschiedenheit, um ihn zu klarieren. Dann wuschen wir Deck und schälten Kartoffeln.

»Können Sie morsen? Können Sie winken?« fragte mich der Kommandant, als er an Bord kam.

»Ich habe es gelernt, aber das meiste vergessen«, erwiderte ich.

Wir waren alle Reservisten. Niemand verstand sein Metier noch perfekt. Ein Matrose fragte den andern verlegen, wie Buchstabe Quatsch (also Q) in der Flaggensprache oder Uli in der Winkflaggensprache hieße oder wie der Anruf beim Morsen wäre. Die Maschinistenmaate suchten nach Ventilen oder betasteten verwirrt ihre Maschine. Auch der Kommandant war unsicher. Dabei sollten wir um zwölf Uhr in See gehen. Es war noch kein Geschütz, es waren weder Ferngläser noch Kompaß noch Karten an Bord. Die Nietenarbeiter hämmerten ebenfalls weiter. Das zog sich denn auch noch mehrere Tage so hin.

Abends auf Urlaub eilte ich zu Pfeiffer in die Kaserne und besuchte bordstolz und anhänglich auch andere Bekannte. Nachts konnte ich nicht einschlafen über dem fieberhaften Nietengeknatter, und weil ich noch nicht an die Kakerlaken gewöhnt war, die in den Kojen, Spinden und Eßgeschirren wimmelten. Zudem brachte die Wolle meiner Kommißstrümpfe meine Füße zum Jucken, und das Jucken zum Kratzen und das Kratzen zur Entzündung. Ich stieg an Deck und nahm dem erfreuten Jessen die Wache von zwei bis vier Uhr ab, in welcher Zeit ich dann tausend Kilo Speck verzehrte. Am nächsten Abend übernahm Jessen dafür freiwillig meine Wache unter der Bedingung, daß ich ihm Primtabak aus der Kaserne mitbrächte.

Der stille, verträgliche Jessen gefiel mir gut. Er war ein Gutsbesitzer aus der Nähe von Flensburg und sprach leichter dänisch als deutsch. Auf »Blexen« war ihm die Funktion eines Bootsmannes zugefallen. Ich hatte die nautischen Instrumente, das Signalmaterial und die Lampen zu betreuen. Meine Hauptstütze dabei wurde ein Matrose Binneweis, der früher einmal Dienstmann und noch früher Couleurdiener gewesen war. Er suchte mir immer mit akademischen Redewendungen zu imponieren. Im Hafen, wo wir lagen, war jederzeit ein interessanter Betrieb. Auf den großen Schiffen spielte Musik, und dann lief die »Chemnitz« ein, ein großer Handelsdampfer, der jetzt durch die Rote-Kreuz-Flagge und durch einen breiten grünen Streifen um den weißen Leib als Sanitätsschiff gekennzeichnet war. Indessen wartete viel Arbeit auf uns alle. In meinem Ruderhaus lagen Wurfleinen, Lotleinen, Signalleinen wie Spaghetti durcheinander. Immer neues Zeug kam hinzu, Taljen, Raketen, Megaphone und Kisten mit Gewehr- oder Geschützmunition, letztere trugen zum Teil die Aufschrift »Für Ariadne«. Zu spät! Das Geschütz selber, eine Revolverkanone, traf endlich ein. Vier Mann hatten ihre Not, die Lafette über das schmale Laufbrett von Land an Bord zu bringen. Als ihnen aber dann mit

dem viel schwereren Geschützrohr das gleiche Manöver gar nicht gelingen wollte, ergriff plötzlich der lange Apfelbaum mit seinen riesigen Pratzen die schwere Last und trug sie ganz allein hinüber. Und dieser starke Mann hatte Angst vorm Totgeschossenwerden und drückte sich vor jeder schweren Arbeit. Er hatte sich zum Koch gemeldet, weil er an der Freßstelle saß und nebenbei einen einträglichen Handel mit Schnaps und Zigaretten betreiben konnte. Vom Kochen hatte er keine Ahnung. So schmeichlerisch er nach allen Seiten war, so durchschauten wir ihn doch bald, und einige, die besonders erbost oder auch neidisch auf ihn waren, wischten ihm gelegentlich eins aus. Es gab überhaupt bald kreuz und quer Quengeleien. Die Heizer und die Maschinistenmaate zankten sich, weil in der Maschine nichts klappte. Auch waren neue Leute zu der bisherigen Schiffsbesatzung eingetroffen, aber vorläufig wieder weggeschickt worden, weil die Grandis – (so war der Spitzname für die Zivilarbeiter) – noch keine neuen Kojen eingebaut hatten. Und als auch das besorgt war, und die Leute endlich einzogen, gab es sofort Differenzen darüber, wer die beste und wer welche Koje bekäme. Vizesteuermann Kaiser, unser Kommandant, fand in seiner freundlichen Geduld einen Ausweg, indem er uns Decksmaaten – es war ein dritter hinzugekommen, der die Artillerie leiten sollte – die Messe überließ. Dort gab es bequeme und saubere Kojen, wo einem die Kakerlaken nicht nachts ins Maul fielen. Als ich das Ruderhaus geschrubbt, alle Messingteile vom Grünspan gereinigt und sauber poliert und die Lampen getrimmt hatte, sagte mir ein Ingenieur oder Oberingenieur oder – – ach, wer kannte sich in den Werftuniformen aus. Da gab es silberne und goldene, dicke und dünne Streifen, großes Eichenlaub und kleines Eichenlaub, Achselstücke, Säbel, Dolche, Kokarden und Sterne – – da sagte mir also solch ein unbestimmbarer, aber sichtlich orientierter Herr, wir würden wahrscheinlich das eben aufgetakelte und eingerichtete Schiff wieder abtakeln und außer Dienst stellen müssen, weil ein Kessel leck wäre. Das hieße also, daß alle unsere Mühe umsonst gewesen wäre und wir wieder zurück in die Kaserne müßten. Diese Nachricht war zwar nicht verbürgt, aber sie nahm uns die Freude am weiteren Arbeiten. Wir gingen, sobald und so lange wir konnten, an Land. Dort saßen wir in den Kneipen in unserer einzigen »Garnitur blau«, die gar nicht mehr von Kohlenstaub, Rost-, Öl- und Teerflecken zu reinigen war, tranken eine billige Tasse Kaffee und versteckten dabei unsere verhornten und zerfressenen Hände. Wir hörten auf die vorbeimarschierenden Musikkapellen und ließen uns von Wichtigtuern Wahres, Halbwahres und Erlogenes einschwatzen.

Man war in Wilhelmshaven entrüstet über die Flottenleitung, weil die großen Schiffe untätig im Hafen geblieben waren, während »Ariadne«, »Mainz«, »Köln« und »Frauenlob« draußen gekämpft hatten. Man sprach davon, daß verschiedene Admirale abgehen müßten und daß der erzürnte Kaiser gestern inkognito in der Stadt gewesen sei. Es waren Massengräber ausgeworfen für die Leichen, die täglich am Nordseestrand antrieben und die nach ihrer Erkennungsmarke meist als Leute der »Köln« identifiziert wurden. – Im Osten: Sechzigtausend Russen gefangen. Wieviel Russen gab es überhaupt?

Wer von uns kein Geld mehr für Wirtshäuser hatte, der kletterte und wanderte wenigstens in den Werftanlagen herum, wo donnernde Werkstätten Massenartikel hervorhexten, wo sich dickste Eisenplatten unter leichtem Händedruck bogen oder spalteten und Riesenkräne ungeheure Lasten federleicht emporhoben. Die Trockendocks und die dort freigesetzten Schiffe mit ihren riesigen Ausmaßen, die vielartigen Drehbrücken, Poller und Trossen, das war für uns Sachverständige höchst interessant.

Ich schrieb auch meine Briefe, die der Zensur wegen vorsichtig abgefaßt werden mußten, stets an Land, denn in der Messe mangelte es an Platz und Licht, zumal Jessen abends seine Hängematte quer durch den Raum hängte.

Am Tage nach der Sedanfeier schenkte man uns die Nachricht, daß die Deutschen zehn französische Armeekorps geschlagen hätten. Aber ich war schlechter Laune. Ich hatte morgens, als ich mich wusch, ein Faß grüne Seife mit einem Faß Maschinenfett verwechselt und mich darüber geärgert, daß sich die Seife nicht auflöste, hingegen mein Körper abscheulich schmierig wurde. Dann riß mir im Ruderhaus eine Leine, und meine frisch gewaschenen Hemden und Strümpfe fielen in Ruß und Farbe. Außerdem besaß ich keinen Heller mehr, und da kam nun von Eichhörnchen ein Telegramm, in dem das goldene Mädchen anfragte, wohin sie mir Geld senden könnte, selbst aber vergaß, ihre eigene Adresse anzugeben. Den Postordonnanzen traute ich nicht. Sie waren unordentlich, und es wurden Fälle von Unterschlagungen bekannt. Ich ging mittags an Land, um mir von Pfeiffer drei Mark zu holen, die ich ihm geliehen hatte, denn ich wußte, daß er inzwischen Geld von seiner Liebsten erhalten hatte. Jedoch ich traf ihn nicht an. Er war mit noch jemandem nach dem Kirchhof geschickt, wo die Särge derjenigen Ariadneleute aufgebrochen wurden, die keine Erkennungsmarken getragen hatten. Man wollte versuchen, ihre

Persönlichkeit nach Tätowierungen und sonstigen Merkmalen festzustellen. Ich fand überhaupt keine Bekannten mehr in der Kaserne. Die letzten waren mit einem Trupp freiwilliger, lediger Leute »für eine besondere Sache« abgerückt. Es hieß, sie würden zunächst nach Berlin, und von dort in Zivilkleidern nach der Türkei befördert. Donnerwetter! Das wäre doch nun wieder etwas für mich gewesen! Ich kehrte sehr verstimmt an Bord zurück, wo ein Matrosenartillerist vor seinen angegruselten Kameraden erzählte, wie er einmal als Posten in einer dunklen Nacht auf einen Gaul geschossen hätte, den er nicht sah, sondern nur hörte, und der immer ging, wenn er ging und stehenblieb, wenn er stehenblieb. Ich schimpfte dazwischen über die schlechte Luft und über die Klosettverhältnisse an Bord und schleuderte dann meine geborstenen Zivilschuhe mit lächerlichem Krach unter die Bank. Bei dieser Gelegenheit entdeckte ich eine Kiste mit Verbandzeug, das ich gerade sehr für meine wunden Füße benötigte. Außerdem enthielt die Kiste verschiedene mir unbekannte Salben, von denen ich mir auch eine gute Verwendung versprach, denn ich gedachte, meinem bisher kahlen Gesicht einen Schnurr- und Spitzbart zuzulegen, den ich in ungarischer Husarenweise zwirbeln wollte.

Am andern Morgen erlebte ich noch eine kleine Überraschung. Weil ich mir keinen Brotbelag mehr kaufen konnte und andererseits einen Widerwillen gegen Margarine hatte, biß ich die Mariensieler Birne an. Sie war ganz ausgereift und eine köstliche Edelfrucht. Ich verzehrte sie heimlich unten in der Kettenlast, damit ich mit niemandem zu teilen brauchte.

Nachts zwölf Uhr, als ich als Posten eben eine dicke Ratte mit dem Seitengewehr aufspießte, die sich über die Laufplanke an Deck schleichen wollte, kam der Kommandant zurück. Ich übergab ihm einen Eilbrief vom Sperrkommandanten. Er bestätigte die Nachricht, daß »Blexen« zwecks Kesselreparatur in die Werft müßte, und daß die Besatzung auf »Konkurrenz« übersiedeln sollte.

»Konkurrenz« war zwar größer als »Blexen«, aber ein uralter, vielleicht der älteste Schlepper. Er hatte tags zuvor längsseits von uns festgemacht, und wir hatten über den unmodernen, verwanzten Kasten gewitzelt. Nun mußten wir uns mit sauren Gesichtern dort einrichten. Wir begannen mit einer gründlichen Reinigung des Achterlogis. Mein Dienstmannmatrose hielt mir gleich zwei Korkwesten unter die Nase, die von Wanzen strotzten. Ich warf sie ohne Kommentar über Bord.

Wir säuberten und bemalten das ganze Fahrzeug, dann kam ein neuer Befehl: »Konkurrenz« würde von anderen Leuten besetzt werden. Sobald diese aus Emden einträfen, sollten wir wieder auf »Blexen« ziehen.

[...]

Schaarhörn

Das Meer erglänzte hinten und vörn
Und links und rechts uns daneben.
Wir saßen von Wogen umbraust auf Schaarhörn
Und knobelten um das Leben.

Herr Staps gedachte der Tücke des Weins
Und flüchtete über die Leiter.
Die Wogen stiegen bis Sektion eins,
Wir aber knobelten weiter.

Es ging um die Ehre, um Kognak und Ruhm,
Es ging um Leben und Sterben.
Da war zum Schluß eine Pulle voll Schum
Im edlen Spiel zu erwerben.

Ich sah sie fallen in meine Hand
Und bin in die Knie gesunken.
Ich hab am nächsten Samstag an Land
Mich kannibalisch betrunken.

Das Gong ertönte bumbum bumbum.
Ich wankte gebrochen zum Kübel.
Mir ward auf einmal – ich weiß nicht warum –
So Mary, Hansi und übel.

In See auf »Blexen« und »Vulkan«

Nun lag unser Boot draußen verankert auf Vorposten. Ich hockte in einer schmierigen Hose und mit beschmierten Händen auf meiner Koje unter der Back und badete mein Herz in einem achtundzwanzig Seiten langen Brief von Eichhörnchen.

[...]

Dann ging ich mit dem naseweißen, schlanken Matrosen Eichmüller Deckswache. Er an Steuerbord, ich an Backbord. Wir mußten auf alle ein- oder auslaufenden Schiffe aufpassen; besonders befürchtete man feindliche Torpedoboote und Unterseeboote. Den sich nähernden Schiffen hatten wir mit vielfachen Anrufen, unter Anwendung vielfacher Apparate auf den Zahn zu fühlen. Laternen, Raketen, Blink- und sonsterlei Signale kamen in Betracht. Dabei war die Wasserfläche in weitem Umkreis, unsere Ankerkette, waren Bänke, Bojen, Strömungen, Minen, Kompaß, Wind, Schüsse von draußen und Mitteilungen anderer Schiffe zu beachten, die in gewisser Entfernung von uns lagen. Vor allem standen wir mit unserem Führerboot »Glückauf« in stetem Signalverkehr. Dort residierte der strenge Sperrkommandant ... Der Wachtdienst machte mir das meiste Vergnügen.

[...]

Tag und Nacht abwechselnd vier Stunden Dienst, vier Stunden Schlaf. Aber in die Schlafzeit fielen die Mahlzeiten, das Sichwaschen, die Zeugwäsche, das Zeugflicken, überhaupt alle privaten Angelegenheiten. Es war gerade kein einfacher Dienst. Schon was wir in bezug auf Signale und Vorschriften in kurzer Zeit beherrschen sollten, kam mehreren Sprachen gleich.

[...]

»Blexen« löste sich mit den anderen Booten ab. Waren wir heute Vorpostenboot, so lagen wir morgen als verfügbares Freiboot neben »Glückauf«, und übermorgen waren wir vielleicht inneres oder äußeres Sperrschiff.

[...]

Nachts auf Wache empfand ich dankbar, wie viel zu gut es mir erging, während mich meine Angehörigen bedauerten. In solcher Stimmung redete ich herzlich auf den ewig griesgrämigen Eichmüller ein und traktierte ihn mit Wurst und Zigaretten. Gespenstische Schatten, Torpedoboote, huschten vorbei, darauf glitt ein schmaler Silberstreifen durchs Wasser mit einem Turm.

Wir schwitzten und froren im Ölzeug am Ruder, am Lot, am Ankerspill und an den Tauen. Die im engen Maschinen- und Heizraum hatten bei dem »Blexen«-Hexentanz ebenfalls keinen leichten Stand. Manche, an der Spitze der Kommandant, waren jämmerlich seekrank. Als ich außenbords am Bug die Talje aus dem Anker hatte, weichte mich eine salzige See durch und durch ein. Da schmeckte denn mein Pfeifchen doppelt gut. An der jämmerlichen und doch komisch harmlosen, aber nun im Krieg oft wieder gefährlichen Seekrankheit hatte ich nie zu leiden. Aber Herr Kaiser zum Beispiel saß bei schwerer See völlig erledigt und apathisch in seiner Kabine, und keine Macht und keine Gefahr hätte diesen sonst so tüchtigen Seemann und pflichtgetreuen Soldaten dann an Deck bewegen können.

Gar zu gern hätte ich meine Mandoline oder ein Schachspiel an Bord gehabt. Der Maschinistenobermaat wäre mein Partner gewesen.

[...]

Die wilde »Blexen« rief mir Erinnerungen an Sturmfahrten auf ähnlichen Kauffahrteischiffen wach; besonders gedachte ich eines kleinen englischen Fischdampfers, auf dem ich als Matrose eine derbe, erlebnisreiche Zeit verlebt hatte. Jetzt galt unsere Besorgnis besonders den Ankerketten, beziehungsweise Schiffstauen. Es war schon verteufelt kalt. Ich wollte mich vor dem Winter abhärten und trug darum noch die Brust frei. Aber wenn ich so neben dem Kommandanten auf der Brücke am Telegraphen stand und durch die geöffneten Klappfenster der heulende Nordwest und von Zeit zu Zeit ein harter Schwall Wasser herein-, über uns und in meinen Hemdausschnitt drang, dann war das recht ungemütlich.

Auf den Sturm folgte Nebel, das rechte Wetter für englische Vorstöße. Wir hörten alsbald von Helgoland her heftiges Schießen. Sofort verschwand die Vorpostenkette unserer Schlachtschiffe, die bis zur Weser hin sichtbar waren. Aber sie kehrten enttäuschend bald zurück.

Ein paar Tage später gab es eine Sturmnacht, da hatte »Blexen«, von Wilhelmshaven kommend, in der Dunkelheit den Weg verfehlt und mußte schließlich, nicht wissend wo, vor Anker gehen. Wir schliefen zu Unrecht mit bösem Gewissen, aber mit Recht sehr schnell ein. Ich hatte die erste Wache. Ein Gewitter blitzte über uns. Ein Scheinwerferstrahl – vermutlich von »Glückauf« – strich über die grollende See und blieb sekundenlang auf uns haften, was auf mich wirkte, als hätte der Sperrkommandant »Aha!« gerufen. Dann verzogen sich die dunklen Wolken; Blinkfeuer und die Konturen verstreuter Schiffe wurden wahrnehmbar. Dann traten die Sterne deutlich hervor, und in Südsüdost zeigte sich ein langgeschweifter Meteor.

Schon wenige Tage danach erlebten wir vor der Geniusbank einen Sturm, der alle bisherigen an Stärke übertraf und mit dem, wie wir beobachteten, auch die größten Schiffe schwer zu ringen hatten. Wir steckten an Ketten heraus, was wir nur hatten, aber die langen Wellen strafften sie, und dann knackte es unheilvoll. Bei uns an Bord warteten drei erkrankte Matrosen, die an Land zum Arzt sollten. Sie sahen hundselend aus, aber wir konnten sie nicht loswerden; es war unmöglich, sich bei solchem Unwetter einem andern Schiff zu nähern. Wir waren alle käsebleich und ernst. Meer und Himmel schienen ein einziges, wogendes, zischendes, heulendes Grau. Immer wieder waren wir sekundenlang ganz in Wasserwirbel gehüllt. Wir hielten aus. Wir mußten ja aushalten. Wir sangen sogar auf der Brücke und auf Deckswache, obwohl unsere Lieder nicht so leicht fröhlich klangen, wie sie gedacht waren.

Als Sperrschiff hißten wir bei Tag zwei aus Rohr und Draht geflochtene Kegel, bei Nacht große, farbige Laternen. Diese wurden mit Petroleum gespeist. Und sie an Deck bei solchem Sturm und Regen anzuzünden war ein viele Schachteln Zündhölzer kostendes Kunststück und keine Arbeit für Nervöse.

Es drohte die Gefahr, daß wir auf die Bank trieben. Wir sahen ununterbrochen angestrengt nach allen Seiten aus. Tatsächlich veränderte sich, nach den wenigen Bojen, die wir peilen konnten, unsere Lage merklich. Der Obermaat meldete es dem Kommandanten. Aber dieser lag wie tot in seiner Koje. Nach einiger Zeit ging ich hinunter: »Herr Steuermann, der Anker faßt nicht. Wir treiben den Bojen zu. ›Merkur‹ und ein anderes Boot sind bereits Anker hoch westlich unter Küste gedampft.« Doch der seekranke Steuermann nahm keine Notiz von meinem Bericht, und erst, als ich ihm später ein drittes Mal dringend Meldung erstattete, erhob er sich und wankte an Deck. »Bootsmaat Hester, gehen Sie mit an den Anker!« rief er mir mißmutig zu. Wir wanden mit Mühe den Anker hoch, mußten uns dabei mit Armen und Beinen festklammern und feststemmen, um von den wuchtig herüberschlagenden Wassermassen nicht fortgespült zu werden. Das war die Stunde, da man einen Kautabak zu schätzen wußte. Unser tapferer Stüben wurde von einem Brecher gegen die Bordwand gestoßen, als er die Ankertalje außenbords einschäkeln wollte, und wäre, da der Kommandant in seiner Benommenheit bei diesem Manöver volle Kraft fuhr, weggerissen worden, wenn Jessen und ich ihn nicht im letzten Moment noch gefaßt hätten.

»Es ist ja höchste Zeit!« rief mir der Steuermann vorwurfsvoll zu. »Wir sind ja schon dicht vor der Bank!«

»Jawohl«, gab ich gekränkt zurück, »ich habe das auch gemeldet.«

Wir schimpften nun über den Sperrkommandanten, der sich gar nicht um uns zu kümmern schien. Und ohne Order von ihm zu haben, steuerten wir nun, unaufhörlich von mächtigen Brechern erschüttert, Wilhelmshaven zu. Das Wasser stand zwei Fuß hoch an Deck, und darin schwammen Korkwesten, Mützen und Suppentöpfe, rumms nach links und rumms nach rechts. Trotz Ölzeugs waren wir alle bis auf die Haut naß.

Im Fluthafen trafen wir unsere Schwesterboote an, die sich alle selbständig dorthin geflüchtet hatten. Kommandanten und Mannschaften tauschten, vergnügt, in Sicherheit zu sein, ihre Erlebnisse aus. Der Schlepper »Pegu« hatte den Anker verloren und war um Haaresbreite an den Minen vorbeigetrieben. Dem »Mars« war das Geschützpodest zertrümmert; die Kanone hing schief auf der Seite. Bei uns war der Unteroffiziersraum voll Wasser; auch die Koje des Obermaschinistenmaates war zum Aquarium verwandelt, darin sich Tassen, Löffel, Bilder und eine Weckuhr ausgetummelt hatten. Die boshaft Neidischen unter uns freuten sich darüber, denn der Obermaschinistenmaat besaß als einziger ein Federbett. Unsere Hängelampe hing nur mehr an einer Angel. Die eisernen Staken der Topplaterne pendelten in der Luft, unser Geschütz hatte sich gesenkt. Alles tropfte und troff.

Eins von den Lazarettschiffen war aufgelaufen. Im Hafen trieb eine Menge weggeschwemmter voller Bierfässer herum. Es meldeten sich Lotsen bei uns, die nach dem draußengebliebenen Führerschiff gebracht werden wollten. Die Kommandanten schlugen das lachend ab. Vorläufig aßen wir erst einmal ordentlich zu Mittag; und besprachen dabei, wie die Löwen schlingend, hübsch biergemütlich den überstandenen Äquinoktialsturm. Dem Obermaschinistenmaat waren zwei fremde Fässer Bier an den Fingern kleben geblieben, so fühlten wir uns bald für alle Strapazen reichlich entschädigt. Natürlich gab es nun Arbeit genug, das Verwüstete wieder aufzuklaren. So war mein Gewehr zum Beispiel, das ich noch vor drei Tagen gereinigt und dick mit Vaseline und Margarine eingeschmiert hatte, völlig verrostet. Nachmittags legte ich mich in nassen Kleidern in mein nasses Bett, deckte mich mit dem nassen Ölmantel zu und schlief, während von oben permanent Wasser auf mich tropfte, wie gestorben. An solches nasses Schlafen waren wir gewöhnt. Aber daß es nicht immer ohne Folgen blieb, war vielen von uns anzusehen, so dem hohlwangigen Maschinistenmaat und auch Eichmüller. Bei mir meldete sich auch sofort wieder der Husten. Im übrigen war ich aber eine lange gegerbte, zähe Haut.

Was alle Boote gefürchtet hatten, traf nur für unsere besonders kleine »Blexen« ein. Wir mußten wieder hinaus.

Da ich auf der Brücke stand, hörte ich die Gespräche zwischen Lotsen und Kommandanten, die aktueller und glaubwürdiger klangen, als das Gewäsch der Mannschaften. Danach sollte eine Granate auf »Frauenlob« mittschiffs eingedrungen sein, zwei Leute zerquetscht haben und, ohne zu explodieren, auf demselben Wege, wie sie gekommen, auch wieder herausgeflogen sein. Hm! Hm! – »Eichmüller«, sagte ich zu diesem, »merke dir: es ist viel klüger, sich mit sich selbst als sich mit andern zu unterhalten.« Mein aufgezwungener Mitwachgänger nickte stur, rülpste und sagte: »Ja.«

Es gelang uns, mittels Wurfleinen Proviantkisten und Postsäcke auf »Glückauf« zu befördern und selbst Sendungen zu übernehmen. Wir erhielten Befehl, ins Emdener Fahrwasser zu dampfen. Leicht gesagt und schwer getan. Finsternis herrschte. Durch den peitschenden Regen einerseits und die Maschinenwärme andererseits liefen die Fenster des Ruderhauses und die Kompaßscheibe immer wieder an. Auf der Brücke war es für vier Personen hinderlich eng. Loten! – Elf Meter – Volle Kraft – Stop – Rückwärts – Acht Meter – Langsam – Die Lampen anzünden! Dafür war ich verantwortlich. Es mußte schnell und nach außen nicht sichtbar geschehen. Aber diesmal ging alles schief. Das Öl brannte schlecht. Ein Glaszylinder nach dem andern ging entzwei. Der Sturm oder die überspritzenden Seen löschten das eben Entzündete wieder aus. Dann hatte ich wieder die Streichhölzer verlegt und stieß mich, im Dunkeln tappend, an einem Bolzen, und dabei trug uns das Schiff ruhelos bald himmelwärts, bald schwindelnd talab. Kommandos unterbrachen die Arbeit. Klar zum Ankern! – Fall Anker – Fünfzehn Faden Kette – Vier Meter Tiefe – Ruder zehn Grad Backbord! Auf das Landblinkfeuer zu – Mehr Steuerbord – Boje voraus! –

Endlich lagen wir gut. Ich warf mich erschöpft in einem noch etwas trockenen Winkel nieder, neben mir der Kommandant. Er gab mir noch einige dienstliche Instruktionen und schloß mit dem Seufzer: »Das ist ein Leben!« – »Ja«, antwortete ich, »und wenn der Krieg zu Ende ist, haben wir nichts vom Feind gemerkt, und man sieht uns scheel an.« »Nein, Hester«, erwiderte er, »wir haben das Unsrige –« Wahrscheinlich wollte er noch »getan« sagen, aber er schlief schon. In diesem Augenblick rief die Wache, daß wir trieben und wieder elf Meter ins Fahrwasser geraten wären. Also alle Mann an Deck, Kette einholen und Neues suchen und neue Manöver. Weil ich Mittelwache hatte, schickte mich der Kommandant zur Koje. Er duldete auch nicht, daß ich freiwillig an Deck blieb. Bevor ich mich hinlegte, schrieb ich noch bei einem Lichtschimmerchen Tagebuch. Neben mir phantasierte Jessen im Schlaf. Er hielt dänische Reden, die mir, ich weiß nicht warum, sehr deutschfeindlich vorkamen.

So fuhren wir Tag für Tag, auch sonntags und nachts, im Regen und Wind. Die Kriegsflagge an der Gaffel war zerfetzt und von Ruß geschwärzt wie die Pulverflagge. Meine Seestiefel verloren durch das künstliche Trocknen und wieder Naßwerden und wieder Trocknen ihre Fasson und waren auch nicht durch Tran mehr zu erweichen, so daß sie mir die Füße blutig scheuerten. Nachts fröstelte einem. An Land kamen wir nur selten. Unsere »Blexen« war so leck und beschädigt, daß wir die Hoffnung hegten, bald einmal zwecks Reparatur in die Werft zu kommen. Nachts im Ruderhaus war ich, allein für mich, am glücklichsten. Da konnte ich grübeln und schreiben und lesen. Ich hatte mir eine Beleuchtung konstruiert, die, von außen nicht bemerkbar, nur mein Notizbuch oder die Zeitung beleuchtete. Die Briefe, die ich schrieb, strotzten, wie ich erfuhr, von Schreibfehlern. Aber die waren auch immer in Eile und Müdigkeit geschrieben, vielleicht verdarb auch das seltsame Gemisch von Seemannssprache, Plattdeutsch und anderen Dialekten, die wir an Bord redeten, die Orthographie. Auf dem Ruderhaus lag eine rote Rakete, die auf besondere Weise zu entzünden war. Sie sollte losgelassen werden, wenn wir ein feindliches Schiff bemerkten, und sie hätte dann die ganze Küste alarmiert, die sofort in langen Strichen Schrapnellfeuer eröffnet hätte. Uns wurde nie klar, auf welche Weise dann unsere eigenen Boote von diesem Schrapnellfeuer verschont geblieben wären.

[...]

Kleine Zwischenfälle gab es immer. Durch Schuld des Lotsen rannten wir eine Dampfpinasse an, deren Wert wir auf fünfzigtausend Mark schätzten. Wir hatten mit einem Scheibenfloß Verdruß, das wir einschleppten, das aber von der Strömung unter unser Boot gerissen wurde, wobei Jessen beinahe ums Leben kam. Wir kamen so nach und nach beinahe alle einmal beinahe ums Leben.

[...]

Abends in Wilhelmshaven schossen wir wie losgelassene Eber an Land. Ich las – das tat man schon allgemein so – zwischen den Zeitungszeilen. Die »Möve« war gesunken. Reims war wieder in französischen Händen. Als ich nachts zurückkam, hatte ich gehörig einen in der Krone. Ich sprach eine hübsche Dame, die aus einem Parterrefenster schaute, so an: »Auf wen warten Sie? Sind Sie verheiratet? Haben Sie Blumen gern?«

Da inzischen Ebbe eingetreten war, lag »Blexen« jetzt so tief unter der Mole, daß ich nur mit Hilfe einer Leiter an Bord gelangen konnte, was bei meinem Zustand sehr langsam gelang. Unterwegs, also mitten auf der steilen Leiter, fiel mir ein Auftrag ein, den mir der Kommandant schon vor einer Woche erteilt und den ich immer wieder vergessen hatte. Ich sollte feststellen, ob die Matrosen Sturm und Schulz katholisch oder protestantisch wären. Ich rief nun laut den Sturm und den Schulz, und sie kamen, waren aber auch so bezecht, daß wir uns absolut nicht verstanden. Sturm meinte, er sollte das Abendmahl bekommen, und forschte immer nach dem Becher.

Nach dem Malheur mit der Dampfpinasse überstrichen wir jetzt heimlich den am Bug in goldenen Lettern prangenden Namen »Blexen« mit schwarzer Farbe, damit wir in künftigen ähnlichen Fällen uns unerkannt aus dem Staube machen könnten.

[...]

Unsere arme »Blexen« als kleinstes Schiffchen mit seinem guten, anständigen Kommandanten wurde immer als Mädchen für alles und für alle ausgenutzt. Wir wurden bei hoher Dünung von Boot zu Boot geschickt, mußten dann auf einem verankerten Scheibenfloß die Leinwand reparieren, und als wir das, mit nackten Füßen auf dem nassen Holz hin und her glitschend, mühselig erledigt hatten, geriet hinterher das Floß in unsere Schiffsschraube und wurde in Splitter und Fetzen zermahlen. Und der Steuermann holte sich auf »Glückauf« seine »dicke Zigarre«, und wir wurden – es war ein freier Sonntag – mit Zimmerleuten nach Wilhelmshaven gesandt, um ein neues Floß dort herzustellen. Zwar halfen wir uns, indem wir im Hafen ein fertiges, nagelneues, irgendwo angeschlossenes Floß mit List und Kraft stahlen, und um die Zeit der Selbstherstellung vorzutäuschen, durften wir nun sogar noch drei Stunden an Land gehen.

[...]

Das nächste Mal an Land begegnete ich unserem Heizer Tünnes und dem Koch. Letzterer war im Unterhemd, das Oberhemd hatte er verkauft. Die beiden sangen mitten auf der belebten Straße laut und betrunken »Der Papst lebt herrlich in der Welt«. Sie grüßten aber militärisch korrekt, und als ich ihnen zulächelte, kam Tünnes auf mich zu und verehrte mir seinen rheinisch-blonden Voll- und Schnurrbart, den er sich soeben hatte abnehmen lassen und eigentlich seiner Braut senden wollte. Ich lud eine Dame in ein Café ein, bekam aber den typisch Wilhelmshavener Korb. »Ich mit einem Kuli?« Als ich mit Wurstpaketen und mit der Nachricht, Antwerpen sei gefallen, wieder an der Nassau-Brücke eintraf, war mein Schiff weg. Vom andern Ufer rief mir jemand zu: »Blexen« sollte außer Dienst stellen und sei deshalb in die Werft eingelaufen. Wir bekämen ein neues Schiff. Neu war immer erfreulich.

Auf tausend Irrwegen, mit tausend Fragen, über tausend Büros, Beamte und Arbeiter entdeckte ich endlich in einem Mastenwald »Blexen« neben einem großen Seeschlepper »Vulkan«. Diesen Seeschlepper sollten wir übernehmen. Meine Kameraden waren bereits eifrig im Gange, das Inventar und unsere Privatsachen hinüberzubringen. »Vulkans« Zivilbesatzung wurde mit Fragen bestürmt. Wie läuft das Schiff? Leckt es in den Kojen? Habt Ihr Wanzen an Bord? Es war ja für uns eine bedeutungsvolle Sache, ein Schiff aufzugeben und ein neues zu beziehen. Wo werde ich schlafen, frug jeder, und jeder sah sich das Material und die Räumlichkeit für seine Sonderbestimmung an. Hier war natürlich alles besser. Hier waren drei Zylinder in der Maschine. Hier war eine Kommandobrücke und oben eine Lotsenkajüte und achtern ein großer Salon mit plüschgepolsterten Bänken, das würde unser Unteroffiziersraum werden. Daneben eine bequeme Kabine für den Steuermann, eine Pantry für den Koch, zwei Klosetts, davon eins für Munition und Segeltuch, und für mich eine Lampenkammer. Unter Deck gab es einen Raum für Trossen und schweres Takelwerk; es war sogar ein Rettungsboot vorhanden. Ja, mit diesem Schlepper würden wir getrost um Kap Horn fahren. Jeder von uns fühlte sich in ein Paradies versetzt. Wir Unteroffiziere feierten das nachts in einer Spelunke, um eine gemeinsame Braut herum, Anni, die Vulkangöttin genannt.

[...]

Noch ein letztes Mal sahen wir »Blexen«, von fremden Matrosen hinausbugsiert. Ich stellte traurige Betrachtungen an, und dabei ward mir etwas anderes klar, nämlich, daß sich alle Schiffe und alle echten Seeleute entzaubern, bevor sie in ihren Hafen zurückkehren.

An Ehemalige

Dir, der vielleicht in diesem Augenblick
In einem Unterseeboot lauernd fiebert,
Vielleicht mit solchem Fahrzeug sitzt auf Schlick,
Dir sei ein Köhm geweiht, du trauter Liebert.

Dir, der vielleicht im selbigen Moment
An einem zähen Pfefferkuchen knabbert,
Vielleicht in einer Hängematte pennt,
Dir sei ein Rum geweiht, du edler Plappert.

Auch dir, o Freund, geh' heut ein Trinkspruch zu
Aus Münsterland und über Kugelbakel,
Der du vielleicht in ungestörter Ruh'
Als Wachekommandant jetzt schläfst, Tonagel.

Füllt uns ein Glas mit Allasch bis zum Rand.
Es gilt den alten Seemann still zu feiern:
Hast du verbrannt dir deine zarte Hand,
Verbrenne dir nichts weiter, Roth aus Bayern.

Auch du sollst heut im Geiste bei uns sein –
Wir sehen dich in einer trauten Hütte
Mit einem holden Mädchen Arm in Bein
Und trinken Boonekamp zum Wohl dir, Schütte.

Doch weiter denken wir in unsrer Treu
Und bringen dir in Bier ein reichlich Großes.
Dein ganzes Leben ist wie ein Aheu,
Du unerschöpftes Duo Nitzschke-Moses.

Und weicher werden wir, und denken dein,
Der du beim Friel dereinst piratenartig
Die Kauffahrteier schrecktest.
Nur mit Nein
Seist du beprostet, wundervoller Hartig.

Das letzte Glas – Champagner – es sei dein;
Du füllst vielleicht den Bauch dir jetzt mit pommes
De terre und legst die neue Lage ein.
Ach, er war unser, dieser süße Krommes.

Etc. Wer jemals mit uns war,
Wer auf »Schaarhörn« vergnügt mit uns gesessen,
Ihm »Frohe Weihnacht« ihm:
»Ein froh Neujahr«
Und keiner derer fühle sich vergessen.

S. M. S. »Yorck«

[...]
Die Flotte war noch immer draußen. Gegen drei Uhr hörten wir lebhaftes Schießen, aber das konnte ja auch Manöver sein. Dann hieß es, ein Torpedoboot sei bei Schillig – also dort, wo »Glückauf« lag – auf unsere eigenen Minen gelaufen. Wir erhielten Befehl, sofort ein Sanitätsschiff durch die Sperre zu lotsen, konnten dann aber in dem dicken Nebel das Schiff nicht finden. Der Auftrag war ernst, es gab infolge unserer Aufregung ein Durcheinander. Dann kam uns der Befehl, langsam nach Schillig zu dampfen und nach treibenden Minen zu suchen, eventuell solche mit unserer Kanone abzuschießen. Geschütz klar. Wir fuhren los. Außer dem unten Dienst versehenden Personal stand alles an Deck, am Bug, auf der Brücke, einige in den Wanten. Wir spähten mit äußerst gespannten Augen in den Nebel. Dauernd wurde die Glocke geschlagen und in Sekundenabständen die Dampfpfeife gezogen, diese dicht hinter mir, so daß bei jedem ihrer stoßenden Töne irgendwelche Häute in meinem Kopf und in meinem Magen vibrierten.

»Da! – Drei Strich an Backbord!« War das eine Mine? – Nein, es war eine Matratze.

Tut! Tut! Kling! Kling! Kling! Von verschiedenen Seiten her erklang jetzt das Heulen von Torpedobootssirenen.

Da! – Wir fischten eine Korkweste auf. Sie war »Glückauf« gezeichnet. Bald darauf eine zweite, die gehörte zu einem Torpedoboot, vermutlich zu dem, das in die Luft geflogen war. Und nun sichteten wir viele schwimmende Korkwesten und Hängematten und ein Buch und Balken und Matratzen. Und das Wasser war von nun an mit einer Ölschicht bedeckt. Wir suchten diese Gegend ab, holten eine Mütze heraus, die ich an mich nahm und die die Inschrift »S. M. S. Yorck« trug. »Yorck«? »Yorck« war ein großer Kreuzer. Aber Matrosen trugen manchmal noch ihre früheren oder geliehene Mützenbänder. Bald fischten wir weitere Mützen heraus, auf allen stand »Yorck«. Sollte »Yorck« verunglückt sein, das Schiff, auf das ich einmal kommen sollte und damals zu meinem Schmerz nicht kam?

Wir spähten und lauschten und verloren im Nebel die Orientierung, waren selbst in Minengefahr. Endlich tauchte »Glückauf« aus dem Nebel. Zwei Fahrzeuge und Beiboote lagen an seiner Seite. In einem Peilboot sahen wir Menschen an Deck, die nur mit Unterzeug bekleidet oder in Decken gehüllt waren, Gerettete. Wir fuhren längsseits von »Merkur«, auf dessen Deck es von Geretteten wimmelte. Die erzählten uns, die »Yorck« sei um zehn Uhr mit dem Bug auf eine Mine und unmittelbar danach mit dem Heck auf eine zweite Mine gestoßen, habe sich sofort auf die Seite gelegt und darauf ganz umgedreht, kieloberst. Die Matrosen waren gerade klar zum Ankern gewesen, so war es einem Teil gelungen, gegen die Wendung des Schiffes kletternd, sich auf die Kielfläche zu retten, die aus dem Wasser herausragte.

»Merkur« und »Saturn« hatten eine Menge Lebende, Verwundete und Tote aus dem Wasser gezogen. So war auch der Kommandant gerettet, dem es wohl sehr übel zumut sein mochte, zumal er – so erzählte man mir – schon einmal bei Helgoland ein Torpedoboot in Grund gefahren hatte. Auch der erste Offizier war gerettet. Ich sah ihn mit verbundener Hand an Deck stehen, ein jüngerer Offizier machte ihm die Hosenklappe zu.

Die Besatzung der »Yorck« betrug neunhundert Mann. Davon waren schätzungsweise fünfhundert tot – oder –

Bald sahen wir das Wrack aus dem Nebel tauchen, ein gigantischer roter Walfischrücken, auf dem Leute von »Glückauf« und anderen Fahrzeugen kletterten. Die wollten Sprengstoff anbringen, ein Loch in den Rumpf sprengen, in dessen Innern vielleicht trotz der Gase, der Hitze, der Dämpfe und Brände noch Menschen lebten.

»Glückauf« hatte seine Flagge auf Halbmast gesetzt. Spät abends traf eine Werftbarkasse ein mit ernsten graubärtigen Zivilarbeitern, die sich Korkwesten angelegt hatten und Bergungsgeräte, Schneidemaschinen usw. mitbrachten. »Vulkan« sollte diese Barkasse nach dem Wrack oder doch möglichst in dessen Nähe bringen. Das war nicht ungefährlich, da unser Boot zirka dreieinhalb Meter Tiefgang hatte. »Klarmachen zum Sterben!« rief Tünnes. Aber einige von uns benahmen sich wirklich sehr furchtsam. Obermaat Eibel hielt sich vorsichtig nur auf dem Hinterdeck auf.

Sämtliche herbeigeeilten Kriegsschiffe richteten ihre Scheinwerfer auf das Wrack, das sich in dieser Beleuchtung seltsam romantisch von der Dunkelheit abhob. Über der Gruppe von Arbeitern und Matrosen, die am Kiel arbeiteten, stand ein Lichtgebilde, das einem Regenbogen ähnelte, und die Boote, die von und nach dem Wrack verkehrten, gerieten bald in tiefste Schatten, bald in grellste Helle. In einem dieser Boote saß ein Admiral, daneben der Kommandant der »Yorck«, ein bleicher, verstörter Mann, der unser aller Mitleid erregte. Ein anderes Boot schaffte einen bewußtlosen Mann weg. Der war nicht etwa aus dem Rumpf herausgeholt, wie wir erst dachten, sondern es war ein Arbeiter, der nur einmal hineingeschaut hatte.

»Vulkan« wurde spät noch ausgeschickt, um ein Unterseeboot anzuhalten und dieses aufzufordern, seine Erkennungssignale zu geben. Der Kommandant des Unterseebootes fluchte nicht schlecht über unsre grünschnablige Nußschale, feuerte aber doch die verlangten bunten Raketen ab. Da wir dann gleich weiter, auf Position, fuhren, ergaben sich für mich achtzehn Stunden ununterbrochenen Dienstes. –

Während ich an Land Proviant holte, fischte »Vulkan« eine Leiche auf, einen alten verheirateten Matrosen. Er hatte eine Korkweste um, konnte also nicht ertrunken sein, sondern war vermutlich in dem kalten Wasser erfroren. Weil er bei der hohen Dünung nicht ins Boot zu bringen war, befestigte man eine Wurfleine an seinen Armen und schleppte ihn so nach »Luci Wrede«. Er lag dabei auf dem Bauch, und durch die Fahrtwelle sträubte sich sein Haar, was sehr gruslig aussah. Auch andere Boote bargen in den nächsten Tagen noch Leichen, die mit Ebbe und Flut hin und her wanderten. Ein einlaufendes Kriegsschiff gab uns den Winkspruch: »Südlich von den Minen treiben Leichen.«

Allerwärts an Land wie an Bord war der »Yorck«-Unfall Tagesgespräch. Ich hörte viele Schilderungen von Einzelheiten. Ein Obermaat suchte einen Mann zu retten, da sackte dieser mit dem Rufe »Jesus Maria, mein armes Weib!« ab. Ein Deckoffizier, den man aus dem Wasser ziehen wollte, rief abwehrend: »Nein, erst meine Kameraden, ich schwimme gut!«

Am meisten wurde jedoch die Frage debattiert: Wer trägt die Schuld an dem Unglück und wer die Verantwortung? Der Kommandant? Der Lotse? Der erste Offizier?

Am sechsten Oktober stiegen Taucher in das Wrack, konnten aber zunächst nur Munition und einige Gerätschaften bergen. Auch Minensucher waren an der Stelle tätig. Auf »Glückauf« herrschte von Mittag an bis tief in die Nacht wildes Hallo. Dort wurde mit Musik, Gesang und donnernden Reden der Geburtstag des Kommandanten von »Franz« gefeiert. Die lärmende Fröhlichkeit der Offiziere in nächster Nähe des traurigen Wracks, das noch so viele Leichen, vielleicht noch gar abgesperrte Lebende enthielt, erregte unter den Mannschaften tiefe Entrüstung.

[...]

Aufgebung

Ich lasse das Schicksal los.
Es wiegt tausend Milliarden Pfund;
Die zwinge ich doch nicht, ich armer Hund.

Wie's rutscht, wie's fällt,
Wie's trifft – so warte ich hier. –
Wer weiß denn vorher, wie ein zerknittertes Zeitungspapier
Weggeworfen im Wind sich verhält?

Wenn ich noch dem oder jener (zum Beispiel dir)
Eine Freude bereite,
Was will es dann heißen: »Er starb im Dreck«? –
Ich werfe das Schicksal nicht weg.
Es prellt mich beiseite.

Ich poche darauf: Ich war manchmal gut.
Weil ich sekundenlang redlich gewesen bin. –
Ich öffne die Hände. Nun saust das Schicksal dahin.
Ach, mir ist ungeheuer bange zumut.

Die zur See

»Ruhe da! Nicht einsteigen, bevor der Zug hält!« befahl der führende Deckoffizier. Und gleich darauf, ehe noch die einlaufende Eisenbahn zum Stehen gebracht war, hing die blaue Reihe von Matrosen und Maaten laut schreiend an den Coupétüren.

Mich, sowie vier andere Seeleute, lud ein gönnerischer Zufall in ein Frauenabteil zweiter Klasse. Eine alte Dame in Trauerkleidung blickte unserem Einfall mit merkbar zwiespältigem Interesse entgegen. Ihre ehrwürdige Erscheinung goß Eiswasser auf unseren Übermut, indes wir erholten uns bald wieder, bis auf den Matrosen Strohsahl; der blieb stumm. Mehrmals streichelte er ungläubig lächelnd das grüne Plüschpolster, bevor er sich vorsichtig darauf niederließ; dann verharrte er mit eingezogenem Kopf, die Hände symmetrisch auf die Knie gelegt, unbeweglich; nur seine Blicke glitten nimmermüde über den unerhörten Luxus von Mechanik zu Mechanik.

Hein Pänk hatte sein riesiges Fleischgewicht zu der weißhaarigen Dame gesetzt, das heißt: auf derselben Bank, worauf sie am Fenster saß, lehnte er nun in der entgegengesetzten Ecke, und als der Zug wieder in Bewegung geriet, als aus den rädergetragenen Zellen ein tosendes Seemannslied mit eins aufstieg, hing Hein Pänks runder, gesunder Kopf bereits schlummernd über dem Eisernen Kreuz auf seiner Brust.

Ich ließ ein Fenster herab, um mir noch einmal das Bild der leidigen Kasernenstadt einzuprägen. Nach einiger Zeit bat mich die Dame mit weicher, gütevoller Stimme, das Fenster der kalten Zugluft wegen zu schließen. Signalgast Ohlensteevel, der ihr gegenüber saß, holte seine zerkaute Shagpfeife hervor und fing an, dicke Tabakwolken kräftigst auszublasen, welche die gefälligen Rauchringe meiner Zigarette verschlangen. Er starrte ebenso neugierig als beharrlich auf das blasse Frauenantlitz. Mir entging nicht, wie die Dame unter diesen Blicken litt und, wohl um diese abzulenken, ein Gespräch einleitete. »Sie fahren gewiß auf Urlaub?« fragte sie teilnahmsvoll.

Ohlensteevel lachte gell auf. Es ist mir nicht möglich, seine Antwort getreu wiederzugeben, schon weil sie in einem unnachahmlichen Plattdeutsch vorgetragen wurde, aber ungefähr sagte er: »Ja, Spuke von wegen Urlaub! Wir gehen auf ein Himmelfahrtsschiff.«

Ein Maschinistenmaat neben mir, der emsig dem Auskratzen seiner platten Fingernägel oblag, verbesserte die Auskunft: »Wir gehören zur Minenabteilung und sollen in der Nordsee Minen suchen und Minen legen.«

Die alte Dame bewegte schaudernd ihr Haupt. »Minen legen, wie schrecklich! Das ist doch sicher sehr gefährlich?«

»Furchtbar gefährlich«, platzte Ohlensteevel heraus, indem er sein Gesicht in ernste Falten verzog. Die alte Dame seufzte tief. »Ja, ja, eine grausige Zeit, dieses 1914/15. Bedenken Sie einmal: Ich bin nun eine alte Frau und seit sieben Jahren Witwe – –«

»Oha«, nickte Ohlensteevel grinsend, »also Mann über Bord.«

Die Trauernde vollendete nicht, was sie hatte sagen wollen, sondern seufzte nochmals, lehnte sich sodann müde ins Eckpolster zurück und schloß die Augen. In diesem Moment schlug die Toilettentür von innen auf und warf in unsere Stille einen Aufruhr von Harmonikatönen. Ein Kamerad aus dem Nachbarcoupé erschien, uns zu besuchen und musikalisch zu bewirten.

Es war ein ungewöhnlich schöner Bursche, geschmeidig, verwegen, geradeausblickend und – einer von den Menschen, denen man unermüdlich zuschauen könnte, weil sie sich jederzeit mit ungezwungener Zweckmäßigkeit und darum wohlgefällig, schön bewegen. In der Division fürchtete oder kannte man ihn als einen vielbestraften, tollkühnen Matrosen, der sich aus einer schlimmen Vergangenheit zur See geflüchtet haben sollte. Seine Sprache klang rauh und roh.

Dieser Mann hub auf meine Bitte hin ohne Umschweife

ein bestimmtes Volkslied zu spielen und zu singen an, mit einer Hingabe, welche der Sentimentalität des Liedes alles Lächerliche entzog.

... Hörst du nicht der Wellen Tosen?
Ihr Gebrause macht mir Schmerz.
Die Gesänge der Matrosen
Die zerreißen mir das Herz ...

Ich glaube, unser aller Augen hingen mit etwas weniger als Liebe und etwas mehr als Wohlgefallen an den seinen, die schwarz und glänzend waren wie sein Haar. Und weiterspielend, nun aber nicht mehr dazu singend, sondern gleichsam spöttisch pfeifend, verließ er uns jedoch unversehens wieder, auf demselben Wege, den er gekommen war. Alles an diesem Burschen übte einen unaussprechlichen Eindruck auf mich aus, selbst sein Name. Er hieß Wegerich.

Indem nun seine Musik hinter der geheimen Tür verhallte, ward in unserem Frauengemach ein weitausholendes Schnarchen auffällig. Hein Pänk röchelte so, klaffenden Mundes. Sein Oberkörper hatte sich auf der Bank zur Seite geneigt, derart, daß die abgeschliffenste Fläche von Hein Pänks Uniform prall der Witwe zugekehrt wurde. Sie schien das nicht zu bemerken, hingegen mit stillem Vergnügen den Signalgast zu beobachten, der sich angelegentlich damit beschäftigte, aus einem Wust von Zeitungspapieren, der auf seinem Schoße balancierte, die erstaunlichsten Eßwaren herauszuschälen: Brot, Käse, Gurke, Räucherfisch. Das Rütteln des Zuges erschwerte diese Arbeit, Ohlensteevel geriet des öfteren mit seinen granitnen Fingern tief in die Leberwurst, wußte sich indes immer wieder gelegentlich an der Unterkante des grünen Plüschpolsters zu säubern.

Draußen flog derweilen links und rechts unaufhörlich neue Welt an uns vorbei; Wiesen und Flüsse, Brücken und Städtchen, auf die wir herabsahen – Wälder, Dörfer und Landstraßen mit Spaziergängern, die uns frohe Zeichen gaben – Stadtplätze, wo unsertwegen für Augenblicke der Verkehr stockte – zwischen sauber weißen Gardinen Frauen im

Morgengewande, die sich unseren ohnmächtigen Blicken dreist und lüstern hingaben – ich sah aus einem Dachauge, welches zu eng war, um einen menschlichen Kopf durchzulassen, zwei Kinderhände winken. Denn überall, für Sekunden, waren wir erwünscht, begehrt, geliebt, willkommen, bewundert, gefeiert, waren wir Helden. Und die Hunderte von Köpfen, welche unser rasselnder Transportzug herausstreckte, schrien und sangen, schrien noch lauter, wenn ein schönes Mädchen vor einem Stalltor ihnen zulächelte, grölten höllisch, wenn ein begegnender Zug ebenso lärmende, feldgraue Kameraden von der Armee donnernd vorüberriß. Und die Bänder der blauen Mützen flappten gegen heißrote Backen.

Abermals, und vermutlich wieder aus Verlegenheitsgründen, hatte sich eine Unterhaltung zwischen unserer Dame und ihrem Gegenüber entwickelt. »Wie sieht denn eigentlich solche Mine aus, und wie funktioniert sie?«

»Ja – a – a – nun –«, erwiderte Ohlensteevel und verschlang ein Stück Gurke, größer als eine Zündholzschachtel, um Zeit zu gewinnen. Solchem Bestreben kam noch zu Hilfe, daß Hein Pänk plötzlich von einem Hustenanfall erschüttert ward, der die verblüffende Wirkung hatte, einen ansehnlichen Bolzen Kautabak aus dem Munde des Schläfers zu befördern, ohne daß dieser darüber erwachte. Nein, er drehte sich noch stärker sägend auf die andere Seite und zog sogar die Füße auf die Bank, so daß das Trauergewand bedroht wurde.

»Eine Mine –«, setzte Ohlensteevel langsam, ernst ein; er beugte sich dabei ganz nahe zu der Dame hin, etwa so, wie man in ein Telephon spricht, auch vergaß er nicht, geräuschvoll weiterzuspeisen. »Eine Mine ist ungefähr so groß, wie ein Haus, und sie ist durch und durch mit Pulver gefüllt, und oben sieht sie aus wie eine Insel; da ist sie nämlich wie ein Gebirge geformt und grün angestrichen, und es sind auch richtige Blumen und Palmen dran angebracht. Na, und dann wird sie irgendwo im Meer verankert, und dann fährt das Schiff wieder weg, und nur ein Mann bleibt auf der Insel zurück, wo keine Insel ist, und der ist aber als englischer Matrose verkleidet.«

Gespannt hörte die Dame zu. Strohsahl und ich blickten angestrengt durchs Fenster. Der Maschinistenmaat floh, das halbe Taschentuch im Munde, ins Nebencoupé. Ohlensteevel fuhr langsam, ernst und immer kauend und schlingend in seiner Schilderung fort: »Na, dann kommt meinetwegen ein englisches Schiff und sieht die Insel und denkt, es hat sich verirrt, und kommt näher, und der Matrose winkt und ruft dann hinüber, er habe Schiffbruch erlitten und sich auf die Insel gerettet, und man soll ihn doch an Bord nehmen. Selbstverständlich kommt das Schiff nun heran, weil es sich eben um einen englischen Soldaten handelt. Na, und in demselben Augenblick, wo das Schiff an der Insel anlegt, schlägt der verkleidete Matrose mit einem Hammer mit aller Kraft auf die Pulverinsel, und die ganze Insel mit samt das Schiff fliegt in die – –«

Die alte Dame schrak zusammen. »Aber mein Gott, dann ist ja auch der Matrose – –«

Jetzt hielt es der Signalgast selbst nicht länger aus. Seine Lippen platzten unter einem schmetternden Lachen auseinander und sandten der schwarzen Dame einen Sprudel von feuchten Speisekrümeln ins Antlitz. – Ein Kampf zwischen Mitleid und Lachmuskeln verursachte mir Pein. Ich wagte meinen Kameraden gegenüber energischen Protest, zumal Hein Pänk jetzt im Schlafe mit der bedauernswerten Frau wie mit einem überhitzten Bettwärmer verfuhr.

Ich sprach zu ihr, aber sie traute wohl meiner unmaritimen Redeweise nicht recht, denn ihr Lächeln war und blieb vorwurfsvoll und bat um Schonung. Übrigens verabschiedete sich die Dame bald, als wieder einmal der Zug hielt. Wir halfen ihr eifrigst beim Aussteigen. Ohlensteevel hob die zierliche Figur leicht und behutsam wie eine Porzellanterrine aus dem Coupé, und Strohsahl reichte ihr – – – wollte ihr einen Handkoffer herausreichen; es geschah ohne Absicht, daß ihm der Koffer entglitt, weshalb der Maschinistenmaat, um ihn wieder herbeizuschaffen, auf allen vieren unter den Wagen kriechen mußte.

»Alles einsteigen!« – Pfiff – Schwaps; die Tür schlug zu; wir waren unter uns.

»Hu, das war ganz was Vornehmes«, sagte Strohsahl aufatmend.

Der Maschinistenmaat zuckte die Achseln. »Sie sah aus wie ein Ferngefecht an Backbord.«

»Nein«, meinte Ohlensteevel, »wie eine Kohlenschute am Ostersonntag.«

»Ohlensteevel«, rief ich, »du verrotteter Saufisch, wenn die Alte eine Admiralsgroßmutter gewesen ist, wird sie dich hoffentlich für vierzehn dicke Tage in den Tank bringen.«

Ohlensteevel und Strohsahl (beide und auch Wegerich starben zehn Tage später – den Heldentod fürs Vaterland) warfen sich jetzt über Hein Pänk und weckten den mit Püffen und Geschrei. Später wurden die Fenster herabgestoßen. Wir sahen hinaus auf die sonnigen, wechselnden Landschaften. Feldarbeiten – eine Luftschiffhalle – Schulkinder, uns zujubelnd – eine Fabrik, alle Fenster dicht mit Gesichtern besetzt – eine Arbeiterfrau, die ihr Jüngstes hochhob – in einem wohlgepflegten Garten ein stattlicher, weißhaariger Herr, der tief den Hut vor uns zog – wehende Taschentücher –.

»Wenn wir so vorbeisausen«, miaute Hein Pänk gähnend, »sind alle Leute freundlich zu uns, und in der Garnision lassen sie unsereinen ganz außenbords liegen und tun, als ob wir giftig wären.«

[...]

Einem Kleingiftigen

Vielleicht, daß ein Unverstandenes
Oder ein gar nicht Vorhandenes
Dich verdroß.
Und nun möchtest du heimlich erschießen
Und noch den Schrei genießen:
»Das war Tells Geschoß!«

Aber ein Pup ist kein Blitz.
Du mußt dich schon anders entladen.
Du mußt deinen eigenen Schaden
Riskieren und Mut verraten
Oder wenigstens Witz.

War's aber eine erkannte, bestimmte
Angelegenheit, die dich ergrimmte,
Etwa was Ungerechtes – – –
Ach, wieviel Schlechtes
Tatest du?!
Und klapptest stillschweigend den Deckel zu.

Hau doch in den Kartoffelsalat,
Daß die Sauce spritzt.
Das ist ein schlechter Soldat,
Der Blut erträumt
Und Rache schwitzt
Und vor Wut schäumt
Und dabei auf dem Lokus sitzt.

Oder leg deinen Zorn, wenn du willst,
Als etwas Echtes, wenn auch nicht Stubenreines,
An deine eigene Brust, daß du ihn stillst
Wie eine Mutter ihr Kleines.

Nach eines Jahrmarkts letzter Nacht
Ist in wenigen Stunden
Eine ganze Stadt voll blendender Zauberpracht
Kläglich verschwunden.

»Nein, zur Abwechslung«, erwiderte der Stückmeister, »du solltest eine Seemannskneipe kennenlernen. Ich dachte ein paar schwerhinwandelnde, tolle Janmaate anzutreffen, deren Gesichtshaut in Sonne, Salz und Wind zu Krokodilsleder verschrumpft ist, *old sailors*, die durch zwei, drei Jahrzehnte *round the world* gegangen sind.«

Die Dame mit den fünf Leberfleckchen am Halse unterbrach den Deckoffizier: »Es fehlte dir außerdem heute an Geld. Du glaubtest in diesem Wirtshaus billiger davonzukommen als in den noblen Cafés, wo wir bisher unsere gemeinsamen Abende verbrachten. Ei, Rolf, dein Erröten in diesem Augenblicke mag *cum grano salis* gelten. – Nun erklärt sich mir auch, weshalb du so mißmutig dreinschaust.«

»Ja, auch das war einer von meinen Gründen. Aber vor allem bin ich durch diese schäbige Kneipe enttäuscht und vor dir beschämt. Ich hatte gebeten, du möchtest heute abend Tabakrauch, Schnapsgeruch, Lärm und unanständige Lieder mit in den Kauf nehmen, um einmal in das naiv rohe, grotesk verbildete, hausbacken kosmopolitische Leben der Seefahrer zu horchen. Doch nun ist weder vom einen noch vom andern etwas zu spüren. Denn diesen Mehlsäcken dort am Tisch muß das Maul vernäht sein; sie glotzen uns an, als wären wir aus Himbeersaft geschnitzt. – Komm, mein Liebling, laß uns weiterziehen.«

»Nein, Rolf, mir gefallen deine Mariner. Es sind imposante oder amüsierende Männer dazwischen, zum Beispiel der griesgrämige Alte, dessen Glatze wie Afrika aussieht. – Welche schöne Kraft spricht aus ihren Händen, welche Einfachheit der Seele aus ihren Tätowierungen.«

Acht Matrosen und Heizer lümmelten sich am großen Kreistisch. Einige meinten ihrer salopp gehaltenen, schmutzigen Dienstuniform gemäß eine herausfordernd ordinäre Miene aufsetzen zu müssen. Andere, im Urlaubsanzug, mit jener gewissenhaften Regelmäßigkeit gekleidet und frisiert, welche die Bauern des Sonntags beobachten, vergaßen ihre

Blicke zurückzuziehen, die sie an den Stückmeister und die zierliche, vornehme Dame gehängt hatten.

Beinahe störend selten und dann im Flüsterton fiel eine Bemerkung, und einige simple Übungen in partieller Selbstreinigung vollzogen sich geräuschlos. Dem Bier ward so verzögert und mäßig zugesprochen, daß die dicke Wirtin, die nicht minder schläfrig hinterm Büfett Gläser spülte, vorwurfsgrimmige Blicke auf die Blauen entsandte, was denn, allerdings aus abweichenden Ursachen, auch Herr Bindebein tat. Eine unter der Decke pendelnde Fischmißgeburt erbrach aus gräßlichem Rachen ein trauriges Licht in die Wirtsstube, wo kein Gegenstand, weder die Möbel, die Tapete oder die Ziehharmonika noch die ausgestopften Vögel und Pelztiere an den Wänden, sich zu einer bestimmbaren Farbe bekannten. Und weil die Mißgeburt sich wie ebenfalls gelangweilt hin und her drehte, blieben alle Schatten in nervöser Unruhe. Über der Tür prangte in einem Glaskasten eine stattliche Viermastbark, bis in die niedlichsten Details ausgearbeitet und freundlich bemalt; die getönte Rückwand des Kastens gab ihr den Hintergrund, einen kobaltblauen Himmel.

»Fische auf dem Trocknen«, murmelte Herr Bindebein verdrossen, und dann fuhr er laut zu seiner Braut fort: »Der Seemann an Land, wenn er sich nicht unter seinesgleichen weiß, blamiert sich immer. Ungeschickt, unmanierlich, zügellos, brutal benimmt er sich, verlogen, läppisch oder schamlos.«

»Aber seine harten und einsamen Pflichten auf dem Meere«, entgegnete Muky warm, »heischen viel Vergeben.«

»Wache um Wache. Arbeit, Essen, Schlaf; freilich solche Monotonie läßt vertieren.«

»Rolf, erzähltest du mir nicht aus deinen Seefahrtsjahren von den ungewöhnlichsten, Mut und Geistesgegenwart fordernden Erlebnissen, von mannigfachen Momenten, da sich einem das Herz zusammenschnüre, und von langewährenden, frostigen, nüchternen Gefahren? Du sprachst von zusammenstürzenden und emporstoßenden Wassergebirgen, vom Tanz auf einer pfeilschnell abrollenden, donnernden Ankerkette. Und diese weit zurückgelegenen Jahre hast du wie Begebenheiten und Zustände von tags zuvor geschildert mit der fortreißenden Kraft tiefsten Ergriffenseins.«

»Es ist wahr, Muky«, der Stückmeister legte seine Hand auf ihr Knie, »diese Zeiten rührten mein Innerstes auf. Nun hat mich der Krieg aus dem stilleren Beamtenstand unversehens (und, gebe Gott, für nicht mehr allzulange Dauer) wieder in ein Stück Seemannstum gesetzt. Aber es hätte nicht erst dessen bedurft, um mich immer von neuem dankbar empfinden zu lassen, daß ich der Nachtwachen in vereisten Mastkörben ledig bin und der Streitigkeiten mit zehn, fünfzehn einzigen, niedrigen, beschränktesten Seelen, inmitten der chaotischen Trostlosigkeit der Hochsee. Wenn mich jemals schlimme Träume foltern, so vollzieht sich das nie anders, als daß sie mich entweder in meine Schulzeit oder eben in jene Jahre der Seefahrt einsperren.« –

Neue Gäste, ebenfalls Mariner, traten auf. Herr Bindebein erklärte ihre Charge, ihre Funktion. »Der aufgedunsene Matrose ist ein Taucher.« Ferner: ein Koch von einem Torpedoboot und ein aktiver Funker, der sich bei der Flotte einen Tropenkoller angelegt hat. Diese Neuen blieben zur gegenseitigen Bequemlichkeit vor der Wirtin, am Schanktisch, stehen. Dort versuchten sie mit ihrer noch gelinden Bezechtheit zu theatern. Der Funker gab so laut, als gälte es gegen einen Taifun anzusprechen, die Erinnerung zum besten, wie er einmal im Rausch zwei Tuben verwechselt und sich die Zähne mit Sardellenbutter anstatt mit Pebecco geputzt habe. Der Taucher trat überzeugender als Freßvirtuose auf; er verzehrte fünf Neunaugen mit Haut und Haar und verschluckte, als ihm solches Beifall einbrachte, noch obendrein Bindfaden und Zündhölzer. Im Vorübergehen hatte nur der Funker vor dem Deckoffizier salutiert. Diesem entging es nicht, wie seine Braut durch solche Ehrenbezeugung für den jungen Mann eingenommen wurde, und er äußerte lächelnd: »In dem steckt vermutlich ein anständiger Mensch, ein guter Soldat und ein schlechter Seemann. Denn die echtesten Kauffahrteier, jene, die mit einem Prim zur Koje gehen und ein Lot Petroleum nicht aus der Suppe herausschmecken, die nehmen es mit dem Militärischen nicht so genau, und man sieht's ihnen nach. Die Vielseitigkeit des Schiffsdienstes und die Verantwortlichkeit des einzelnen dabei bringen es mit sich, daß auf See oft der Soldat hinter den Seemann zurücktritt, zuweilen sogar über diesem in Vergessenheit gerät.« –

Ein stolzes Schiff am Bollwerk lag.
Ein junger Matrose zum Mädchen sprach:
»Ei, wohin denn du stolze Kleine?
Du sollst heute nacht meine Beischläferin sein,
Denn ich schlafe so ganz alleine.«

»Deine Beischläferin sein, das kann ich nicht.
Meine Mutter hat mich ausgeschickt.
Einen Taler hat sie mir gegeben,
Ich soll einkaufen, was zum Haushalt nötig ist,
Und soll gleich wiederkehren.«

Er nahm das Mädchen an seiner Hand
Und führte sie an des Schiffes Rand.
Und sie schliefen so fröhlich beisammen,
Bis daß der helle Tag anbrach,
Und der Steuermann kam gegangen.

Auf, auf Matrosen! Der Wind steht gut ...

Die am Schanktisch brüllten das Lied. Am großen Tisch fiel ein Matrose ein, dem die halbe Nase fehlte. Herr Bindebein zog die Uhr. »Wollen wir nicht aufbrechen?«

Die Dame mit den Leberfleckchen griff, statt zu antworten, stumm fragend nach einer goldenen Kugel, die mit ebensolcher Schnur an die Uhrkette geknüpft war.

»Ein Talisman. Kapitän Ramox schenkte ihn mir. Er sagte: Wenn ich einmal im tiefsten Herzbunker einen Wunsch hätte, dann möchte ich nur dies Appendix über Stag gehen lassen, d.h. beseitigen, und mein Wunsch werde sich alsbald erfüllen.« Herr Bindebein zerlegte die Kugel mittels einer fein versteckten Mechanik in mehrere kantige Glieder, deren jedes zierlich gravierte, hermetische Zeichen aufwies. »Ramox war ein abergläubiger, ostfriesischer Schipper, rotbärtig und sparsam, auf dem Wasser zu Hause, gottesfürchtig und fluchte wie zwanzig Spanier mal dreißig Türken. Aber ein ganzer Kerl. Und solche Kerle, Muky, mögen auch unter diesen stumpfen und stieren Burschen sein, es käme nur darauf an, sie herauszulocken. Oh, man muß sie belauschen, wenn sie günstig beisammen sind und von ihren Reisen berichten. Dann wachsen die Palmen vor einem aus der Tischplatte, und man hört den Mississippi rauschen. Erzitternd sieht man den nächtlichen Umrissen eines treibenden Eisberges entgegen, oder man klammert sich unwillkürlich, fiebernd an die Unterkanten des Stuhles, über der Schilderung eines exotischen Nackttanzes. Da man doch zur gleichen Zeit über die komischsten Prellereien, Prügelszenen und Schmuggelgeschichten, noch mehr über die Art und Weise, wie sie vorgetragen werden, herzlich lacht.«

Muky strich mit den Fingern durch Rolfs Haar. »Ein wenig hängst du noch an dem, was Seefahrt heißt und angeht?«

»Ja! Manchmal packt mich eine feuchte Sehnsucht; so, wenn ich ein Seilergeschäft betrete und auf einmal den Duft von Hanf, Manila oder Braunteer einatme. – Hallo, noch zwei Grog, Frau Wirtin!« –

Mittlerweile waren auch die Leute am Kreistisch in ein beständiges, allerdings sehr unerquickliches Gespräch gekommen, das alle Übelstände des Krieges herauszerrte und kleinlich beleuchtete, über gesteigerte Lebensmittelpreise, über Tote, Verwundete und Vermißte klagte, ohne den gewaltigen deutschen Erfolgen gerecht zu werden. Nun waren Rolf und seine Braut in die Rolle der schweigsamen Zuhörer verfallen. – Krieg – Krieg –. Und nimmer Friede.

Der widerliche Geruch des Grogs verbreitete sich. Die Tabaksschwaden blieben wenig über Mannshöhe in der Luft stehen.

Es gingen Gäste, und neue traten ein, darunter auch Zivilisten, Werftarbeiter, deren einer die Neuigkeit verteilte: Simon Fels sei gestorben. Muky wollte ihren zusehends in Mißlaune zurücksinkenden Bräutigam zerstreuen. Sie sagte: »Simon Fels war der Werftdirektor. Eine jener genialen, rührigen und zielbewußt rücksichtslosen Naturen, die in irgendein Unternehmen gesetzt, ganz gleich, ob es ein Restaurant, eine Fabrik oder ein Staatswesen sei, unfehlbar eines Tages an die Spitze gelangen und von da ab das Unternehmen emporbringen. Just so, wie ein Stein, den man an einem Band befestigt und mit diesem zusammen in die Luft wirft, alsbald das in seine leitende Gewalt bringen und weiterführen wird. Dieser Fels fing als Kesselklopfer an und zuletzt – –«

»O ich kenne Simon Felsens Werdegang. Seine Verdienste in diesem Kriege wird man schwerlich überschätzen.« Nach einer Weile fügte Herr Bindebein ohne aufzusehen hinzu: »Ich kann mir sein Ende vorstellen. In einem Lehnstuhl, in einem sehr hohen, mit Panzerschiffsmodellen und prächtigen Palmen schwer und vornehm geschmückten Saal – – und die Familie sowie einige feierlich gekleidete Herrn sind versammelt. Im letzten Kampf, als dem fiebernden Greis schon die Sprache schwindet, richtet er sich auf und bewegt die Arme, als ob er mit gewaltigen Händen etwas formen, etwas Kolossales, Massiges zusammenballen wolle. Dann kommt noch ein letztes Stammeln von seinen Lippen: ›Eisen – – viel Eisen.‹ Und das letzte Bulletin geht in die Welt. – – Muky, das ist das große Sterben.« Wieder blieb der Stückmeister eine Weile sinnend.

»Denke dir: als ich gestern abend meine Wohnung verlasse, begegne ich auf der Treppe zwei streitenden Weibern und fange gerade auf, wie die eine sich verteidigend ungefähr folgendes sagte: ›Jedermann weiß, wie pünktlich ich sonst die Wäsche erledigt habe. Aber diesmal war ich lange bei meiner Schwägerin; da ist die elfjährige Tochter gestorben und ...‹ ›So?‹ höre ich das andere Weib fragen, ›woran denn? ...‹ ›An Gehirnentzündung; sie hat acht Tage lang mit dem Tode gerungen ...‹ Darauf schwatzten die beiden weiter von ihrer Wäsche. Aber seitdem muß ich gar oft an das elfjährige, bleiche Mädchen denken, an das stille Leiden und

Entschlafen, das vor dem Weltenwaffenlärm unbeachtet sich bei Tagelöhnern in der Vorstadt vollzieht – abseits.«

Die junge Dame nickte ergriffen. »Das ist das kleine Sterben«, sagte sie endlich.

»Ja, ja.«

»Ja. – Eine traurige, niedrige, armselige, verlogene Zeit herrscht in der Welt.«

Rolf summte vor sich hin: »Auf, auf, Matrosen, der Wind steht gut«, und als er sich dessen bewußt ward, brach er die Melodie rasch ab und deutete auf den Glaskasten über der Tür: »Weißt du wohl Liebling, was ich jetzt möchte? Mit dir auf dieser Viermastbark – mit vollen Lappen, wie sie dort fährt – davonsegeln, weit, weit hinaus aus all dem Kriegsjammer in die alles lösende, friedliche Ferne, wo die Seeleute ihre glückliche Zeit haben, weil vor dem ruhigen Atem des Passates die Schiffe beinahe keiner Aufsicht mehr bedürfen; in die lichte Abgeschiedenheit, wo sich der tropische Atlantik in feierlichen, saphirblauen Schollen wiegt und von oben ein gütiger Himmel aus unzähligen blauen Augen auf uns herablächelt; wo über den elementarsten Wonnen kein Wunsch mehr bleibt.« Herr Bindebein sprang plötzlich energisch auf, bat seine Braut, ihn für Minuten zu beurlauben und verließ, der Wirtin heimlich zuwinkend, ohne Mütze das Lokal.

Obschon Muky erfahrungsgemäß irgendeine liebenswürdige Torheit ihres Geliebten befürchtete, war sie doch alsbald entschlossen, eine solche mit- und möglichst wieder gut zu machen. Befriedigt darüber, ihren Bräutigam froh zu wissen, wandte sie sich während dessen Abwesenheit behaglich wieder der übrigen Marinegesellschaft zu, der sie mit frauenhafter Unauffälligkeit und Schärfe bereits genügend zugehört und zugesehen hatte, um an der Weiterentwicklung Interesse zu nehmen.

Der Taucher und seine Kumpane hatten sich zu den Seeleuten am Kreistisch gesellt und denen ein Teil von ihrer weitgediehenen Betrunkenheit aufsuggeriert und eine gewisse Lebhaftigkeit entzündet. Da fingen sich aus einer an sich schwer verständlichen Sprache, die mit imponierender Dreistigkeit vom deutschen Platt bald hierhin, bald dorthin ins Fremdländische griff, allerlei Bezeichnungen in Mukys Ohr, mit denen sie wenig anzufangen wußte, wie Hellegatt, Taljereepen oder »von Ida Grün in Dwarslinie aufrücken«. Aber die aus Liebe aufmerksame Dame wurde dadurch doch dem wirklichen Bilde der Seefahrt um ein beträchtliches näher gebracht. Und weil sie ihren wohlerzogenen Schwärmer Rolf damit in Gedankenverbindung brachte, ward auch sie zunehmend trübsinniger.

Nun erschien er wieder, der Stückmeister, zugleich mit der Wirtin, beide schwer bepackt. Sie hasteten in gläserner Angst auf den großen Tisch zu, um dort eine Anzahl Flaschen, einen umfangreichen Kupferkessel, zwei gewichtige Stücke Hutzucker und eine blanke Ofenzange abzuladen.

Jetzt hielten es die Matrosen und Heizer doch für geraten, vor dem Deckoffizier eine militärische Haltung anzunehmen.

»*Never mind that!* Heute sind wir auf du und du, vor dem Mast, das heißt, diese Dame ausgenommen; sie ist eine Prinzessin. Wir laden euch ein. Wer etwas Savi von einer Feuerzangenbowle hat, der helfe sie brauen und lensen. – Komm heran, Muky. Laß uns diese Nachtung bis zur Neige auskosten; wir haben uns heute auf dem Elegischen festgefahren. Wollen wieder flott werden. – Heda, ein bißchen fixer, Boys! Man merkt doch gleich, daß ihr keine echten *sailors* seid. Wäret ihr jemals über die Linie gekommen – –«

Der Mann mit Afrika auf dem Kopf wandte sich gekränkt nach Herrn Bindebein um und, dem angebotenen Du nicht recht trauend, zischte er giftig: »Ick glöw, Herr Stückmeister swapperten noch in witten Büxen ümmer, as ik all teihnmal ümme Hoorn seihlt wier.«

Die anderen Matrosen und Heizer unterstützten ihren Kameraden lachend und spottend, dabei halfen sie aber eifrigst die Fürknieptangbowle fördern. Das Kupferbecken wurde zu zwei Dritteln mit Rotwein gefüllt, auf die quer darüber gelegte Zange eins von den Zuckerstückchen gesetzt und dieses mit Jamaika begossen, dann angezündet.

Ein langer, nur durch einen Ohrring auffallender Mann knipste das elektrische Licht ab und rief heiser: »Herr Stückmeister, Se hämm dat hier nich mit Schippsjungens tau dauhn!« Zum Erstaunen wie zur Besorgnis seiner Braut fuhr indes Herr Bindebein fort, die Leute durch Beleidigungen aufzureizen. »Was seid ihr denn anders? Süßwasserjungen, die keinen Langspliß zuwege bringen, keine Logleine aufschießen und eine Backspiere nicht von einer Handspake unterscheiden können.« –

Bläulich beleuchtete, zornige Gesichter schauten abwechselnd bald drohend nach dem Deckoffizier, bald neugierig auf den Zucker, der in flammenden Tropfen herabschmolz, aufzischend in der blutfarbenen Flüssigkeit unterging.

Zwei Heizer stahlen sich davon, um eventuellen Tätlichkeiten auszuweichen. Aber Rolf Bindebein lenkte rechtzeitig zum Guten ein: »Skol, Jungens! Ich wollte nur erst mal die Lage peilen. Nun, ihr seid ehrliche Fahrensleute. Sakramento, pumpt euch die Klüsen voll.«

»Prosit, Janmaate!« schrie Muky. Da klangen die Gläser.

»Sie sind alle schon einmal bei Wera Iwanowna in Odessa zu Gast gewesen, Muky. Sie segeln nach Melbourne, wie du nach dem Briefkasten läufst. – Das ist recht, Schmut, *give us a song*!«

Der Torpedokoch nahm die Ziehharmonika auf den Schoß: »*Yankeeships come down the river* – –«

»Was haben Sie da für einen seltsamen Goldring?«

»Das ist ein Afrikaner, Fräulein Prinzessin – – bitte. Ich schenke Sie den Ring.«

»Der altc Ramox, Muky –«

»Ramox?« fuhr der Halbnasige auf, »Kapitän Ramox? Mit dem bin ich acht Monate Chinaküste gefahren. Das war einer. Wenn böses Wetter aufkam, dann stülpte er seinen riesigen Kalabreser auf und ging selbst ans Ruder. Dann fegte der Wind den Kalabreser über Bord; und Ramox ließ beidrehen und lavierte bei Tod-und-Teufel-See so lange hin und her, bis der schäbige Filzdeckel wieder aufgepickt war.« –

Es baute sich eine Einmütigkeit zusammen, die ihresgleichen suchen mochte. Jeder meinte ersticken zu müssen, wenn er einmal länger als eine Minute nicht zu Worte kam. An das traurige Samoalied reihte man ohne Pause den lächerlichen Negertanz *»Just because you made them googoo eyes«*.

Als das zweite Stück Zucker seine Sternschnuppen in frische Weinmengen träufelte, rauchte Muky eine abscheuliche Pfeife aus dem Munde des täppisch karessierenden Tauchers zu Ende.

Später zog der griesgrämige Alte ohne jegliche Veranlassung und Vernunft seine Seestiefel aus und schleuderte sie schweigend aus dem Fenster.

Draußen hub gerade die Turmuhr zu schlagen an. »Zwölf Uhr«, sagte Rolf und langte zwecks Kontrolle seine Uhr hervor, an deren Kette kein Appendix mehr hing.

»Nein, acht Glasen«, sagte der Funker ernst und horchte. Die sonderbare Wahrnehmung, daß die Kirchuhr in der Tat diesmal vier Doppelschläge tönen ließ, verursachte eine vorübergehende Bestürzung. Muky am Klavier: »Auf, Matrosen, die Anker gelichtet ...«

Der Halbnäsige hob, ohne auf das Gezeter der Wirtin zu achten, den Glaskasten von der Wand herab und stellte ihn mitten auf den Fußboden so heftig nieder, daß die gläsernen Wände in Scherben auseinanderbrachen.

Hierauf – und ausdrücklich bemerkt: in der vierten Minute des 29. Novembers 1915 – geschah es, daß die kleine Viermastbark sich zu dehnen begann, daß sie nach wenigen Sekunden die Größe einer Badewanne und in noch mal soviel Zeit den Umfang einer Dampfpinasse erreichte.

»Alle Mann an Bord!« Es entstand eine Panik. Angstlaute, Pfiffe, Kommandos, gegenseitiges Aneinanderprallen – die Wirtin schrie nach Bezahlung. Aber die meisten Seeleute stürzten zunächst in ein und demselben Gedanken zum Klavier: Muky. Sie trugen das mutig lächelnde Mädchen trotz der drängenden Gefahr behutsam auf den Segler. Dann schifften sie sich selbst ein; und jeder begab sich, wie verabredet, auf einen besonderen Posten, an die Brassen, in die Wanten hoch, auf Ausguck, ans Ruder, der Torpedokoch in die Kombüse, Herr Bindebein – Kapitän Bindebein – aufs Achterdeck!

Unterdessen wuchs die Bark weiter in die Länge, Höhe und Breite, die Stühle, die beladenen Tische mit Getöse umkippend und beiseite schiebend. Schon stießen die Masten in die Decke, daß Kalkstücke herabprasselten. Der Besan hatte die Mißgeburt gespießt. Jetzt zerbrachen die schwellenden Schiffsplanken das Möblement an den Stubenwänden und preßten die dicke, quietschende Wirtin fest, platt. Ein Zivilist entging nur knapp dem gleichen Schicksal, indem er noch im kritischsten Moment aus der Tür schlüpfte. Als diese aufgerissen ward, brach ein ungeheuerer Windstoß herein und ließ die Segel knattern, bis sie sich auf einmal zum Bersten voll steiften. Das Schiff kam in Fahrt. Die Raanocken zertrümmerten vorbeistreifende Fenster, Spiegel und Bilder und hauten die ausgestopften Tiere von den Wänden. So rammte der Viermaster wuchtig die nächste Wand ein, daß die Ziegel geborsten auseinander stoben, schoß quer über den Kirchplatz, auf der anderen Seite wieder in ein Haus hinein und durch dasselbe hindurch, nur einen Schutthaufen zurücklassend, und splitterte nun die grausam gepflasterte John-Brinkmann-Straße längs, wo der letzte Werftarbeiter, den man mitleidig mit an Deck gezogen hatte, verzweifelt seekrank wurde und kopfan über die Reling sprang. »Südwest zum Westen!«

»Heiß Großstengstagseil!« – »Zwei Strich Backbord!« – »Ahoi!«

Das rasende Schiff überrannte schreiende Menschen und durchgehende Pferde, teilte zermalmend eine Marschkolonne wahnsinnig erschrockener Trainsoldaten, jumpte über die Kaimauer platschend ins Wasser und lief nun mit verdoppelter Geschwindigkeit aus dem Hafen. Lief rücksichtslos, frech an signalisierenden oder schießenden Wachtschiffen vorbei, durchbrach unbeschadet ein entsetzlich krachendes Minenfeld und sonstige Hafensperren, jagte – immer mit vollen Segeln – quer durch eine Seeschlacht und von dannen, weit fort in die warme, blaue Ferne des Hochatlantiks, wohin kein Kanonendonner reicht und wo wir alle einmal gewesen sind, in den süßesten Stunden unbewußter Kindheit.

Dort saß nun die Dame mit den fünf Leberfleckchen auf einem Teppich auf dem Achterdeck in der milden Sonne, und weil die Matrosen es nicht zuließen, daß ihre feinen Hände irgendwelche Schiffsarbeit anrührten, sie jedoch nicht müßig bleiben wollte, so zog sie ein Strickzeug hervor, um Strümpfe für die Seeleute zu fertigen. Rolf aber nahm ihr im Vorbeigehen die Wolle fort, und indem er diese ins Meer warf, sagte er glücklich: »Das einzige, was ihr zu geben vermögt, wonach sie sich sehnen, weil sie's entbehren, ist Liebe.«

Erkenne deinen Lohn

Keine Epoche
Geht wie ein Ei entzwei.

Aber ein Leben – –?!

Vielleicht gehn mit dieser Woche
Dir dreißig Jahre vorbei,
Sind dir nur noch Minuten gegeben. – –?!

Alles Zukunfterraten
Ist wie gemalter Braten.

Trinke deine Tasse.
Gib von dem, was dir niemand nimmt.
Daß deine kleine Kasse
Bei plötzlicher Endrevision
Möglichst stimmt.
Erkenne deinen Lohn.

Wir fuhren unserer vier vergnügt los. In Rostock hatten wir die Dreistigkeit, uns selber einen Tag Urlaub zu genehmigen. Auf dem hübschen Marktplatz mit den alten Giebeln und den bunten Obstbuden war ein geschmackvolles Nageldenkmal errichtet. Nun spielte gerade eine Militärkapelle, und aus dem lustwandelnden Publikum wurden Blumenspenden dort niedergelegt. Das Rathaus war anläßlich einer Feier der Jungmannschaften freundlich geschmückt. Kurz, ich hatte die besten Eindrücke in Rostock. Zwei von Lehmann aufgegabelte Konfektionösen brachten uns vier Maate an den falschen Zug. Später im richtigen Zug vielen lustigen Unsinn treibend, machten wir die Bekanntschaft zweier Damen, Geschwister Reemi, die aus Mexiko geflüchtet waren, nun bei ihrer Mutter in Warnemünde wohnten und die ich einmal zu besuchen versprach, um ein angefangenes Gespräch über Porfirio Diaz zu vollenden.

Wir sollten uns bei Oberleutnant Däver in Warnemünde melden. Es dauerte aber lange, bis wir im Dunkeln die Halbflottille West fanden. Die ersten Boote, die wir entdeckten, hießen zu meinem Erstaunen »Bergedorf«, »Farmsen«, »Wohldorf« und »Brema«. Die waren also von Libau abkommandiert. Ich stieg sofort auf »Farmsen« und in die Kajüte hinunter, wo mir Leutnant Kaiser erfreut die Hand schüttelte.

[...]

Auf den Vorpostenbooten in Warnemünde herrschte dasselbe Durcheinander, das ich in Libau auf der Flottille beobachtet hatte. Niemand wußte, was stattfinden sollte. Ich schlief auf »Farmsen« in der heißen Kabine eines beurlaubten Maschinistenmaaten und freute mich über die vielen Fliegen, weil ich hoffte, sie würden mich morgen rechtzeitig wecken. Denn ich hatte als Zugführer ein schlechtes Gewissen wegen unserer Fahrtunterbrechung in Rostock. Als ich mich aber dann beim Stab bei Leutnant Däver meldete, rief dieser: »Was, Sie sind schon da? Wir sind noch lange nicht so weit. Kommen Sie mal am Nachmittag wieder. Da wollen wir theoretischen Unterricht machen.«

So bezogen wir Privatquartier. Für Engel und mich hatte man ein blitzsauberes Zimmer bei einer Frau Detloff in der John-Brinckman-Str. 3 gemietet. Engel war ein gutmütiger, etwas kleinlicher und geiziger und äußerlich ein großer, starker, täppischer Mensch, im Zivilberuf Metzger.

Am Nachmittag hielt ich vor der versammelten Division mit großem Selbstgefühl einen mehrstündigen Vortrag über Minensuchwesen. Lehmann, Culessa und Engel staunten mit offenen Mäulern über meine Redegewandtheit.

Wir wurden mittags an Bord verpflegt. Abends kochte uns Frau Detloff Kaffee. Wir brachten ihr von Bord die Bohnen und auch das Petroleum für die Lampe mit. Auch mit Bordseife erfreuten wir sie gelegentlich.

Zwei losgerissene deutsche Minen wurden angeschwemmt. Culessa bekam und vollzog den Auftrag, sie zu entschärfen. – Ein Wasserflugzeug warf versehentlich eine Bombe über der Mole nieder. Die Fensterscheiben der nächstgelegenen Gebäude wurden zertrümmert. – Boot III von uns hatte ein englisches U-Boot vernichtet. Englische U-Boote in der Ostsee, das war jetzt der große aktuelle Schrecken. Andererseits wurde die Möglichkeit eines baldigen Friedensschlusses diskutiert.

Unsere Boote liefen zu Übungszwecken aus. Wir Minenleute mußten das Suchgerät praktisch vorführen und die Besatzungen anlernen. Das ging alles in Ordnung, zumal bei diesen Booten auf meine seinerzeitige Anregung hin niedrige Heckbauten vorgesehen waren.

Engel verließ außerdienstlich nur selten die Wohnung. Er war zu geizig, um ins Wirtshaus zu gehen. Er saß stundenlang in der Küche und schwatzte kindisches Zeug mit Frau Detloff und deren Tochter. Diese verliebte sich ein wenig in den stattlichen Burschen, obgleich sie über dessen Fehler und Schwächen mit mir und auch vor ihm selber oft witzelte. Engel ging frühzeitig zu Bett und stand spät auf. Wenn ich schon früh erwachte, sah ich nur die Hälfte seines feuerroten Kugelkopfes aus den schneeigen Betten ragen. Ich wusch täglich ein Paar Strümpfe und Taschentücher, denn es schien, als ob wir viel länger als vorgesehen in Warnemünde bleiben würden. Das beglückte mich sehr. Unsere Vorgesetzten dort waren äußerst angenehme und rücksichtsvolle Offiziere.

Culessa war verlogen, Lehmann war ordinär, Engel beschränkt. Ich war der eigentliche und fehlerlose Engel. Ich verkehrte außerdienstlich nur wenig mit den drei andern. Ich hatte mich bald mit jenen mexikanischen Schwestern und deren Mutter angefreundet. Geschwister Reemi, Geigenkünstlerinnen. Sie hatten früher auch in München Konzerte gegeben, und ich besann mich nachträglich, sie dort einmal gehört zu haben. Die Mutter war eine ältere, sehr gescheite Dame.

Man traf sich mehrmals am Tage in dem sauberen kleinen Warnemünde, wo alle Häuser freundliche Veranden hatten und wo man wie im Schaufenster lebte. Ich kaufte mit Reemis Spinat ein. Ich hörte mit ihnen im Café Bechlin gute Musik. Dort verkehrten viele Offiziere, unter anderen ein komischer, grauhaariger alter Hauptmann, namens Brunnemann, ein berüchtigter Schwerenöter, der alle Damen kannte und im Café ihnen eine steife, gebrechliche Verbeugung machte. Am Tage aber ritt er mit gezogenem Säbel und mit Musik vor einem Häuflein Soldaten durch die Straßen, und wenn man vor ihm stramm machte, so winkte er mit einer merkwürdigen, gravitätischen Zweifingerbewegung ab. Abends saß ich mit Reemis am Strand. Auf dem Wasser lagen Fischerboote und eine verlassene Dreimastbark, die ich schon einmal nach Verwendbarem durchsucht hatte.

Bulgarien machte mobil. In Rußland stand das Spiel auf Revolution oder Null ouvert aus freier Hand. Im Volksblatt las ich, daß der Kaiser bestimmt hätte, daß den beurlaubten Mannschaften die Löhnung unverkürzt weiter zu zahlen sei. Mir hatte man sie noch abgezogen.

In Warnemünde ließ sich's gut leben. Wir vier Kuxhavener hatten tagelang nichts zu tun, weil die Vorpostenboote entweder in See oder in der Werft waren.

Der »Simplizissimus« lehnte meine Novelle ab mit Rücksicht auf die Zensur. Sie wäre zu grausig.

An der Westfront sollte es schlimm für uns stehen. Die große Offensive der Engländer und Franzosen hatte eingesetzt.

Ich saß sonntags am Strand im sechsten Strandkorb, das heißt, aus fünf anderen Strandkörben hatten mich die rechtmäßigen Mieter verjagt. Der Himmel war grau wie Zigarrenasche, und das Meer darunter sah aus wie ein angelaufener Spiegel. Ich dachte verärgert über die Ablehnung meiner Novelle nach und über die Einrichtung Zensur. Ich konnte mich nicht entschließen, die Geschichte zu ändern oder zu kürzen, denn ich hatte sie ohne Tendenz geschrieben. Ich trieb keine Politik. Oder wenn, dann die patriotischste. Denn ich wollte doch immer unter die kühnsten Kämpfer gegen Deutschlands Feinde gestellt werden. Und wenn ich mich gerade in solchem Bewußtsein bemühte, die Wahrheit zu sagen, dann schien mir solches nur heilsam. Und in dem Gegenteil, im Entstellen oder Verschweigen, glaubte ich etwas äußerst Gefährliches zu erblicken. Dann wurden meine Gedanken abgelenkt. Kinder bauten Mondkrater im Sand. Ein märchenhaft schönes Mädchen tauchte zwischen den Körben auf. Und von der Mole löste sich die Fähre ab, die täglich große Viehtransporte aus Dänemark holte. Dann quälte ich mich mit einer neuen Novellenidee ab, die mir aber zu groß schien, um sie in dem Rahmen einer Zeitschrift unterzubringen. Es war so, als ob ich eine Hose in einen viel zu kleinen Karton packen wollte. Später sprach ich mit Mucky Reemi darüber. Die meinte bei dieser Gelegenheit: »Du bist doch ein Dichter. Warum gibst du uns nie einmal eins von deinen Büchern zu lesen?«

Ich kaufte eine gruselige Fünfgroschenbroschüre, entfernte das Titelblatt und lieh dieses Büchlein, als eine Arbeit von mir, der Mucky. Nachdem sie es gelesen, besprach sie es eingehend mit mir, es müßte wohl eine Jugendarbeit von mir sein. Ihre Tadel formte sie sehr liebenswürdig.

Eines Morgens saß ich mit Engel beim Kaffee, den Detloffs uns immer so appetitlich und mit viel Liebe servierten, und Engel vertraute mir gerade an, daß er sich in die dicke Blonde von der Molkerei verliebt hätte. Da ward die Tür aufgerissen, Oberleutnant Däver trat aufgeregt herein, entschuldigte sich kurz und unterzog dann unser Zimmer – Betten und Schränke – einer eingehenden Untersuchung. Auch zu den zwei anderen Maaten begab er sich in gleicher Absicht. Lehmann war etwas peinlich überrascht, denn er hatte gerade ein Mädchen im Bett. Alle Schiffe wurden durchsucht. Eine peinliche Angelegenheit. Es bildete sich das Gerücht, in Rostock wären militärische Geheimpapiere entwendet.

Ich hatte inzwischen viele Bekanntschaften gemacht und wurde bald als lustiger und allerwärts herumbummelnder Lebematrose sehr populär. Sogar die Kinder auf der Straße begrüßten mich als Onkel. Besonders gern gab ich mich mit einem idiotischen Kind in unserem Hause ab. Es machte Sprünge wie ein Kalb und hatte sonderbare, für mich wunderbare Handbewegungen. Von jeher liebte ich derartige, geistesgestörte Kinder und konnte ihnen stundenlang zuhören. Im Ötztal in Tirol kannte ich ein Dorf, wo jedes zweite Kind idiotisch war, und diese Kinder dort hatten pompöse Namen wie »Germania« oder »Tudesca«.

Meine wertvollste Bekanntschaft aber war die mit der dickwadigen Badefrau vom Damenbad. Ich hatte mich gelegentlich angeboten, ihr beim Zerkleinern von Brennholz behilflich zu sein, und nun hackte ich und sägte auf Teufel komm raus und hatte immer Zutritt zum Damenbad. Zwar war das Wetter schon kalt, so daß sich nur noch wenige Damen ins Wasser wagten, aber schon deren Anblick kostete mich manche Beil- und Sägewunde. Leider wurde die Anstalt bald geschlossen, wie der Lesesaal und das Fünfpfennighäuschen.

Abends saß ich mit Reemis im Strandkorb. Sie erzählten von ihrer Heimatstadt Guadalajara, und ich schilderte meine Schiffsjungenstreiche in Westindien und Britisch-Honduras. Zwischendurch belauschten wir die Gespräche der benachbarten Strandkörbe.

In einem Korbe erzählte ein Neuangekommener, Belgrad wäre in deutsch-österreichischen Händen, Bulgarien hätte Serbien angegriffen und in Bremen wäre augenblicklich Fliegeralarm. Schutzleute liefen klingelnd durch Bremer Straßen, und es würde aus Fenstern geschossen.

Das Café Bechlin ward stiller. Man sah dort fast nur noch Offiziere, den Oberleutnant, Graf Montgelas, von dem ich anständige, schneidige Geschichten wußte, und natürlich Hauptmann Brunnemann. Dem war gerade ein Malheur passiert, Schokolade auf die Uniform gegossen. Er lag ausgestreckt im Korbstuhl, und während zwei Kellner seine Pantalons mit Salz und Warmwasser massierten, blinzelte er charmant puderfarbigen Damen zu.

Ein englisches U-Boot hatte eins von unseren Torpedobooten beschossen. Dieses hatte mit einer Wasserbombe geantwortet. Nun sollte unsere Vorpostenflottille eine gewisse Stelle im Sund absuchen, wo das angeblich beschädigte U-Boot liegen mußte. Es wurde dann auch gefunden und der Fund von einem Taucher bestätigt. Bei günstigem Wetter sollte es demnächst gehoben werden.

Aber es spukten noch mehr englische U-Boote in der Ostsee und versenkten in der folgenden Zeit mehrere deutsche Dampfer. Die deutsche Fähre nach Dänemark fuhr deshalb nicht mehr aus, nur die dänische verkehrte weiter. In unseren Kreisen tadelte man bitter die deutsche Marineführung, weil sie die großen Kampfschiffe und Hochseetorpedoboote untätig in Kiel liegen ließ und die Säuberung der Ostsee von englischen U-Booten unseren geringwertigen und schutzlosen Fischdampfern überließ.

Ein Torpedomatrose hatte sich aus nichtbekannten Gründen die Pulsader durchschnitten. Mir fiel die dicke Blutspur auf, die vom Kirchplatz bis zur John-Brinckman-Straße führte. Ferner hatte ein anderer Mariner nachts auf der Straße ein Mädchen überfallen, ausgezogen und beraubt.

Wir vier Maate aus Kuxhaven schwelgten in Faulheit. Einmal mußten wir, ich weiß nicht, warum, eine Erklärung unterschreiben, ob, bzw. wieviel Schulden wir hätten. Engel merkte nicht, daß sich das nur auf unsere Warnemünder Zeit bezog, und notierte da, wo wir anderen »nein« hinschrieben, »fünfunddreißigtausend Mark Hypothekenschulden«, was den Feldwebel sehr verblüffte.

Ich war mittags bei Mutter Reemi eingeladen. Die Töchter spielten herrlich auf ihren kostbaren Meistergeigen Mozartsche Duette und das »Air« von Schubert und »Der Tod und das Mädchen«. Als ich heimkam, stand Engel bereit zum entscheidenden Sturm auf die Molkerei. Er hatte Glacéhandschuhe über seine gewaltigen Pratzen gepreßt und für zwanzig Pfennig Schokolade gekauft, die ihm aber im Regen ganz aufgeweicht war. Er ertrug aber meinen und Detloffs Spott mit rührender Geduld.

Auch Culessa hatte eine Liebschaft, eine Köchin auf der dänischen Fähre. Sie wäre ihm beinahe wegtorpediert, als ein englisches U-Boot einen Stettiner Dampfer versenkte. Die Fähre brachte übrigens einen deutschen Offizier mit, der aus englischer Gefangenschaft entflohen war. Erst kurz vor der Landung hatte er Uniform angelegt, und an der Mole wurde er von Warnemünder Militär mit Musik empfangen. Aber auch in diesem Falle wußten die Mannschaften nicht, worum es sich handelte.

[...]

Ich ging zum Flugplatz und holte mir vom Oberleutnant von Winterfeld die Erlaubnis, einmal mitfliegen zu dürfen. Indem ich hastig ein schon startendes Wasser-Flugzeug erkletterte, trat ich aus Unkenntnis ein Loch in dessen Flügel, was freilich kein bedeutendes Unglück war.

Culessa und Lehmann wurden abkommandiert. Sie kamen nach Kiel auf die »Deutschland«. Ich trauerte ihnen nicht nach. Aber ich trauerte, weil die Maate vom Jahrgang 04 befördert werden sollten. Ich war sogar vom Jahrgang 03, aber mich hatte man offenbar übersehen, und ich wußte nicht, wie ich das aufdecken sollte. Ich wußte überhaupt nicht mehr, welchem Kommando ich unterstellt war.

Detloffs waren und blieben reizend zu uns. Sie stellten

uns immer etwas Besonderes ins Zimmer, ein Blümchen oder ein Pflaumenmus. Vater Detloff war Gärtner.

Das Laub färbte sich gelb. Dazwischen standen grüne Fichten oder leuchteten rote Beeren. Die Sandwege durch das niedrige Gehölz ähnelten denen bei Riga. Nebel und Regen wechselten sich ab. Das Brausen von Propellern in der Luft scheuchte Krähenschwärme auf. Die ersten Schneeflocken fielen.

Als ich bei der Dunkelheit durch das Gehölz ging, hörte ich plötzlich Hilferufe. »Hilfe! Wächter! Wächter!« Hineilend, sah ich in einer Lichtung einen Obermaaten im Handgemenge mit einem Arbeiter. Unweit davon stand ein Mädchen. Der Arbeiter schrie: »Lassen Sie meine Tochter in Ruh!« Und zu dem Mädchen: »Du gehst nach Hause!« Ich trennte die Ringenden und frug das Mädchen: »Ist das wirklich Ihr Vater?«

»Ja«, sagte sie, »hauen Sie ihm doch in die Augen!«

»Was? Ich soll Ihren Vater schlagen?«

»Ja, hauen Sie ihn tüchtig, er ist mein Pflegevater.« –

Das Café Bechlin mied ich nun völlig, nachdem man dort den Matrosen Borak ausgewiesen hatte, nur weil er nicht Offizier war und nicht, wie ich zum Beispiel, durch größere Zechen oder gute Begleitung imponierte. Diesen Borak lernte ich dann in einem anderen Café kennen. Er war mir sympathisch durch seine Intelligenz und durch seine Zuneigung zu mir, die beinahe an Verehrung grenzte. Er hatte auf einem Torpedoboot die Jagd auf das englische U-Boot A.E. 13 mitgemacht. Dieses U-Boot flüchtete sich damals auf dänisches Hoheitsgebiet. »Der englische Kommandant«, erzählte Borak, »stand mit verschränkten Armen an Deck und sah stolz verachtend zu uns Verfolgern herüber. Wir frugen per Funkspruch in Swinemünde an, was wir tun sollten. Die Antwort lautete: U-Boot auf jeden Fall unschädlich machen. So schossen wir A.E. 13 in den Grund. Fünfzehn Engländer kamen dabei um. Dann flohen wir, weil dänische Kriegsschiffe auftauchten. Später kam aus Schweden die Nachricht, der englische Kapitän hätte absichtlich sein Schiff geopfert, um die Aufmerksamkeit von neun anderen U-Booten abzulenken, die inzwischen den Sund passierten.« Borak erzählte mir, daß er früher in Hamburg Vertreter einer großen Autogesellschaft gewesen wäre. Er interessierte sich sehr für meine Schriftstellerei und ließ sich eins meiner Bücher vom Verlag senden und in feinstes Leder binden.

Am Sonntag erwachten Engel und ich von einer himmlischen Musik. Vor unserer Türe. Es klang, als ob ein ganzes Orchester draußen spielte. Aber es waren nur die Geschwister Reemi, die mir ein Geigenständchen brachten, zum Abschied, denn sie siedelten am andern Tag nach Rostock über, während ihre alte Mutter zur Klärung ihrer finanziellen Interessen nach Mexiko fuhr, wo derzeit Revolution herrschte. Ich besuchte mit Reemis einen kleinen zoologischen Garten, der aber unter den augenblicklichen Verhältnissen ein dürftiges und bedauerliches Bild bot. Man zeigte vorwiegend Haustiere, denen es immerhin noch am besten gehen mochte, da sie an die Hartherzigkeit der Menschen gewöhnt waren. Aber kläglich sahen die wilden, nun ganz abgemagerten Tiere aus. Die Adler steckten in Käfigen, wo sie kaum ihre Schwingen ausbreiten konnten. Als wir vor den Wölfen standen, klang gerade der Gesang marschierender Soldaten zu uns herüber. Da stimmten plötzlich die Wölfe mit unheimlich klagendem Geheul ein. – Reemis waren für das Orchester an das Rostocker Stadttheater engagiert. Ich besuchte sie bald. Und wohnte der Generalprobe von »Rheingold« bei. Der Pförtner wollte mir den Zutritt zum Theater verwehren, aber ich lief an ihm vorbei und schloß mich in der Fürstenloge ein. Sein wütendes Pochen an der Tür ignorierte ich. Die Schauspieler spielten in ihren militärischen Uniformen. Ein Feldgrauer auf dem Grunde des Rheines – ich mußte an den Kreuzer »Undine« denken, über dessen Versenkung ich gerade zuvor gelesen hatte.
[...]

Der letzte Tag vergangnen Jahrs

Ich ging auf Abenteuer
Durch finsteres Gassengewirr.
Ein Fenster in schiefem Gemäuer.
Inseits ein leises Geklirr
Und ein kleines, bläuliches Feuer. –
Durchaus ganz geheuer:
Feuerzangen
Bowle. Bin weitergegangen.

Das Eckhaus ist ein Bordell,
Die ganze Stadt weiß es.
Ich ging ganz langsam, nicht schnell,
Wegen des Glatteises
Hin und hinein.
Da saß unterm Christbaum allein
Ein magerer Zuhälter.
Er konnte siebzig, auch älter,
Er konnte auch Lebegreis sein.

Wir wechselten falsche Namen,
Und weil gar keine Damen
Da waren, sangen wir traurig ein Lied,
Seltsam war die Stimme des Greises.
Ich schied,
Schlich langsam wegen des Glatteises.

Das glättste von allen Wintern,
Die je ich erlebt.
Kein Sand gestreut.
Man geht – sitzt auf dem Hintern,
Hat nichts gebrochen – erhebt
Sich wieder – und sitzt erneut.

Quer übern Weg plötzlich lief
Eine Katze. Also: ich trat
Schnell drei Schritt zurück. Da rief
Hinter mir »Au!« ein Marinesoldat.

Wir gestanden als Wasserratten,
Was wir zuvor schon getrunken hatten.
Wir haben uns an-ahoit.
Kein Sand war gestreut.
Wir lagen. – Was soll ich lange noch sagen –
Liefen, lagen, liefen –.

Und riefen
Die Damen herunter, wollten was tun,
Wildes, wie Stierkampf oder Taifun.
Doch wir entschliefen
Ohne Weiber unter dem Baum.
Der Lebezuhälter
Pfiff rückwärts im Traum.

Der nächste Tag war viel kälter.

»Spuren des russischen Rückzugs«, sagte Keltermann und stieß einen morschen Sattel wie einen Fußball vom Boden empor.

Unauffällig in ihrem Feldgrau zogen die acht dahin. Der Boden, bald Moos, bald Heide oder Nadelwaldgrund und wieder Sumpfwiese, bog sich teppichweich und leise. Nur das ausgedörrte, rostbraune Gezweig, das, durch die Axt oder durch Geschosse vom Stamm geschlagen, allenthalben umherlag, knisterte und knackte unter den benagelten Stiefeln, und wo die Sonne die Karabiner traf, blitzte stechend der Stahl auf.

»Sechzehn Kilometer vor den äußersten Stellungen.«

Die kleinen, jämmerlich abgemagerten Russengäule vor einer passierenden Gulaschkanone wurden belacht; nur Leibgeris sprach ernst mit seiner Grabesstimme eine neue Kriegsbeobachtung aus, auf die ihn das Quietschen der Räder brachte: »Auch an Schmiere mangelt's.«

Sie blickten die vereinzelten Infanteristen, Jäger oder Artilleristen, die ihnen begegneten, unternehmungsstolz und ebenso wissensdurstig an, wie sie selber als Mariner in dieser Gegend betrachtet wurden. Aber jedesmal glitten, wenn solch ein Tschaßki auftauchte, die Karabiner von den Schultern. Denn ob diese acht Männer sich auch auf deutschem – deutsch besetztem – Gebiet befanden, so deuchte ihnen doch Vorsicht geboten. Märsche durch unbekanntes Terrain unmittelbar hinter der Kampflinie waren ihnen etwas Neuartiges.

Das Neuartige speiste ihre Phantasie, ihr verwegenes Wohlbehagen und ihre Furcht, obwohl das keiner dem anderen eingestand; äußerlich, in Sprache und Miene, wahrten sie eine gewisse eingeführte Verkehrsform, die schlapp und unehrlich war.

Als zwei Reiter sich näherten, wie sich ergab: ein Major mit seinem Burschen, lief ihnen Bootsmaat Olyphant entgegen und meldete stramm dem Offizier:

»Zwei Unteroffiziere und sechs Mann vom Sonderkommando 213 der zwoten Matrosendivision auf dem Wege nach Goflaz.«

»Marine hier? Was wollt ihr denn in Goflaz?«

»Quartiere suchen.«

»Und was hat Ihr Kommando vor?«

»Darüber darf ich nicht reden, Herr Major.«

Der Offizier machte eine unwillige Geste, fand indessen die Antwort korrekt und trabte dankend weiter.

Abermals ließen sich Kanonenschläge von weit her vernehmen, dann minutenlang ein Geräusch, wie es ähnlich ein Spaziergänger erzeugt, der seinen Stecken an einem Gartenzaun streifen läßt.

»Das sin russ'sche Maschinengewähre, unsre deitschen dack'n viel schneller.«

»Ach, Schnack! Du hast gar keinen Savi von solchen Sachen.«

»Villeichd mehr als du, griener Regrud. Du bisd ja noch nich mal droggen hinder de Ohren.«

»Leicht möglich, weil ich mich öfters wasche, während gewisse andere Leute seit ...«

»Was du so waschen nennst: in de Lufd geschbuggd und drunder weggesausd –«

Die Kameraden nahmen durch Gelächter oder hämische Glossen Partei. Inzwischen war auch unter den beiden vorausschreitenden Unteroffizieren Hader ausgebrochen. Obermaat Glomsda behauptete, ihm, als dem Dienstälteren, hätte die Meldung an den Major zugestanden. Berthold Olyphant hingegen berief sich darauf, daß er aktiv sei und daß der Kapitän ihn als Transportführer bestimmt, solches auch nicht widerrufen habe, als noch im letzten Augenblick der Obermaat zu der Gruppe hinzukam. Der unerquickliche Streit grub allerlei kleinlichste Nebensachen und Vorwürfe aus.

Ein breites Rauschen schlich sich in die Ohren ein. »Die See«, sagte Glomsda, »wir wollen dem Strande folgen, es ist der sicherste und der hellere Weg.«

In der Tat beugte sich Olyphant doch meist der größeren

Erfahrung und der nüchternen Entschlußfertigkeit des Obermaaten.

Das Gelände ward zunehmend sandiger und damit anstrengender. Wagenräder und abscheulich unsaubere Kleidungsstücke lagen am Wege – auch ein abgenutzter Kinderschuh und (der Tsingtauschorsch griff es auf, alle bestaunten das an sich unscheinbare, ausgezackte Eisenstück) ein Granatsplitter. »Wer das in de Fresse grichd, der gann sich nachher de Visasche mid d'r Debbichsauchmaschine zusammsuchen.«

Ein Pionier schloß sich ihnen an, der einen Postsack nach einem Unterstand bringen sollte. Sie frugen ihn aus, heiß neugierig, und er gab wichtig Auskunft, mit Erfundenem flickend, wenn seine Kenntnisse aussetzten. »Noch sechs Kilometer bis Goflaz ... dort liegen Dragoner, Artillerie ... fünfzehn Zentimeter und zwanzigeinhalb ... jeden Abend funken die Russen, aber an ein Vorwärtskommen durch den Sumpf ist vorläufig beiderseits nicht zu denken ... Spione erschossen ... Nein, diese Post ist für die Pioniere ...«

»Ein Sack voll Speck und Tränen aus aller Welt«, bemerkte Olyphant, nur um als Teilnehmer an der Unterhaltung zu gelten.

»Bekomm ju regelmäßig Post?« ... »... Urlaub ... Entlausung ...«

»Seid ihr alle geimpft« ... »Wie schdehd's denn mid der Verflägung? Mer gann sich hier wohl geene Schwielen in'n Bauch fressen?«

Bald wußten sie alles oder stellten doch, von Neuigkeiten gesättigt, das Fragen ein.

Schier unerträglich drückte der Ranzen, das Koppelzeug mit Spaten und Patronen.

Da tat sich eine überraschende, weite Helle auf. Vor der tiefstehenden Sonne blendeten und glitzerten die Dünen, deren Flächen vom Wind in starre Wellchen gemustert, streckenweise von Fußspuren sowie verstreutem, vielartigem Gerät und Abfall gestört waren. Auf einem Hügelkamme stand vor feurig ausgestrichenem Gewölk eine anmutige Silhouette. Zwei Lanzenreiter – »Dragonerpatrouille« – neben einer abnormen Kiefer.

Müde stapften die Maate und Matrosen hügelan, hügelab, bis das Meer, ihr Meer, sie mit wildem Spiel aufweckte. Weiße Schaumungeheuer fauchten über das dunkle Gewoge, glitten ein Stück von rechts nach links und versanken jäh, und immer neue kamen und schwanden.

»Die Landzunge ist noch von den Russen besetzt.«

Immer noch donnerten die Kanonen.

»Setzt die Karabiner – zusammen!« Die Tornister fielen herab, überschlugen sich. Es war ein süßes Atmen ohne diese Bürde. Es war eine Wonne, sich nun auf unbemessenem, sauberem Boden lang zu strecken.

Waschkuhn durchkämmte mit gespreizten Fingern den Rieselsand. »Kik mol, du Krät, dat es een Collerabakzille; ek glow, dat hebbe de krätsche Russe akratz för uns hengeschmäte.«

Der Mann mit dem gelben Bande der Rettungsmedaille ereiferte sich: »Blödsinn! Eine Bazille ist so lütt, daß man sie ohne Brille überhaupt nicht sehen kann.«

»Soll das wahr sin, daß das Ubood im Schußfeld unserer Badderien liechd?«

»Selbstverständlich, sonst würden es doch die Russen sich zurückholen.« Der Tsingtauschorsch schleuderte einen halben Pferdeschädel nach dem Sachsen. Daraus entstand neuer Zwist. Auch die Unteroffiziere bissen sich noch eine Weile. Dann war wieder Waschkuhns Stimme oben: »Mensch, mok di man nich so breet!«

»Was willst du denn immer von mir, du schwammiges Aas?«

»Ik war di oldbaksche Gesell glik eent ver'n Frät gewe, schon von wegen dat mit de Collerabakzillen –«

»Na, willst du mir vielleicht was über Bazillen weismachen? Wo ich acht Monate lang auf Lübeck Sanitätsgast – – –« Der Disput ward allgemein.

Glomsda entschied: »Ein Cholerabazillus ist nur durchs Mikroskop erkennbar.«

»Aber Herr Obermaat! Wo ich doch neun Monate lang Sanitätsgast war, wo wir jeden Morgen die Gonokokken und Bazillen haufenweise mit dem Haarbesen wegfegen mußten – – –«

»Ein Bolera – – – ein Cholerabaktizillus ist ein Wurm!«

»Jawohl! So eine Art Tausendfuß.«

»Sag doch lieber gleich ein Singvogel.«

»Ruhig mal, ich will's euch genau erklären. Ein Bazill ist kein richtiges Vieh und auch keine richtige Blume – – –«

»Quatsch nicht, Rindvieh!« ... »Au! Du ver ...«

»Pst! Ruhe! Keine Bolzereien hier.«

Keltermann begann: »Das ist doch eigentlich sonderbar, daß wir nun plötzlich in Rußland sind, so ganz weit weg von Zuhaus.«

»Ja Ja!« fiel Olyphant lebhaft und herzlich ein; er hatte zuvor lange schweigsam eine Hummel mit einem rostigen Hufeisen schikaniert. »Daß wir einst mit fremdländischen Mädchen tanzten, und nun schon zwei Jahre Krieg erleben, leben, daß Dichter und Maler töten, und heute Bilder und Verse nicht viel mehr als wie Spielzeug gelten; daß ich gerade hier bin – – – wie sehr sonderbar!«

»Jawohl, Bootsmaat«, mengte Leibgeris bei, »und daß das Russenschiff hier auf den Schlick gelaufen ist und wir das heimlich nachts wieder flott machen sollen ...«

Berthold winkte ab, als wollte er sagen: du verstehst mich nicht recht, und fuhr fort: »Dies Land, wo wir sind, ist schön und ergreifend wie ein trauriges Kindermärchen. Und wir zanken hier und hassen einander, als könnte nicht morgen, heute noch, der eine oder andere von uns hops gehen –«

In Glomsdas Gehirn setzte sich auf einmal der Gedanke fest, Bootsmaat Olyphant würde nicht lebend heimkehren. Deshalb fragte er versöhnlichen Tones: »Sie kennen doch die Gegend von Friedenszeiten her?«

»Ja, ich verlebte zwei Jahre in der Nähe von Goflaz.«

»Liebet eure Feinde!« zitierte Keltermann auf das Frühergesagte bezüglich.

»Lieben? De Russen? De Grädze winsche ich den Ludern

und Blutblasen an de Finger, damid se sich nich gradzen genn.«

»Ich liebe zwei Feinde«, sagte Olyphant betonend, »Mußrussen – Russinnen.« Es hörte sich an, als ob er mit eins in eine glückliche Stimmung versetzt wäre. »Heute ist der 11. Dezember 1910. (Alle sahen den Bootsmaaten verblüfft an.) Hier auf den Dünen am Strand liegt Schnee, hoher Schnee. Ich bin ich. Sie, Glomsda, sind Wanjka, und du, Leibgeris, bist Fanjka. Wir drei treue Freunde, wir drei freie, arme, junge Künstler lagern hier im Schnee beisammen, wie Geschwister. Du, Wanjka, ziehst drei Lichter hervor, entzündest sie und steckst sie in den Schnee. Und du sagst: »So, Berthold, nun laß uns feiern, heute ist bei euch Weihnachten –«

»Ho!« – »Da bollern sie jetzt auch.«

Alle starrten nach der Landzunge. Dort, fast an der äußersten Spitze, zerging ein weißes Wölkchen und erschien gleich darauf ein zweites, rundes Wölkchen.

Niemand wußte zu Olyphants Worten etwas zu äußern.

Der Mann mit dem gelben Bande seufzte: »Jetzt ein gebratenes Filetstück mit Knochenmark und Zwiebeln ...«

»Und mit drei fetten Cholerabazillen darauf«, stichelte der Tsingtauschorsch.

»Lichter im Schnee«, murmelte Berthold. Ein sausendes, schneidendes Heulen unterbrach ihn.

»Krietzschlag! Nu ward et Tid, dat wie ons vertörn.«

»An die Karabiner!«

»De Golera – – –« Da brach ein fürchterlicher Schreck ein. –

»Himmlischer Vater, was war das?« fragte jemand leise, entsetzt. Dann sprachen alle gleichzeitig los. Doch nicht alle; drei von den acht sprachen nicht mehr, nie mehr.

Über eine Weile – –

Nur eine Weile muß vergehn;
Dann ist auch dieses überstanden.
Dann wird mit hell euch zugewandten
Augen das Neue vor euch stehn.

Und eh ihr fragt, wie ihr dem Neuen
Euch fügen wollt, zwingt Gegenwart
Zum Danken oder zum Bereuen.
Leicht schmilzt ein Leid. Die Schuld ist hart.

Feldpoststation 33

[...]
Endlich gab es einen freien Sonntagnachmittag. Ich zog mein Bestes an und machte mich wider die Vorschriften auf den Weg nach Osten. Ich mußte einmal unsere äußerste Frontlinie gesehen haben. Noch war ich nicht lange durch den Sand marschiert, als ein Posten mich anrief und Parole forderte. Ich wußte sie nicht, aber scharf ausschreitend, herrschte ich den Posten mit einem ebenso undeutlich gebrüllten wie sinnlosen Satz an: »Wissn sini – ta – borstowke –« oder ähnlich. Der Posten ließ mich verwirrt passieren, weil er mich nicht begriff und aus meiner Uniform nicht klug wurde, die ja tatsächlich eine für das Kommando Hermann speziell hergerichtete Phantasiekleidung war.

Auf ähnliche Weise gelang es mir auf meinem Weitermarsch, an anderen Posten vorbeizukommen. Ich lachte innerlich über diese blöden Kerle und fand andererseits ihren Leichtsinn empörend. Ich ahnte nicht, daß sie, wenn ich aus ihren Augen war, sofort telephonischen Bericht erstatteten. Als ich einen hochstämmigen Wald passiert hatte und dann die äußerste Schützenlinie erreichte, wo es von Jägern wimmelte, kamen sofort zwei Soldaten auf mich zu und verhafteten mich. Sie untersuchten meine Taschen und brachten mich zu dem Leutnant Müller, der mit anderen Offizieren Skat spielte. Er stellte ein peinliches Verhör mit mir an. »Wer sind Sie?«

»Minenmaat Hester.«

»Warum treiben Sie sich hier so verdächtig herum?«

»Ich wollte mir einmal einen Schützengraben an der Frontlinie ansehen, ich bin Mariner.«

»Mariner? Hier in dieser Gegend?«

»Jawohl, wir liegen in Kneis.«

»Was tun Sie denn da?«

»Das darf ich nicht sagen.«

»So, merkwürdig. – Wer ist denn Ihr Kommandant?«

»Korvettenkapitän Hermann. Wir haben die Feldpoststation 33.«

»Da will ich doch gleich mal Ihren Kommandanten antelephonieren.«

»Ich bitte Herrn Leutnant, das nicht zu tun, ich würde sonst bestraft werden. Ich habe mich ohne Erlaubnis, nur aus Neugier so weit entfernt.«

Die Offiziere warfen sich bedeutungsvolle Blicke zu. »Zeigen Sie einmal Ihr Soldbuch.«

»Mariner haben kein Soldbuch.«

»Was sind Sie für ein Landsmann?«

»Sachse.«

»Sonderbar. Sie sprechen aber gar nicht sächsisch.«

»Ich habe jahrelang in München gelebt.«

Einer der Offiziere, ein langer, unverkennbarer Bayer, sprang auf und fragte: »Sagen Sie mal, wie nennt man denn so ein großes Gefäß mit Bier?«

»Dös is a Maaß!« rief ich froh und meinte, damit gesiegt zu haben. Aber die Offiziere gaben sich nicht zufrieden, und je länger sie mich verhörten, desto mißtrauischer schienen sie zu werden. Schließlich meinte Leutnant Müller: was ich vorbrächte, klänge zwar ganz gut und schön, aber jeder Spion könnte dergleichen vorbringen. Er sähe sich doch genötigt, meinen Kommandanten zu benachrichtigen.

Ich bat nochmals inständig, davon Abstand zu nehmen. Darauf ließ er zwei Jäger kommen, denen er meine anzuzweifelnden Angaben mitteilte. Er ließ sie ihre Pistolen laden: »Bringen Sie den Mann bis zu seinem Standquartier und überzeugen Sie sich, ob seine Aussagen stimmen. Wenn er unterwegs den leisesten Fluchtversuch macht, dann schießen Sie ihn nieder.«

Als ich herausgeführt wurde, erblickte ich einen Jägerunteroffizier aus Kneis, der mich gut kannte. Weil er auch bei Leutnant Müller Vertrauen genoß, verwandte er sich für mich, und man gestattete mir nun, noch zu bleiben und mir die Schützengräben anzusehen. Ich spazierte vergnügt zwischen den Laufgräben, den sauberen Unterständen und den

15-cm-Geschützen der Batterien herum. Ein Proviantwagen, mit einem russischen Klepper bespannt, nahm mich dann nach Kneis mit zurück. Wir machten einen Umweg über Lazup auf schönen Waldwegen. An einem hübschen Brückchen, das die Deutschen erbaut hatten, stand »Hindenburgbrücke«. Allenthalben sah ich geborstene oder gefällte Bäume, Pferdeschädel, Granatsplitter und Reste von eingeäscherten Häusern. In der Kantine von Lazup nahmen mich die Landsoldaten gut auf. Es ging dort sehr lebhaft zu. Man zechte und lachte, und alles redete sich mit »Du« an.

Mein Ausflug blieb vor meinem Kommando unbemerkt. Dagegen wurde ich am nächsten Tag von Hermann ausgiebigst angeschnauzt, weil er herausgekriegt hatte, daß ich mich photographieren ließ. An diesem Tage hörte man von früh bis abends die Aufschläge russischer Geschosse. Es klang wie nahes Gewitter. Aber mich deuchte, daß Hermanns Donnerwetter alles übertönte.

Bei der Arbeitsverteilung schickte man mich mit einer Gruppe zum Holzfällen in ein harzduftendes Gelände. Rehe flohen vor uns. Krähen umkreisten uns, und in das Rauschen des Meeres schlug unsere Axtmusik.

Maschinistenmaat Eckmann traf mit einem neuen Bagagetransport aus Schlokenbek ein. Er brachte auch die Pontons mit. Die Jäger schüttelten wieder die Köpfe beim Anblick dieser großen verschlossenen Badewannen. Die Pioniere, denen Pontons vertraut waren, fragten nur, wo man denn hier Brücken zu bauen gedenke.

Mitunter wurden wir truppweise zum Kirchgang befohlen. Man saß in einem qualmstickigen, mit Tannengrün geschmückten Raume auf Holzbänken. Über einem Podium stand »Heil Kaiser Dir!«. Ein feldgrauer Prediger sprach über »Dienen und Gehorchen« oder andere Themata.

Wir schossen Stare und brieten sie uns und tranken dazu Birkenwasser, das wir uns schonungslos von jungen Stämmchen abzapften.

Der Kommandant rief uns zusammen und brüllte uns an. Wir wären eine verlotterte Bande. Wir liefen hier herum als wie zum Vergnügen und vergäßen, daß wir im Kriege und vor dem Feinde wären. Er möchte darauf aufmerksam machen, daß in Tukkum ein Gefängnis sei. Hermann schloß so: »Der Hester gibt sich Mühe, aber er ist zu dumm.«

Der Dobermann sollte abgeschafft werden, weil er im Frontgelände wilderte und überhaupt verräterisch und störend wurde. Siebzig Mann verprügelten ihn und jagten ihn in die Flucht in der Richtung nach Schlokenbek. Als ein Matrose dem fliehenden Hund noch einen Knüppel nachwarf, drehte sich das Tier um, nahm den Knüppel ins Maul und kehrte lustig schwanzwedelnd zu uns zurück.

Der Maschinistenmaat traf ein, wieder mit einer Ladung unermeßlichen Nitkaschen Reichtums. Das Motorboot war unterwegs von den Loren gestürzt und beschädigt. Mit dem Zusammensetzen der Pontons und Schienen gab es viel Arbeit, die besonders dadurch gehemmt wurde, daß der Kommandant, der Maschinist, der Feldwebelleutnant und Herr Feldwebel Belz alle durcheinander kommandierten und häufig ganz konträre Befehle erteilten. Anstatt den sachkundigen Leuten, den gelernten Technikern, Schlossern, Zimmerleuten usw., etwas Selbständigkeit einzuräumen. Schmeicheleien, Angebereien, Zänkereien düngten gesäte Zwietracht.

Ich fand bei meinen abendlichen Streifen ein seltsames Stilleben im Sande. Neben einem Nachttopf lagen eine Hornbrille und ein Granatsplitter, und auf dem Granatsplitter saß eine Hummel.

In einer sternenlosen Nacht begannen wir unsere ersten Wasserarbeiten. Die Leute mit Gummianzügen mußten voraus, aber wir anderen gleich hinterher. Mit Hilfe von improvisierten Flößen sollten wir die bisher bis ans Ufer gelegten Schienenstränge noch dreißig Meter weit über Sandbänke hinweg ins Wasser legen. Hermann war sehr nervös. Er würde jeden erschlagen, der ein Wort redete. Wenn aber einer von uns notwendigerweise sich einmal unterstand, ganz kurz sein Taschenlämpchen aufleuchten zu lassen, dann schimpfte der Kommandant durchaus nicht leise. Und wurde nicht erschlagen. Es war eine böse Wurschtelei. Manchmal arbeiteten wir angestrengt viele Stunden lang an einer Sache, die plötzlich zusammenstürzte und uns nicht einen Schritt weitergebracht hatte. Das Ganze bot ein romantisches Bild, oder eigentlich nur einen Scherenschnitt. Denn man sah nur Silhouetten gegen den Himmel. Im übrigen tastete man und tappte herum. Plötzlich stand mitten unter uns ein Ungetüm. Eine Dragonerpatrouille, zwei Reiter, die sich mißtrauisch von ihren Pferden beugten und uns dicht in die Gesichter sahen. Jemand flüsterte: »Gute Freunde, Deutsche.« Herman bellte auf. Die Patrouille zog weiter. Ihre Pferde stiegen lautlos durch den Sand und über die Schienen, Stacheldrähte und andere Hindernisse hinweg. Über Lazup blitzten Scheinwerfersignale auf. Dann gleichzeitig mit Hagelwetter setzte Kanonendonner ein.

Das Schienenlegen im Wasser machte infolge des unebenen lockeren Sandbodens unerwartete Schwierigkeiten. Dabei galt es, die wenigen mondlosen, zufällig noch vom Nebel begünstigten Nächte auszunützen. Oft standen wir bis zum Halse im Wasser. Manche Leute litten infolge dieser Strapazen und vielleicht auch wegen der unzulänglichen Kost an Diarrhöe und Magenschmerzen.

Mittags zeigte sich hoch in den Lüften ein Flieger. Wir hörten, wie er von irgendwo beschossen wurde, erfuhren aber nicht, ob es ein deutscher oder russischer Flieger war.

Die Russen hatten sich über Nacht dicht vor unseren äußersten Drahtverhauen eingegraben, ohne daß unsere Landsturmposten etwas gemerkt hatten. Morgens wurde die Jägerpatrouille beschossen. Zwar vertrieben die Jäger die Russen wieder und nahmen sogar einige gefangen, aber sie hatten selbst einen Toten und acht Verwundete. Die Jäger hatten schon viele und oft sehr schwere Gefechte gehabt. Von einer ursprünglichen Stammkompanie waren nur noch wenige am Leben.

Sonnenschein lockte schon Schmetterlinge heraus, Vögel zwitscherten. Wir säten Radieschen und Salat in unseren Gärten.

Noch schien der Russe nichts von unseren Arbeiten gemerkt zu haben. Am gefährlichsten waren uns die Flieger, denn wir wußten nicht, ob unsere Schienenstränge, soweit sie unter Wasser lagen, von oben erkennbar wären.

Ostersonntagsruhe. Ich knüpfte meine Hängematte zwischen Birken auf und schrieb Tagebuch, wozu ich abends selten kam, weil jedes Haus pro Tag nur ein Talglicht erhielt. Es war doch schön in Kneis! Wenn nur nicht soviel Zank und Neid unter uns gewesen wäre! Und wenn es dort nur ein einziges Weib gegeben hätte.

Wie Ostereier trafen unsere Minen ein und wurden schleunigst in dem festgezimmerten und mit drei Meter hohem Sand bedeckten Schuppen verborgen, der selbstverständlich auch mit Bahngeleisen verbunden und im übrigen auch gegen Fliegeraugen mit Laub maskiert war.

Dann war wieder bei Lazup ein heftiges Artilleriegefecht. Wir konnten vom Strande aus die Einschläge beobachten.

Auf einem einsamen Ausflug in neuer Richtung geriet ich durch Bickbeersträucher und rostbraune Kiefern in eine sumpfige Gegend. Dort war eine kleine Ansiedlung. Ich durchstöberte die wenigen verlassenen Holzhäuser gründlich. Von den Wänden hingen Zeitungsfetzen herab. Pferdegeschirr, Schlitten, Särge, Spinnräder, ein Kinderschuh und anderes lagen zwischen Schutt und Glasscherben. Nur eine Teekanne eroberte ich. Dann verirrte ich mich nach der Ansiedlung Rone, wo Jäger und Dragoner lagen. Dort sah ich etwas Wundervolles, nämlich eine Frau. Aber sie war in Begleitung von Offizieren und zwei Zivilisten, offenbar baltischen Adligen.

Unsere große Dampfpinasse war eingetroffen. Ich hatte meine Pontons aufmontiert. Die Schienen waren gelegt. Nun sollten die ersten Probefahrten beginnen. Ich hatte mir einen guten Lederanzug ausgesucht, trug Segeltuchschuhe und führte Rum bei mir. Um acht Uhr bei Dunkelheit ließen wir die Loren, die die Dampfpinasse trugen, abrollen. Sie entgleisten, wie der Meister es vorausgesagt hatte, weit draußen hinter der ersten Sandbank. Es kostete Stunden großer

Anstrengung, Pinasse und Loren wieder ans Land zu bringen. Die Jäger griffen helfend mit ein. Der Kommandant schrie. Wir schwiegen, schwitzten, hasteten, tasteten. Wieder standen ganz unvermutet zwei Patrouillenreiter unter uns. Sie beugten sich, auf ihre Lanzen gestützt, herab. Wir flüsterten ein paar Worte mit ihnen und liebkosten ihre Pferde.

Als wir eben Lore und Pinasse in die Schuppen geborgen hatten, machten sich hinter der Landzunge Schiffe bemerkbar, die mit Scheinwerfern das Wasser absuchten.

Eichhörnchen sandte mir eine Schachtel teurer Zigaretten. Ich nahm aber nur zwei davon und verkaufte die andern. Für das Geld besorgte mir Obermaat Lampe in Tukkum eine Flasche Weißwein. Mit diesem langentbehrten Genuß lagerte ich mich abends, in einen Wachtmantel gehüllt, am kühlen Strand und schrieb an einer Novelle. Ich bedachte nicht, wie leicht ich angeschossen werden konnte. Denn gerade an diesem Tage hatte uns einer unserer Agenten aus Rußland folgende Geheimnachricht gesandt: »Heute abend um neun Uhr wird der neunzehnjährige lettische Spion Carl Bing versuchen, mit einem Boot an eurer Küste zu landen.« Darauf hatten die Deutschen an der Küste, so auch wir in Kneis, doppelte Posten ausgestellt, die den Letten sofort erschießen sollten. Denn Parole gab es bei uns nicht, nur Anruf.

Am übernächsten Tage sollten wir noch einmal Probe fahren. Die meisten von uns hatten schwere Bedenken. Denn inzwischen hatten nachts russische Torpedoboote uns verdächtig abgeleuchtet. Und am Tage waren Flieger über uns gekreist, so hoch, daß unsere Artilleriegeschosse sie nicht erreichten, wie man an den Schrapnellwölkchen sah. Nicht nur Obermaat Lampe, sondern auch andere Hasen sprachen ununterbrochen vom Sterben, Ersaufen und In-die-Luft-Fliegen.

Bei Dämmerung marschierten wir zum Strand. Meine Pontons rollten zu Wasser. Dann folgte die Dampfpinasse. Sie blieb wieder stecken, aber es gelang den Gummileuten schließlich, sie über die dritte Sandbank zu bringen. Ich untersuchte meine Pontons. Der Kommandant kam herangerudert. »Halten die Pontons dicht?«

»Der eine leckt ein wenig.«

Der Kommandant schrie und kroch nun selber durch die schmalen Luken in alle drei Pontons. »Sie lecken alle drei!« rief er. Ich erklärte ihm sachlich und militärisch, daß es sich hier um Schwitzwasser handelte, daß winzige Lecks weder zu vermeiden noch von Bedeutung wären. Die Pontons, mit größeren Lecks und mit Minen beladen, hätten in Kiel drei Tage lang bei Windstärke sechs im Wasser gelegen. Herr Hermann ließ sich beruhigen. Er wurde sogar auf seine Weise freundlich.

Dann hatte ich Ärger mit dem Feldwebel Belz, der zwei Leute von meiner gut eingearbeiteten und, wie ich meinte, mir sehr ergebenen Pontonmannschaft für sein Büro abkommandierte. Ich setzte schließlich durch, daß wenigstens der eine Matrose, Leibgiris, mir wieder zurückgetauscht wurde. »Na, Leibgiris, ich habe schwere Kämpfe gehabt, um Sie wieder auf Ihren schönen alten Posten zu bringen. Sie fahren doch gern mit mir?«

»Nein«, sagte er mit einer weichen Stimme, »denn ich weiß, wir werden alle nicht wiederkommen. Aber weil ich nun dazu abkommandiert bin, werde ich Lust dazu haben.«

Der Dobermann war verschollen. Vielleicht hatten ihn andere Quartiere an der Front abgeschnappt. – Ich gab einem Heimaturlauber der Pioniere meine letzten Tagebücher mit, weil unsere aus- und einlaufende Post streng überwacht wurde. – Der Kommandant versammelte uns, um seine Pläne zu entrollen. Acht Sperren würden wir legen, morgen die erste und zwar die von den Russen am weitesten entfernte. Wir sollten zwölf Meilen weit ausfahren, vier Stunden hin, drei Stunden zurück. Er hätte im übrigen in Tukkum ein Faß Bier für uns bestellt, allerdings auf unsere Kosten.

Aber »morgen« liefen wir nicht aus, weil Hermann, wie die meisten Seeleute, den Aberglauben hegte, daß Schiffe am Freitag nicht ungestraft ausfahren.

Mittags tauchten fünf kleine und ein großes russisches Boot auf und wurden von unseren Küstenbatterien beschossen. Wir Mariner verdeckten eiligst unsere Minen und Gerätschaften mit Lärchenzweigen. Dann zog mich Gelächter nach einem Hause der Dragoner. Dort sollte eine kleine russische Stute von einem kleinen russischen Hengst gedeckt werden. Der aber war in eine große deutsche Stute verliebt, die zufällig dort, an einen Proviantwagen gespannt, hielt. Es ergab sich, daß die deutsche Stute zu hoch für den Hengst war, und dieser geriet infolge seiner fruchtlosen Bemühungen in eine urkomische Raserei. Der russischen Stute drehte er verächtlich das Hinterteil zu und trat nach ihr.

Samstag nachts um zehn Uhr unternahmen wir unsere erste ernste Fahrt. Pontons und Pinasse kamen glücklich zu Wasser und über die Sandbänke hinweg. Ich hörte allerdings, wie der Kommandant in der Pinasse zornig auf Obermaat Lampe schimpfte. Aber alles kam in Schuß, und die Pinasse zog uns an der etwa fünfzig Meter langen Leine durch die kalte Nacht. Auf meinen Pontons befanden sich außer meinen fünf Seeleuten noch drei Minenheizer mit dem Torpedomaat Burkert, mit dem ich nur das Notwendigste sprach, bzw. flüsterte. Er entsicherte die Minen, bereitete sie zum Abwurf vor und kotzte seekrank.

Wenige Sterne standen am Himmel. Das Wasser überflutete unsere Decks und lief in die Pontons. Ich schraubte die Handpumpen an. Sie versagten. Wie ich das vorausgesehen hatte. Doch wußte ich mir auf andere Weise zu helfen, erfaßte die Möglichkeiten, und eine überlegene eisige Ruhe überkam mich. Das übertrug sich dann auch auf meine jungen Seeleute, die anfangs den Kopf verloren und bebbernd vom Absaufen redeten. Einer von ihnen war seekrank. Ich wies ihm unfreundlich einen Platz an, wo er sich festklammern und nichts tun sollte. Das überspritzende Wasser durchnäßte uns durch und durch und schlug wie Trommelwirbel auf das dünne Pontonblech. Leibgiris tappte sich zu mir. »Herr Bootsmaat, ich glaube, jetzt ist es Zeit, daß wir uns die Schwimmwesten anlegen.«

»Sie altes feiges Weib! Ziehen Sie sich meinetwegen hundert Schwimmwesten an!«

Von Zeit zu Zeit kroch ich in die Pontons hinein, wo sich der Wogenanprall wie ein drohendes Donnergeräusch anhörte. Ich lag dann auf allen vieren zur Hälfte im dreckigen Wasser und zeichnete mit Kreide die Leckstellen an. Dann stand ich wieder an Deck, kontrollierte das Entsichern der Minen, das Verhalten der Schleppleine und beobachtete dabei unaufhörlich die Pinasse. Dann klang ein Ruf übers Wasser: »Wirf erste Mine!«

Wir rollten den ersten dieser schweren, plumpen Kolosse über Bord. Das Wasser schloß sich über der Mine, und wir wußten, daß sie unten auf dem Meeresgrunde sich von ihrer Verankerung erheben würde, um als todbringende Blume der russischen Schiffe zu warten.

»Erste Mine geworfen!« gab ich zur Pinasse.

So warfen wir in Abständen zwölf Minen. Es war schon bedrohlich hell geworden, als wir zurückkehrten. Und aus dem Pinasseschornstein stieg bedenklich viel Rauch. Der Kommandant war sehr nervös. Er verhängte Strafen, und als sich das Aufbringen meiner Pontons ohne meine oder unsere Schuld verzögerte, schrie er mich durch den Schalltrichter an: »Sie verdammte Strandkanone, ich werde Sie unter die Räder bringen!«

Am nächsten Tag verbesserten wir unsere Einrichtungen nach unseren Erfahrungen. Es wurde eine Vorrichtung geschaffen, die es ermöglichte, die Pontons erst im Wasser zu beladen. Als ich dabei dem Kommandanten in bezug auf eine geringfügige Sache einen Vorschlag machte, lobte er mich und sagte: »Ausgezeichnete Idee. Ei des Kolumbus!« Der Maschinist hörte dies Lob, und aus Neid darüber schikanierte er mich den ganzen Tag über. Mich andererseits ermutigten die Worte des Kommandanten so, daß ich nun endlich einmal meine Idee mit dem Hirschlocker zur Sprache bringen wollte. Ich hub an: »Ich bitte Herrn Kapitän darauf aufmerksam machen zu dürfen, daß wir einen Hirschlocker – – –«

»Quatsch, Hirschlocker! Ich weiß von der Dummheit, Sie altes Rindsvieh!«

Bei der nächsten Fahrt sollten nun andere, ablösende Besatzungen ihr Debüt haben. Ich bat bei der Musterung, alle Fahrten mitmachen zu dürfen. Ich wußte, daß meine Ablösung, der Bootsmaat Langebeck, gar keine Lust zu dem Unternehmen hatte, sondern nur Angst und überdies Familie. Der Kommandant wies mein Gesuch schroff ab. Er brauche keine Freiwilligen. Langebeck würde fahren. Ich sollte diesem meine Erfahrungen mitteilen.

Ich hatte einen Verdruß nach dem anderen. Früh verschlief ich die Zeit. Der Maschinist schnauzte mich häßlich an. Mit den Torpedomaaten hatte ich Zank um Speck, und als die Post eintraf, war nichts für mich dabei.

Die englische Armee in Mesopotamien hatte sich ergeben. Von der Goltz war tot. Er hatte mich ungewöhnlich interessiert.

Unser Unteroffizierklosett war nur in einer sonderbaren,

sehr unbequemen Stellung zu benutzen. Weil eine Tonne im Wege stand. Niemand gab sich die Mühe, diese Tonne einmal wegzurollen. Als Klosettpapier benutzten wir lettische Bibeln.

Der Mai war gekommen. Wir bestellten unsere Gärten und umgaben sie mit zierlichen Staketen. Obermaat Blaus Beet war so kitschig, daß es allen Leuten auffiel. Er hatte es kleinlich symmetrisch über und über mit Moos, Blechdosen, Glasscherben und anderen Gegenständen besteckt. Wir nannten es das »Kutscher-Lehmann-Beet«. Blau war überhaupt ein Original. Er sah aus wie sein Spazierstock aus Naturknüppelholz, den er, soweit sich das durchsetzen ließ, sogar im Dienst bei sich trug.

Es wurde heiß. Wir waren schon alle braun gebrannt. Der Matrose Lange, von Zivilberuf Zirkusausrufer, der einer unserer Spaßmacher war, und [...] in einem Sarge schlief, verzog mit diesem Bettersatz in einen leeren Unterstand, den er sonderbar ausschmückte. Den Zugang versperrte er mit Stacheldraht und befestigte ein Schild daran. »Varieté von Paul Lange.«

Ich teerte meine Pontons und schmiedete selber ein Eiseninstrument zum Kalfatern.

Alle Uhren wurden um eine Stunde vorgestellt. Es war nach der neuen Zeit elf Uhr nachts, als wir wieder Pontons und Pinasse zu Wasser ließen, und es gab eine große Wooling. Zwei Leuten wurden die Finger zerquetscht. Der Kommandant verteilte nach allen Seiten hin die saftigsten Anschnauzer. Diesmal galt es, die Sperre zu legen, die der Landzunge am nächsten lag. Die Landsoldaten an unserem Frontzipfel hatten Befehl, den Feind anzugreifen, um die Aufmerksamkeit von uns abzulenken. Ich durfte nicht mitfahren, sondern hatte allerlei nichtssagende Aufträge.

Gegen drei Uhr kamen Pinasse und Pontons glücklich zurück. Sie hatten sich auf zwei Seemeilen der Landzunge genähert, so daß sie, wenn die Russen Leuchtkugeln steigen ließen, Baulichkeiten und Bäume erkennen konnten.

»Obermaat Lampe hat fürchterliche Angst ausgestanden«,

erzählte mir ein Matrose, »besonders weil der Obermaschinistenmaat Krug, um möglichst wenig Rauch zu entwickeln, mit vierzehn Atmosphären gefahren ist. Lampe hat darüber beim Peilen einen falschen Stern erwischt und acht Strich West Deviation gemeldet.«

Die Pontons waren gegen eine Eisenschiene gerannt. Der Maschinist vertuschte die Sache. Ich untersuchte das Floß, denn ich wußte genau, daß der dicke Langebeck kein einziges Mal in die Pontons hineingekrochen war. Sie waren indes nicht wesentlich beschädigt.

Wir waren alle äußerst nervös und litten infolge der aufgedrungenen Wasserkuren an rheumatischen Schmerzen. Der Schmied erkrankte schwer und tat uns recht leid, während wir nur lachten, als sich Obermaat Lampe beim Arzt meldete, weil er sich vor Wahnsinnsanfällen nicht sicher glaubte. Ich selbst litt jetzt häufig an Kinnkrämpfen, und meine Füße juckten weiter, und ich kratzte sie dann blutig, und dann schwollen sie an, und dann drückten die Seestiefel.

Beim Aufladen stürzte eine Mine von einer Lore. Die Pioniere flohen, laut aufkreischend. Aber es konnte gar nichts passieren, weil die Sicherung nicht gelöst war.

Als ich wieder einmal zu Wein kam, bewirtete ich meine seemännische Besatzung. Wir tauften feierlich die drei Pontons, und zwar den backbordschen »Mucky«, den mittelsten »Eichhörnchen« und den steuerbordschen »Tula«.

Kneis bekam auswärtigen Besuch, und zwar hohe Militärs vom Generalstab, geschniegelt und gebügelt mit knallroten Streifen an den Hosen. Sie besichtigten alles. Ich schloß mich einmal ihrem Gefolge an und erlebte folgendes. Der General – oder was es sein mochte – schritt auf die Badeanstalt zu. Dort stand gerade der Jäger mit dem Dackel. Der Jäger machte stramm. Der Dackel machte Männchen. Der General dankte ernst. Der Jäger riß die Türe auf und rief »Ordnung!« in die Halle. Darauf schnellten aus zehn Kesseln zehn nackte Männer empor und machten stramm.

Wieder einmal, und zwar bei hoher Dünung, rollten die

Pontons ab. Die Leute in Gummianzügen schoben sie, soweit es möglich war. Aber das Übernehmen der Minen gestaltete sich sehr schwierig. Die Schienen schlugen, von den Wellen gehoben, mehr oder weniger heftig auf die Böcke nieder, und dabei wurde einmal mein Fuß heftig gequetscht. Als alles übergeladen war, stakten wir uns weiter in die See und hielten uns dort mit Mühe gegen die Strömung. So warteten wir lange auf die Pinasse. Endlich sahen wir etwas Dunkles zu Wasser gleiten, dann plötzlich aber steckenbleiben. Anscheinend war die Pinasse entgleist. Es war zu hören, wie die Leute unter dem üblichen anfeuernden »Zugleich« schwer arbeiteten. Stundenlang. Das schwarze Etwas bewegte sich nicht von der Stelle. Wir warteten und warteten. Die Arme taten uns vom Staken weh. Wir waren durch und durch naß, denn die Wellen schlugen unaufhörlich auf das Floß. Besorgt sahen wir nach dem Himmel, an dem schon das erste Viertel des Mondes stand. Die Heizer und Seeleute froren und murrten. Ich ging vor Anker und gab ihnen Ruhe und Schnaps. Aber ich wußte nicht, was an Land geschehen war und durfte ohne Befehl nichts unternehmen. Es herrschte etwas unerklärlich Beängstigendes in der Natur, in der Luft wie im Wasser, eine Stimmung, wie bei Sonnenfinsternissen oder kurz vor Erdbeben.

Endlich tauchte das »Dingi«, unser kleines Ruderboot, aus dem Dämmer. Der Maschinist rief uns in seiner aufgeregten Weise zu: »Salzstücken, Bleikappen, Zünder und womöglich Tiefensteller abnehmen!«

Also die Pinasse kam nicht mehr, saß offenbar fest, und wir mußten wohl damit rechnen, die Minen eventuell zu versenken, damit die Russen bei der drohenden Morgenhelle nichts merkten. Der Torpedomaat takelte mit seinen Heizern die Minen ab und schimpfte dabei, weil es an dem nötigen Werkzeug fehlte. Ich rief durchs Megaphon nach dem Strand, man möge uns Werkzeug mit dem »Dingi« bringen. Aber weder »Dingi« noch Antwort kamen. Die an Land hatten den Kopf verloren. Die Heizer drückten mir die herausgenommenen Zünder in die Hand. Ich wußte nicht, wohin ich die gefährlichen, schon bei leichtem Stoß explodierenden Dinger tun sollte, und da schnitt ich die Polster aus unserer Kochkiste und wickelte die Zünder da hinein. Dann kam der Befehlsruf: »Zurückkehren und versuchen, auf die Böcke zu kommen!«

Wir ruderten und stakten uns zurück. Es war unheimlich. Aus dem Nebel kamen uns hocherhobene Arme und rauh brummende Köpfe entgegen. Es waren die Gummileute, die bis an den Hals ins Wasser gewatet waren, um unsere Pontons in Empfang zu nehmen. Man hatte sie nur durch Verabfolgung von sehr viel Rum in das eisige Wasser gebracht, und sie waren total betrunken. Trotz ihres Beistandes und unserer äußersten Anstrengungen kamen wir nicht auf die Böcke, die nicht weit genug im Wasser standen. Wir wurden sogar selbst einmal auf Grund gestoßen, so daß ich, um die Pontons besorgt, wieder seewärts ging.

Was war vorgefallen? Eine ganz ungewöhnliche Springebbe hatte unser Auslaufen überrascht und den Strand mit eins weit hinaus bloßgelegt. Die Pinasse war mitsamt den Loren umgekippt. Der Oberleutnant stand im Wasser und kommandierte mit schöner seemännischer Ruhe. »Kohlen über Bord schütten!«

Es wurde bedenklich hell. Die aufgebrachte Stimme des Kommandanten schrie: »Alle Minen versenken!« Wir stakten uns noch weiter ab und ließen die zwölf Minen ins Wasser plumpsen. Dann, um ihr Gewicht erleichtert, und indem wir selber ins Wasser sprangen, brachten wir die Pontons schließlich auf die Böcke und dann an Land. So kurz vor Sonnenaufgang war an ein Bergen der Pinasse nicht mehr zu denken. Sie wurde mit Persennings maskiert, so daß sie aussah wie ein angeschwemmter Walfisch. Alles andere bargen wir eiligst, und dann ließ uns der Kommandant antreten. Er bedauerte das Unglück, doch sollten wir uns nicht entmutigen lassen. Er bedauerte ferner, daß neben so viel tüchtigen Leuten – er nannte den Namen Surkus – auch Faulenzer und Drückeberger wären, durch deren Schuld die anderen ins Lazarett kämen.

Es waren tatsächlich wieder viele von uns erkrankt oder verwundet. Mein gequetschter Fuß schmerzte sehr. Sieben Stunden lang steckte ich in nassen Kleidern. Dennoch war ich bester Laune. Aber als ich dann nach sieben Stunden Schlaf wieder zum Appell kam, empfand ich plötzlich Schwäche, und der Schweiß brach mir aus. Ich mußte mich auf meinen Nachbarn stützen, um nicht umzufallen.

Am Strande kam ein Schimmel angesprengt, der den Russen durchgegangen und uns von den Frontleuten schon telegraphisch gemeldet war. Aber wir vermochten ihn nicht einzufangen. Er raste weiter in der Richtung nach Rone.

Der neue Oberleutnant erwies sich als ein tüchtiger Seemann. Er scheute es nicht, bei allen Arbeiten persönlich kräftig zuzugreifen ...

Abends saß ich allein im Lazarett und war traurig, weil die andern draußen an der Aufrichtung und Bergung der Pinasse eifrig arbeiteten und ich nicht dabei sein konnte. Denn mein Fuß war so geschwollen, daß kein Schuh darauf paßte. Der Signalgast erzählte mir, daß in dem Monat von uns achtzig Leuten schon neununddreißig in ärztlicher Behandlung gewesen wären. Ich stellte melancholische Betrachtungen auf, über die Länge des Krieges, durch die Männer meines Alters so viel aufnahmefähige und ausgabefähige Zeit verloren. Dann brachte man den Minenheizer Heik in einer Hängematte direkt vom Arbeitsplatz ins Lazarett. Schwerkrank. Heik war ein brauchbarer, aber vielbestrafter Soldat.

Ein paar Leichterkrankte verbreiteten andern Tags freudestrahlend das Gerücht, der Kommandant habe eine Meldung eingereicht, daß er unter so schwierigen Verhältnissen das Unternehmen nicht zu Ende führen könnte. Mir verdarb diese vage Kunde die Stimmung. Als ich dann aber probeweise ein Stückchen spazieren humpelte, kam mir auf einmal sonderlich zum Bewußtsein, wie schön damals und dort der Frühling war. Ich blieb vor drei Holzfeuern stehen, über denen dampfende Kochkessel hingen. Dahinter standen schlanke Birken mit zartem Grün, und manche trugen Starkästen. Ein zartes Lüftchen zerteilte den Harz- und Blütenduft, den die Sonne aus Wäldern und Baumgruppen sog. Vögel schwatzten, eine Bandsäge schnaufte. Und ich war in Tirol oder Thüringen oder Gott weiß wo in Friedenszeit.

Die Pinasse war an Land gebracht. Aus Freude darüber besoff und verbrüderte sich alles mit Rum, und der erste Maikäfer wurde herumgereicht ... Der Kommandant ordnete für morgen, den 6. Mai, einen Ruhetag an. Wir sollten nur Gewehrreinigen, Zeugwäsche, Zeugflicken und sonstige leichte Arbeiten vornehmen. Einige meinten, das geschähe wegen Kronprinzens Geburtstag.

Ich fertigte mir aus einem Leibwickel und einer Brandsohle ein merkwürdiges, aber erträgliches Schuhwerk an und stelzte an zwei Knüppeln ein Stück hinaus in einen schönen Kiefernwald, dessen Stämme im Morgenlichte rot brannten, was mich an Wanjkas Ölbild denken ließ, das in meiner Stube in München hing: »Die Kiefernwälder meiner Heimat«. Wieder durchstöberte ich Häuserruinen, fand aber nichts als ein verknorrtes Aststück, aus dem man mit Phantasie einen Torlöwen sehen konnte, weshalb ich es in unserem Garten anbrachte. Doch, ich fand noch etwas, einen undefinierbaren roten Dreck. Den steckte ich dem Berliner Krug in die Hängematte. Nachmittags unternahm ich mit Landsoldaten einen Ausflug nach Lazup auf einem Bagagewagen. Dessen Pferde erregten mein Mitleid. Es mangelte allerwärts an Pferdefutter. Man gab den Tieren fast nur Kleie, oft sogar mit Sägemehl gemischt. Zum Weiden fehlte es an Zeit. Auch Streu war nicht genug vorhanden. Man half sich notdürftig mit dem Rohr von den Dächern. Zudem wurden die Gäule auf den tiefsandigen Wegen und in den schlechten Stallungen stark strapaziert, von den immer häufiger auftretenden Tierkrankheiten ganz zu schweigen.

Wir hielten erst vor einer geradezu gemütlich aussehenden Strandbatterie. Zwischen langrohrigen Schiffsgeschützen liefen Hühner herum. Der Beobachtungsposten ließ mich durchs Fernglas blicken, und da sah ich, wie drüben auf der Landzunge Soldaten an Stacheldrahtverhauen arbeiteten. In Lazup trieben die Soldaten ihren Spaß mit einer Frau, die nur eine Puppe aus Lumpen und Stroh war. Ich hatte einen brennenden Durst, aber in der Kantine gab es weder Bier noch Wein. Die letzten Bestände waren für die Offiziere reserviert.

Auf See zeigten sich die »Slava« und zwei andere russische Schiffe, die uns schon tags zuvor von unserem Agenten gemeldet waren. Unsere Küstenartillerie schoß. Wieder kreiste ein feindlicher Flieger über uns, der dann, wie wir nachträglich erfuhren, einen Arbeitszug bei Mitau mit Bomben belegte und dadurch siebzig Leute leicht verletzte.

Abends fuhren wir wieder. Diesmal verlief alles glatt. Ruhige See, bewölkter Himmel, kühles Wetter. Die Scheinwerfer von Dünaburg drehten ihre Lichtsektoren wie Windmühlenflügel. Auf der Landzunge stiegen in kurzen Zwischenräumen Leuchtraketen auf. Wir näherten uns frech einigen russischen Schiffen, die ebenfalls Scheinwerfer spielen ließen, aber nur die Luft nach Zeppelinen und Fliegern absuchten. Wären sie daraufgekommen, auch einmal das Wasser abzuleuchten, so hätten sie uns schnell entdeckt und mit zwei guten Treffern teils in die Luft, teils auf den Meeresboden geschickt. So aber klecksten wir ihnen zwölf Pulvereier im Abstand von drei Minuten hin und kehrten ungestört heim. Die Pinasse zogen wir nun nicht mehr an Land, sondern fuhren sie in eine kleine Bucht bei Rone, wo sie als Segelboot verkleidet wurde.

Wir Seeleute waren auf der Rückfahrt abwechselnd in die Pontons gekrochen, um einen kleinen Smoke zu einem Schlückchen Rum zu nehmen. Wir hatten dann die Luken hinter uns geschlossen, damit wir uns mit den Taschenlampen leuchten konnten, und lagen dort wie in einem Zinnsarg, an dessen Wände das Rigasche Meer schlug.

[...]

An meinen längst verstorbenen Vater

Ach steh noch einmal auf ins Leben,
Du toter Papa!
Der Krieg ist aus. Dann hat sich viel begeben.
Ob du wohl weißt, was mir geschah?

Ach, wenn du kommst, gibt es die Frage nicht:
Wer von uns hatte recht in seiner Meinung?
Wenn du nur kommst – doch komm nicht als Erscheinung.
Komm in mein reingeweintes Augenlicht.

Wenn du nur kommst! Ganz greifbar, nicht geträumt.
Wir werden wie zwei Wellen uns verschlingen.
Was uns durch Alter trennte, was versäumt
War, würde groß und unbefangen schwingen.

Ach weiß ich, daß kein Toter aufersteht.
Doch wenn es das, woran ich glaube, gibt,
Papa, dann hauche in mich ein Gebet.
Wir haben uns bisher nur fremd geliebt.

Ich habe gekämpft einen Boonekampf

Zeitversprengte Freunde

Wir Freunde auf einen Faden gereiht,
Es kam nicht so, wie wir wollten.
Denn unsere Kette riß mit der Zeit,
Und wir rollten.

Von allen Winden zerstreut und gehetzt,
Verschliffen und verwittert,
Meinten wir schon: wir würden zuletzt
Sterben total verbittert.

Doch unser Trauern lernte Geduld
Und lächelt nun ruhig ins Neue.
Wir glauben an unsere eigene Schuld
Und an die Vergeltung für Treue.

Flucht

Du segelst allein. Es soll niemand dabeisein.
Doch Tausende Fischlein begleiten dein Boot ein Stück
Des Weges. Aber du willst ganz frei sein,
Schaust weder nach rechts noch nach links noch zurück.

Nur fort! Nur weiter! Du willst das Vergangene
Vergessen. Fort! Du glaubst an den rechten
Gradaus fliehenden Weg ins Glück.

Hinter dir, hinter Glas und Draht und Eisengeflechten
Blicken dir lange nach: Gefangene.

Du glaubst deiner Richtung. – Mit Hilfe des Windes,
Der Strömung segelst du weiter und reist
Und reist und reist. Und die Sehnsucht des Kindes
Erkennt sich allmählich, altert, vergreist.

Nun und? – Aber die Wellen umspielen
Dein Boot. Es folgen dir Himmel und Licht.
Fremde Ziele passierst du. Von deinen Zielen
Das schönste, das einzige – kommt nicht in Sicht.

Hering in der Nordsee? Papagei
In Aschaffenburg? – – Wer ist ganz frei?

Rettende Insel

Wenn Parteien sich und Massen
Sichtbar und geräuschvoll hassen
Klingt das mir wie Meeresrauschen.
Und dann mag ich henkelltrocken
Still auf einer Insel hocken,
Die mich zusehn läßt und lauschen.

Nicht, daß ich dann etwa schürfe
Oder was dazwischen würfe
Oder schlichten wollte, nein,
Nein, ich weiß, das muß so sein.
Und ich dehne mich und schlürfe
Eingefangnen Sonnenschein.

Wechselnd laut und wieder leise
Rauscht das Meer in weitem Kreise
Mir vertraute Melodie.
Wo blind oder falsch gestempelt
Mißklang sich an Mißklang rempelt,
Windelt neue Harmonie.

Und dann schwimmt – fast ist es schade –
Noch ein Mensch an mein Gestade,
Sucht an meiner Pulle Halt.
Aus ist die Robinsonade,
Denn nach Insulanersitte
Sag ich unwillkürlich: »Bitte!«
Und ein zweiter Pfropfen knallt.

Und wir trinken. Es gesellen
Andre sich dazu. Die Wellen
Glätten sich. Der Haß zerstiebt.
Bis zuletzt in süßer Ruhe
Niemand noch was in die Schuhe
Andrer schiebt,

Und sich alles gegenseitig
Eingehenkelt ganz unstreitig
Duldet, gern hat oder liebt.

München – Hamburg – Altona – Amerika

Denn von München bis nach Hamburg hin,
Dritter Klasse, ist kein rechter Schlaf.
Ob Artist, ob müde oder Schaf –
Jedenfalls: ich merke steif: ich bin.
Aber grüßt mich in Hannover
Schon ein kühles, blondes Lineal.
Elbe abwärts, über den Kanal
Weht ein frischer Wind nach Dover.
Denn dies Hamburg liegt nicht weit vom Meere,
Wohinein der Binnenländer sticht.
Und am Dammtor stehen Leip und Kläre,
Die wie Whiskysoda zu mir spricht.
Und ich melde dann
Mich bei dir an Deck,
Dicker, treuer Kaptein Muckelmann.
Und du lächelst über mein Gepäck.
Abends lassen wir uns hin und her
Bis nach Altona
Durch die Hafenkneipen treiben,
Nur damit wir unsrem Peter Scher
Nach Amerika
Eine schöne Ansichtskarte schreiben.

Hamburg

Das Hafenleid – die Alsterdiamanten –
Das sind für mich so fertige Begriffe,
Da fallen Zahlen um die großen Schiffe,
Wenn ich begönnert, aber mißverstanden
Zwischen den Reedern sitze an der Bar,
Die scheinbar nur um Whiskysoda knobeln.
Indessen denk ich immer vor den nobeln
Kaufherren an mein schlechtgekämmtes Haar.

Dann die, die aus den Schiffen sich verstreuen:
Unangenehme, plumpe Wunderlinge,
Sie schenken bluterlebte Wunderdinge
Und wollen nichts, als sich mit andern freuen.
Wie sie das erste beste runter gießen,
So gierig wie die weißen Hafenraben – – –
Muß man den Schlüssel selbst erschmiedet haben,
Um ihre seltnen Märchen zu erschließen.

Und alles kenn' ich: Backbord, Luv und Lee,
Das »Rundstück warm«, die Segel und die Lichter,
Die hellen abgesalzenen Gesichter.
Fuhr ich vielleicht umsonst sechs Jahr zur See!

Hier bunte Ratsherrn flatternd um die Masten,
Dort steife Flaggen, die zur Börse hasten.
Und steife Grogs, Qualm, Tabak, Nebeldunst.
Du frägst nach Kunst? ach Hummel, Hummel – Kunst!

Nachts klang zwölf Glasen – (nein, vielleicht zwölf Uhr) –
Wie aus Westindien – dumpfes Dampfertuten,
Ich träumte (aber dieses lüg ich nur)
Ich träumte eben von der Tante Bur, –
Kann es wohl sein, daß Augenwimpern bluten?
Hier trink ich morgens Bier auf nüchtern Magen
Und häufe Wurst auf grobes, schwarzes Brot,
Und fühle mich so stark in jeder Not,
Ich würde mich hier schämen, je zu klagen.

Bremen

Hier gelt ich nix, und würde gern was gelten,
Denn diese Stadt ist echt, und echt ist selten.
Reich ist die Stadt. Und schön ist ihre Haut.
Sag einer mir:
Welch Geist hat hier
Die Sankt Ansgarikirche aufgebaut?
Groß schien mir alles, was ich hier entdeckte.
Ein Riesenhummer lag in einem Laden.
Wie der die Arme eisern von sich reckte,
Als wollte er durchs Glas in Frauenwaden,
In Bremer Brüste plötzlich fassen
Und – wie wir's von den Skorpionen lesen –
Restweg im Koitus sein Leben lassen, –
Wär er nicht längst schon rot und tot gewesen.
Als ich herauskam aus dem Keller, wo
Schon Heine saß, da sagte ich: »Oho!«
Denn auf mich sah Paul Wegener aus Stein,
Und er war groß und ich natürlich klein.
Brustwarzen hatte er an beiden Knien,
Vielleicht war's auch der Roland von Berlin.
Und als ich, wie um eine spanische Wand
Mich schlängelnd, eine seltsam leere,
Doch wohlgepflegte Villengasse fand
Und darin viel verlorene Ehre,
Stand dort ein Dacharbeiter.
Den fragt ich so ganz nebenbei:
Ob er wohl ein Senator sei?
Da ging er lächelnd weiter.

Ein ehemaliger Matrose fliegt

Ich bin einst in Seemannsjahren
Oft elbauf, elbab gefahren.
Auf der Seite, wo wir dann Stadt Altona
Sichteten, stand ich an Deck und sah.

Sah ein Haus. Vom Schornsteinruß geschminkt
Kiekt es lustig nach der Elbe hin.
Und ich wußte: Meta wohnt darin.
Wenn ich dort vorbeigefahren bin,
Hat sie mir und hab ich ihr gewinkt,
Ein Signal »Ich liebe dich«.
Und ich sah sie, und sie sah auch mich.

Heute flog ich über das vertraute
Altona. Hab nicht das Haus entdeckt.
Doch ich hab die Hand hinausgestreckt,
Hab gewinkt, wie ich es einst getan.
Und ich wußte: Meta schaute,
Winkte auf nach meinem Wolkenkahn
Oder, wie sie's nennen, »Aeroplan«.

Wenn man sich auch sonst von nah,
Teufel eins, viel lieber sah,
Dacht ich doch verliebt und bang
Oben dort im Wolkenhang:

Wenn ich jetzt hinunterstürze,
Fängt mich Meta in der Schürze
Auf.

Köln–Brüssel–London

Ach, mir war seltsam. Nach dem Start erwog ich,
Ob's komisch sei, wenn man sentimental
Denkt. Ach, zum ersten Male überflog ich –
Ein ehemaliger Seemann – den Kanal.

Im Sonnenwetter, das wir anfangs hatten,
Sah ich zur Erde. Lautlos eilend schlich
Tief unter uns, doch mit uns, unser Schatten.
Und ich ward traurig, als er plötzlich wich.

Und Brüssel dann. Ein kurzer Aufenthalt.
Ich hab als Sieger dort einmal gelitten,
Im Krieg. Ich habe dort nichts abzubitten.
Und doch: es überlief mich kalt.

Und weiter ging's, durch wechselvolle Höhen,
Nunmehr durch Grau und schwere Hagelböen.
Doch mich betrank's. Wie lange war es her,
Daß ich zur See ging?! – Segelschiff und Meer! –

Und als nun fern, dann näher der Kanal
Auftauchte, ich die Küste überschwebte,
War's, daß ich nun zum zweiten Erstenmal
Stolz, ehrlich staunend Globetrot erlebte.

Die Ufer unsres Kontinents entschwanden.
Zwei Dampfer sah ich, die mit ihren Wellen
Scheinbar ganz still, wie starrgefroren standen.
Dann brach die Sonne durch und wies mit hellen,

Vergnügten Fingern auf das Inselland
Und auf zwei Flieger. Diese zogen
An uns vorbei, als wir den Kuchenrand
Von Englands Küste überflogen.

Land unter uns. Bis sich vom Flugplatz Croydon
Blinkauf, blinkab ein Winkefeuer zeigte.
Als dann sich unser Kahn zur Landung neigte,
Wie brannte ich auf lang entbehrte Freuden.

Seemann kommt aus Pariser Kino

»Sous les toits de Paris.«
Wenn sie's doch alle so hätten
Wie wir zur See. – – In den großen Städten,
Wenn ich das Wasser verließ,
Trieb ich's, wie sie's
Treiben – hier su lä tua de Paris.

Sailing is better! –
Aber die in den Städten haben doch
Auch gutes und schlechtes Wetter
Und über den Dächern den Himmel – – Und *sous*?
Armut. – Hm – Aber sie haben dazu
Doch Weiber! – *Ja wosch lublu!* –

»Sous les toits de Paris.«
Alles verstand ich nicht.
Aber ich kenne doch die,
Die hart unterm Dache wohnen.

Das war so: Die Mutter der Welt spricht
Einfach zu allen Nationen,
Frenchmen, Englishmen, Holländer – – –

Hallo! He da! Nicht so schnell!
Pardon, liebe *mademoiselle.*
Leben – waren auch Sie
Sous les toits de Paris?

Kauderwelscher Bettlerdank

Ich danke dir für Wasser, Wein und Speise,
Und ich bin froh, daß meine Sprache fremd
Hier ist. – Ein Bettler mit verlaustem Hemd
Will ich nur sein. Auf meiner Weiterreise
Träum ich davon, wie gut und leise
Du von der Schwelle nach der Küche gingst
Und – was ich weiß – wie rührend schön du singst.
Denn ich hab lange dich belauscht, bevor
Ich klingelte an deinem starren Tor.

Du hast mich offnen Herzens angeblickt.
Doch ich bemühe mich, mich zu verstellen.
Du sollst nicht ahnen, wen und wie – –
Himmlisch hast du mein Bettelherz erquickt!

So ziehen eilig sanfte Wellen
Vorbei; doch sie vergehen nie.

Und eine Welle, die du selbst entsandtest
Und die ich selber nie erkennen lerne,
Bringt dir vielleicht aus einer fremden Ferne
Den Dank zurück, den du an mir nicht fandest.

Hong-Kong

Ich erhielt heute deinen beleidigten Brief.
Deine Nachschnüffeleien kränken mich tief.
Und erstens ist Tay-Fi kein Frauenzimmer,
Dann zweitens treiben es andre viel schlimmer,
Und drittens hab' ich – parteilos betrachtet –
Zwar mit ihr in einem gemeinsamen Zimmer
Im *Grand Hotel Discrétion* übernachtet,
Doch war überhaupt nur dies Zimmer noch frei,
Und wie die Betten zunander standen,
(Vergleiche die kleine Sizze anbei)
Ist gar kein Grund zu Verdächten vorhanden. –
Im übrigen weißt du: Ich liebe dich s e h r .
So lange von dir getrennt zu sein,
Erträgt aber niemand. Ich bin doch kein Stein,
Und ich brauche – ganz schroff gesagt: mehr Verkehr.

Alle Männer, auch Frauen, ganz nebenher
Gesagt, alle Völker brauchen dasselbe!
Und diese blöde, luetische, gelbe
Chinesin kommt ernstlich doch nicht in Betracht.
Wir haben uns halt mal per Zufall gefunden
Und ein paar anregende Stunden verbracht.
Man kann doch nicht ewig die ausgeschwätzte
Gleiche Gesellschaft und Gegend erleben.

Wenn man alle Münchner nach Preußen versetzte
Und umgekehrt. Und auch andererseits,
Etwa die Fakire nach der Schweiz. –
Was würde das Perspektiven ergeben! –
Wollen doch nicht am Alltäglichen kleben.
Großzügig sein! Also zürne nicht mehr. –
Du weißt, welche Zeit dein Brief bis hierher
Bei dem miserablichten Dampferverkehr
Gebraucht, und wie lange es wiederum währt,
Bis du endlich meine Rückantwort liest.
Und dann – und ich habe das eben beniest –
Ist doch die ganze Affäre verjährt.

Ich raffe mich auf
(Einem Freund zum Dreißigsten gewidmet)

Der Nachttopf klirrt. Ich bin entschlossen!
Der Doornkaat hat mich umgestimmt.
Wenn jetzt auch alles in der Stube schwimmt,
Ist doch noch lang kein Blut vergossen.

Der Spiegel kracht. Was will das heißen?
Was er uns spiegelt, ist verkehrt.
Ritz-Ratsch – ich muß mein Federbett zerreißen.
Denn Eigentum ist Dreck, der nur beschwert.

Hei, Wind gemacht! Die Federn stieben.
Den deutschen Seemann schreckt der Seesturm nicht.
Er denkt, den Tod vor Augen, seiner Lieben. –
Ach was – Quatsch: Lieben –. Bums! ein Schrank zerbricht.

Der Schrank ist mein, und ich bin frei.
Und wenn er mir auch nicht gehörte – –
Wir wär's, wenn ich das Fenster mal zerstörte?
Päng! – schlitterkläng – – Es ist entzwei!

Plautz – liegt mein Ofen. Er wog tausend Kilos.
Wo ist mein Frack? – ich habe Blut geleckt. –
Zu lange war ich schwach und energielos.
Dein Doornkaat Rosie hat mein Blut geweckt.

Frucht-Zucht-Frucht

Bananen, Melonen, Ananas – –.
Alle Früchte haben etwas –
Frei gesagt: Unanständiges,
Etwas Nuditätes an sich.
Darüber freue ich mich.
Denn das ist etwas Unbändiges.
Instinktiv oder auch bewußt
Haben wir alle daran unsre Lust.

Aber die darüber erschreckt sind,
Sich entrüsten und jemand verklagen,
Denen wollen wir andere sagen,
Daß wir schon lang nicht mehr a. A. geleckt sind.
Und das muß – wenn auch nur theoretisch –
Immer mal wieder auf Erden geschehn.
Sonst werden wir Mehlbrei und hyperästhetisch
Und werden rot, wenn wir Pfirsiche sehn.

Ferngruß von Bett zu Bett

Wie ich bei dir gelegen
Habe im Bett, weißt du es noch?
Weißt du noch, wie verwegen
Die Lust uns stand? Und wie es roch?

Und all die seidenen Kissen
Gehörten deinem Mann.
Doch uns schlug kein Gewissen.
Gott weiß, wie redlich untreu
Man sein kann.

Weißt du noch, wie wir's trieben,
Was nie geschildert werden darf?
Heiß, frei, besoffen, fromm und scharf.
Weißt du, daß wir uns liebten?
Und noch lieben?

Man liebt nicht oft in solcher Weise.
Wie fühlvoll hat dein spitzer Hund bewacht.
Ja unser Glück war ganz und rasch und leise.
Nun bist du fern.
Gute Nacht.

Siegerstimmung

Ich habe gekämpft einen Boonekampf –
Blackberry Brandy, Muskatnuß –
In Angostura und Pulverdampf
Stand ich. (Wie jeder Soldat muß).
Ich mußte vor Bitterkeit im Kakao
Die Milch und den Zucker entbehren
Ich dachte an meine und manche Frau
Und litt und kämpfte im Leeren.

Ich habe gesiegt, der dünne Feind wich,
Nun sitz ich mit wehender Fahne
Im Wirtshaus und stopfe und gieße in mich
Bier, Hering, Torte und Sahne.

Schiffer-Sentiment

Gelb das Wasser und der Himmel grau.
Neben mir hockt eine alte Wachtel,
Alte Dame oder alte Frau,
Zählt zum zehnten Male ganz genau
Geld aus einer Zigarettenschachtel.

Liebe Zeit! Es ist doch stets dieselbe,
Jedermannes arme alte Mutter.
Mich anzuzeigen. Hat unter Eid
Vor sieben Zeugen laut ausgesagt:
Ich sei angeheitert gewesen. –
Dieser Beamte tut mir leid.

Fünf über ein Thema

I.
Einst war ich Seemann. Ich habe seitdem
Einen schwankenden Gang. Nun tuscheln
Die Menschen manchmal gedankenbequem
Hinterm Rücken oder ganz offen:
»Der Kerl ist wieder besoffen.«

II.
Ich kann oft Menschen nicht wiedererkennen
Noch ihrer erinnern. Ich kenne zu viel.
Das ist keine Pose, das ist kein Spiel.
Die, die mich deshalb betrunken nennen,
Die treffen mich, aber nicht ihr Ziel.

III.
Man schämt sich immer von neuem zu fragen,
Und weil ich leider so schwerhörig bin,
Gebe ich oft lieber Antworten hin,
Die gar nichts besagen. Ich gelte dann
Bei vielen für den berauschten Mann.

IV.
Vor dem Vatikan in Rom
Lag ein Atom.
Ich stolperte so von ungefähr
Darüber. Die Menge meinte,
Daß ich nicht nüchtern wär. –
Nur das Atom weinte.

V.
Ich ging vom Herrenabend um drei
Früh heim, meiner Ansicht nach nüchtern,
Und biß unterwegs aus Scherz und fast schüchtern
Einem Schutzmann die untere Nase entzwei.
Da hat dieser dreiste Lümmel gewagt,

Mich anzuzeigen. Hat unter Eid
Vor sieben Zeugen laut ausgesagt:
Ich sei angeheitert gewesen. –
Dieser Beamte tut mir leid.

An meinen Kaktus

Du alter Stachelkaks,
Du bist kein Bohnerwachs,
Kein Gewächs, das die Liebe sich pflückt,
Sondern du bist nur ein bißchen verrückt.

Ich weiß, daß du wenig trinkst.
Du hast auch keinerlei Duft.
Aber, ohne daß du selber stinkst,
Saugst du den Stubenmief ein wie Tropenluft.

Du springst niemals Menschen an oder Vieh.
Wer aber mit Absicht oder versehentlich
Sich einmal auf dich
Setzte, vergißt dich nie.

Ein betrunkener, lachender Neger
Schenkte dich mir, du lustiges Kleines,
Daß ich den Vater ersetze dir kantigem Ableger
Eines verrückten, stets starren Stachelschweines.

18 Fragen an Joachim Ringelnatz

1. Frage:	Was essen Sie am liebsten?	Austern.
2. Frage:	Welches Temperament ist bei Ihnen vorherrschend?	Das linke.
3. Frage:	Haben Sie eine Weltanschauung?	Eine ganz kleine.
4. Frage:	Wie heißt Ihre Lieblingsblume?	Seegras.
5. Frage:	Was ist Ihnen die Erotik?	Heimlicher Sport.
6. Frage:	Welchen Duft schätzen Sie sehr?	W.C.
7. Frage:	Was verstehen Sie unter Glück?	Dito.
8. Frage:	Wie denken Sie über Frauen?	Ähnlich.
9. Frage:	Was trinken Sie am liebsten?	Terpentinöl.
10. Frage:	Welche Meinung haben Sie von der Ehe?	Eine dicke Ehrfurcht.
11. Frage:	Sind Sie diskret?	Warum nicht!
12. Frage:	Warum nicht?	Weshalb denn?
13. Frage:	Haben Sie Takt?	Ja, mehrere.
14. Frage:	Welches Buch lieben Sie vor allem?	Das Hamburger Adreßbuch.
15. Frage:	Wie ist Ihr Verhältnis zu Kunst und Wissenschaft?	Ein inniges.
16. Frage:	Welche Ausdrucksform und Richtung bevorzugen Sie?	Hautana.
17. Frage:	Haben Sie ein Ziel?	Nicht bei mir.
18. Frage:	Was erregt Ihre absolute Abneigung?	Der Tod.

Meine alte Schiffsuhr

In meinem Zimmer hängt eine runde,
Alte, achteckige Segelschiffsuhr.
Sie schlägt weder Glasen noch Stunde.
Sie schlägt, wie sie will, und auch nur,

Wann sie will. Die Uhrmacher gaben
Sie alle ratlos mir zurück;
Sie wollten mit solchem Teufelsstück
Gar nichts zu tun haben.

Und gehe sie, wie sie wolle,
Ich freue mich, weil sie noch lebt.
Nur schade, daß nie eine tolle
Dünung sie senkt oder hebt

Oder schüttert. Nein, sie hängt sicher
Geborgen. Doch in ihr kreist
Ein ruhelos wunderlicher
Freibeuter-Klabautergeist.

Nachts, wenn ich still vor ihr hocke,
Dann höre ich mehr als Ticktack.
Dann klingt was wie Nebelglocke
Und ferner Hundswachenschnack.

Und manche Zeit versäume
Ich vor der spukenden, unkenden Uhr,
Indem ich davon träume,
Wie ich mit ihr nach Westindien fuhr.

Mein Wannenbad

Es muß wieder mal sein.
Also: Ich steige hinein
In zirka zwei Kubikmeter See.
Bis übern Bauch tut es weh.
Das Hähnchen plätschert in schamlosem Ton,
Ich atme und schnupfe den Fichtenozon,
Beobachte, wie die Strömung läuft,
Wie dann clam, langsam mein Schwamm sich besäuft.
Und ich ersäufe, um allen Dürsten
Gerecht zu werden, verschiedene Bürsten.
Ich seife, schrubbe, ich spüle froh.
Ich suche auf Ausguck
Vergebens nach einem ertrinkenden Floh,
Doch fort ist der Hausjuck.
Ich lehne mich weit und tief zurück,
Genieße schaukelndes Möwenglück.
Da taucht aus der blinkenden Fläche, wie
Eine Robinsoninsel, plötzlich ein Knie;
Dann – massig – mein Bauch – eines Walfisches Speck.
Und nun auf Wellen (nach meinem Belieben
Herangezogen, davongetrieben),
Als Wogenschaum spielt mein eigenster Dreck
Und da auf dem Gipfel neptunischer Lust,
Klebt sich der Waschlappen mir an die Brust.
Brust, Wanne und Wände möchten zerspringen,
Denn ich beginne nun, dröhnend zu singen
Die allerschwersten Opernkaliber.
Das Thermometer steigt über Fieber,
Das Feuer braust, und der Ofen glüht,
Aber ich bin schon so abgebrüht,
Daß mich gelegentlich Explosionen –
– Wenn's an mir vorbeigeht – –
Erfreun, weil manchmal dabei was entzweigeht,
Was Leute betrifft, die unter mir wohnen.
Ich lasse an verschiedenen Stellen

Nach meinem Wunsch flinke Bläschen entquellen,
Erhebe mich mannhaft ins Duschengebraus.
Ich bück mich. Der Stöpsel rülpst sich hinaus,
Und während die Fluten sich gurgelnd verschlürfen,
Spannt mich das Bewußtsein wie himmlischer Zauber,
Mich überall heute zeigen zu dürfen,
Denn ich bin sauber. –

Dreiste Blicke

Über die Knie
Unter ein Röckchen zu schaun – –
Wenn sie doch das und die
Haben, die schönen Fraun!

Über einen öffnenden Saum
In Täler zwischen Brüstchen
Darf Blick wie stiller Traum
Stürzen sein Lüstchen.

Sollen doch Frauen auch
So blicken – nicht schielen –,
Wenn Arm, Popo und Bauch
In Fältchen spielen.

Nimm, was der Blick dir gibt,
Sei es, was es sei.
Bevor sich das selber liebt,
Ist's schon vorbei.

Abschied von Renée

Wann sieht ein Walfisch wohl je
Ein Reh? –
Ach du! Renée!
Und führen wir zusammen zur See,
Wir landeten bei den Wilden. –
Sag: Ist es nicht noch schöner, in Schnee
Als in Erde zu bilden?
Und sei auch kein Fuß an dem Sinn;
Es schweben auf tanzender Melodie
Zwei Federn einer Indianerin
Fort, fort in die weite Prärie.
Ade Renée!
Wie dunkelschön war unser Dach,
Als leise wir viere
Zusammenrückten vor Blitz und Krach. –
Ich streichle euch guten Tiere,
Nun ich geh.
Mir ist so dienstmädchen-donnerstagweh,
Weil ich nun weiterfahre.
Und ich war hundert Jahre
Mit dir zusammen,
Renée.

Ein Liebesnacht-Wörtchen

Ja – – ja! – – ja!! – – ja!!! – –
Du hast so süße Höschen.
Nun sind wir allein. Und es ist Nacht.
Ach hätte ich dir doch ein Röschen
Mitgebracht.

Bordell

1.
Ich sag' es ja, Mutter: du hast für dich recht,
Diese Weiber sind durch und durch schlecht
Und gänzlich verseucht und völlig verkommen.
Du hast das von deinen lieben
Eltern und aus Büchern entnommen,
Darin die Wahrheit umschrieben
Ist, weil man sie richtig und scharf
Nicht leicht einsehen kann, noch sie drucken darf.

2.
Du tu nur nicht so, guter Vater! Ich weiß
Aus Briefen und sonsther so was über viele
Nächte und seltsame Gruppenspiele.
Und tausend pro Mädel war damals ein Preis!
Ich bin doch kein Kind mehr. Ich meine auch nur:
Zehntausend Mark sind schließlich kein Quark.
Komm! Trinken wir auf die Tante Bur
Und auf einen König von Dänemark.

3.
Aber, liebe Schwester! Ei ei!
Geh, so du magst, wie an Klosetten vorbei.
Reizt es dich dennoch, hinzusehen,
Warum muß das dann spöttisch geschehen?
Denke: Was reizte dich wohl, hinzusehen?
Wüßtest du, wie sie dich laut beneiden,
Wie sie, getretene Tiere, dort leiden
In dem Gefängnis der Allzufrein,
Würdest du trotz der Geschmeide und Seiden,
Des offenen Scheins, der blendenden Beine,
Trotz der Erfolge ihnen nicht nur verzeihn.
Sollst sie weder beachten noch meiden;
Laß sie einfach in Ruh.
Sie sind gemeine, befleckte Schweine.
Nicht so vornehm und rein und welterfahren wie du.

4.
Wie, bitte? – Ja, Herr, Sie sind hier ganz richtig.
Sie scheinen recht stark und sehr sektfroh zu sein,
Und wenn Sie viel Geld haben – das wäre wichtig –
Fallen – äh kommen Sie dreist herein.
Hier können von dreizehn angefangen
Sie Damen jeden Alters verlangen
Nebst allen raffinierten Geräten
Für Rari-, Abnormi- und Perversitäten.
Sie müssen die Kühe nur richtig fassen.
Sollten Sie etwas Geschmack besitzen,
Ja nicht das merken lassen.
Aber mit Ihren Brillanten recht blitzen.
Viel Trinkgeld dem Pförtner! Das macht sie vertraun.
Viel Sekt und auch Schnäpse! Das macht sie berauscht.
Dann dürfen Sie sie bestehlen, verhaun –
Oder wenn ihr die Rollen vertauscht –
Mehr zu reden, hätte nicht Sinn,
Er ist ja schon drin.

5.
– Duddeldei oder Daddeldu,
So ein echter Vollblutmatrose,
Zweimal so breit und so stark wie du.
Und sie hat ihm die Klappe von seiner Hose
Einfach heruntergefetzt.
Und dann ist die dicke Therese gekommen
Und hat ihm den Bambuskorb weggenommen
Und die Schildkröte in den Nachttopf gesetzt. –
Mein alter Freund, ich kann dir sagen:
So habe ich lange nicht gelacht. –
Und die Alte hat ihn mit ihren Brüsten
Links und rechts um die Ohren geschlagen;
Aber der Kerl ist nicht aufgewacht. –
Übrigens nimm dich vor der in acht,
Die hat solch komischen Ausschlag am Knie. –
Und dann – was wollt ich erzählen? Ach ja:

Ha ha ha ha!
Dann waren zwei stumme Chinesen da,
Die haben die freche schwarze Marie –
Ha ha ha ha! ha ha ha ha!

6.
Mein Sohn, für diesmal sei dir verziehn.
Pfui, solche Gedanken sind schändlich.
Es gibt doch Schöneres anzusehn
Als diese Freudenhaus-Photographien.
Schäme dich! Und nun kannst du gehn.
Die Bilder verbrenne ich. Selbstverständlich.
Ich bin gewiß kein kleinlicher Spießer,
Doch wenn ich dich jemals in einem dieser
Häuser treffe und Unzucht treibst,
Dann schlage ich dich, daß du liegen bleibst.

7.
... wo wir fremd sind, oder verkleidet als Mann. –
Daß ich dir, meiner Frau, dergleichen
Sagen und wagen kann,
Ist das nicht ein berauschendes Zeichen
Für die Art unsres Liebdich-Liebmich? –
Staune dort nicht! Beobachte still.
Sei recht gemütlich fidel. Aber gib dich
Nicht etwa wie eine, die gleich oder mehr sein will.
Erst wird dich alles nur widerlich,
Natürlich auch billig traurig berühren.
Das Sauberste ekelt und flegelt sich,
Vergißt sich und rekelt sich liederlich.
So fechten sie ums Verführen.
Bei eines verwöhnten Bettlers Musik
Kennt jeder Blick den anderen Blick
Als Trick hinter Trick;
Tanzt lustig froh ein Riesenpopo;
Starrt auf dem Sofa ein Püppchen;
Entgleist ein Lied aus behaglichem Leid;

Trinkt man; berstet ein Grüppchen,
Aus Eifersucht oder Neid
Zankend um ein begossenes Kleid.
Sei gefaßt auf klirrenden Streit.
Plötzlich ein heiserer Schrei.
Warnend zischelt es nebenbei,
Die Postin gegen die Polizei.
Ein hastiges Räumen. – Spannung. – Vorbei. –
Und durch den Salon streift nach alter Routine
Dick und mit heiserer Miene
Aber unantastbar und stramm
Aus und ein vermittelnd: Madame.
Und die aus dem hitzigen Dunst
Paarweise einig verschwinden;
Er wird oben menschlicher finden
Außer dem Handwerkszeug ihrer Kunst:
Ein bissel heimliche Habseligkeit,
Ein Flickchen Reue, ein Ringlein Treue,
Viel Aberglauben, auch zackige Ehre
Und frisch Umkränztes aus ehrsamer Zeit.
Fändest du hinter der träumenden Leere
Unter der parfümierten Misere:
Harrende Verworrenheit
Schamlos offen ergeben. –
Wie draußen auf einem Schiff auf dem Meere
Dreizehn Matrosen unter sich leben.

8.
Guten Morgen, mein Schätzchen,
Leb wohl! Du bist wie ein Kätzchen
So schmiegsam und samtig.
Was? Du willst heute kein Geld?
Was dir doch einfällt!
Tust du's denn etwa ehrenamtlich?
Vielleicht für das Kartenlegen?
Sag doch, Liebling, weswegen
Willst du kein Geld heute? Nimm es doch hin!

Weil ich ein armer Künstler bin?
Freilich, wir sind Kollegen.
Das nächstemal leg ich dir wieder die Karten.
Nun muß ich fort. Meine Frau wird warten.
Du weißt doch, daß ich verheiratet bin?
Du aber bleibst meine süße kleine
Freundin. Und Beine hast du! Beine
Wie eine Königin.

Meine erste Liebe?

Erste Liebe? Ach, ein Wüstling, dessen
Herz so wahllos ist wie meins, so weit,
Hat die erste Liebe längst vergessen,
Und ihn interessiert nur seine Zeit.

Meine letzte Liebe zu beschreiben,
Wäre just so leicht wie indiskret.
Außerdem? Wird sie die letzte bleiben,
Bis ihr Name in der »Woche« steht?

Meine Abenteuer in der Minne
Müssen sehr gedrängt gewesen sein.
Wenn ich auf das erste mich besinne,
Fällt mir immer noch ein früheres ein.

Etwas Groteskes ins Meer gekleckst

Seepferdchen

Als ich noch ein Seepferdchen war,
Im vorigen Leben,
Wie war das wonnig, wunderbar
Unter Wasser zu schweben.
In den träumenden Fluten
Wogte, wie Güte, das Haar
Der zierlichsten aller Seestuten,
Die meine Geliebte war.
Wir senkten uns still oder stiegen,
Tanzten harmonisch umeinand,
Ohne Arm, ohne Bein, ohne Hand,
Wie Wolken sich in Wolken wiegen.
Sie spielte manchmal graziöses Entfliehn,
Auf daß ich ihr folge, sie hasche,
Und legte mir einmal im Ansichziehn
Eierchen in die Tasche.
Sie blickte traurig und stellte sich froh,
Schnappte nach einem Wasserfloh
Und ringelte sich
An einem Stengelchen fest und sprach so:
Ich liebe dich!
Du wieherst nicht, du äpfelst nicht,
Du trägst ein farbloses Panzerkleid
Und hast ein bekümmertes altes Gesicht,
Als wüßtest du um kommendes Leid.
Seestütchen! Schnörkelchen! Ringelnaß!
Wann war wohl das?
Und wer bedauert wohl später meine restlichen Knochen?
Es ist beinahe so, daß ich weine –
Lollo hat das vertrocknete, kleine
Schmerzverkrümmte Seepferd zerbrochen.

Heimatlose

Ich bin fast
Gestorben vor Schreck:
In dem Haus, wo ich zu Gast
War, im Versteck,
Bewegte sich,
Regte sich
Plötzlich hinter einem Brett
In einem Kasten neben dem Klosett,
Ohne Beinchen,
Stumm, fremd und nett
Ein Meerschweinchen.
Sah mich bange an,
Sah mich lange an,
Sann wohl hin und sann her,
Wagte sich
Dann heran
Und fragte mich:
»Wo ist das Meer?«

Die Ameisen

In Hamburg lebten zwei Ameisen,
Die wollten nach Australien reisen.
Bei Altona auf der Chaussee
Da taten ihnen die Beine weh,
Und da verzichteten sie weise
Dann auf den letzten Teil der Reise.

So will man oft und kann doch nicht
Und leistet dann recht gern Verzicht.

Das Lied von der Hochseekuh
(Chanty zum Tauziehen)

Zwölf Tonnen wiegt die Hochseekuh.
Sie lebt am Meeresgrunde.
Ohei! – – Uha!
Sie ist so dumm wie ich und du
Und läuft zehn Knoten in der Stunde.
Ohei! – – Uha!

Sie taucht auch manchmal aus dem Meer
Und wedelt mit dem Schweife.
Ohei! – – Uha!
Und dann bedeckt sich ringsumher
Das Meer mit Schaum von Seife.
Ohei! – – Uha!

Die Kuh hat einen Sonnenstich
Und riecht nach Zimt und Nelken.
Ohei! – – Uha!
Und unter Wasser kann sie sich
Mit ihren Hufen melken.
Ohei! – – Uha!

Der ehrliche Seemann

Es lebte einmal eine Fee auf Erden in Gestalt einer schönen Prinzessin. Die wohnte in einem prächtigen Schloß, hielt sich unzählige Diener und goldene Wagen mit wertvollen Pferden und trug die kostbarsten Kleider, so daß der Ruhm ihres Reichtums wie der ihrer Schönheit weit hinausdrang. Die Prinzessin hatte im ganzen Lande verbreiten lassen, daß sie sich vermählen wolle, daß sie aber nur einen zum Gemahl nehmen würde, der ganz frei von Lüge und falscher Gesinnung wäre; denn sie liebte die Wahrheit und die Offenheit über alle Maßen. Da strömten denn die Ritter und Edelleute aus allen Teilen des Landes herbei, die die reiche und schöne Prinzessin gerne besessen hätten. Diese ließ jeden einzeln zu sich kommen, legte ihm eine Frage vor, befahl ihm, die der Wahrheit getreu zu beantworten. Darauf hieß sie ihn den Mund öffnen, setzte sich ihre Zauberbrille auf und blickte durch diese in den Mund. Da sah sie denn nun, daß keiner von den Freiern die Wahrheit gesprochen hatte, denn sie hatten alle gespaltene Zungen; das betrübte die Fee sehr, und sie schickte die Ritter und Edelleute wieder fort.

Da nun die Ritter und Edelleute kein Glück hatten, versuchten auch bald viele aus dem Volke, die Prinzessin zu gewinnen. Schuster, Schneider, Dichter, Sänger, Kaufleute und Gelehrte, ja sogar Bettler kamen auf das Schloß; denn die Prinzessin ließ alle ohne Unterschied zu sich; aber alle diese Leute mußten unverrichteter Sache wieder heimkehren, denn sie wurden alle von der Zauberbrille als verlogen erkannt.

Da sprach auch eines Tages ein Seemann im Schlosse vor, der war gerade von einer weiten Reise zurückgekehrt, hatte dann die Prinzessin gesehen und sich so in sie verliebt, daß er auf der Stelle zum Schlosse geeilt war und um ihre Hand anhielt.

Mit festem Schritt trat er vor den Thron der holden Jungfrau.

»Sage mir die Wahrheit«, begann diese, »was liebst du am meisten, mein Herz, meine Schönheit oder meinen Reichtum?«

»Deine Schönheit«, erwiderte der Seemann ohne Besinnen, und das war wahr, denn er kannte ja ihr Herz noch gar nicht, und aus dem Reichtum machte er sich nicht viel.

Nun setzte sich die Fee die Zauberbrille auf und gebot dem Seemann, den Mund zu öffnen. Kaum hatte sie einen Blick in diesen getan, so rief sie: »Pfui Teufel, du priemst ja!«, und damit verschwand sie mitsamt ihrem Schlosse, den Dienern, Wagen und Pferden, und der Seemann erwachte in seiner Hängematte.

Lappalien

Auf einer Hochzeitsreise von Italien
Nach Senegalisch-Dakar
Gesellten sich zwei Lappalien
Und ein Deckoffizier zu dem jungen Paar.

Der Deckoffizier trat dazwischen,
Und die Lappalien baten ihn leise,
Sich einzumischen
Aufbauschenderweise.

Als die Lappalien beim Landen verschwanden,
Schritten das Paar und der Deckoffizier
Aufgeregt über den Pier,
Bis sie zuletzt eine Kerbe fanden.

Da wurde der Ehemann zornig blau.
Da schlug der Deckoffizier mit der Frau
In dieselbe Kerbe.
Da rief die Frau: »Zu Hilfe! Ich sterbe!«

Da wurde der Deckoffizier backbordrot
Und schoß den Ehemann tot.

Der Frankfurter Eherechtsanwalt Stett
Schickte zum Begräbnis zwei Dahlien,
Aß sieben Zwiebeln und ging dann zu Bett
Und verfluchte die beiden Lappalien.

Logik

Die Nacht war kalt und sternenklar,
Da trieb im Meer bei Norderney
Ein Suahelischnurrbarthaar. –
Die nächste Schiffsuhr wies auf drei.

Mir scheint da mancherlei nicht klar,
Man fragt doch, wenn man Logik hat,
Was sucht ein Suahelihaar
Denn nachts um drei am Kattegatt?

Es setzten sich sechs Schwalben

Es setzten sich sechs Schwalben
Auf sechs Dückdalben
Und haben 3 Minuten vereint
Um den Herzog von Alba geweint
Und flogen weiter und hatten zu sechst
Doch richtig die ganzen Dückdalben beklext.

Übergewicht

Es stand nach einem Schiffsuntergange
Eine Briefwaage auf dem Meeresgrund.
Ein Walfisch betrachtete sie bange,
Beroch sie dann lange,
Hielt sie für ungesund,
Ließ alle Achtung und Luft aus dem Leibe,
Senkte sich auf die Wiegescheibe
Und sah – nach unten schielend – verwundert:
Die Waage zeigte über hundert.

Bereits eine Stunde später bildete sich ein Komitee. Man wollte den Schiffbrüchigen das Mitgefühl der Stadt übermitteln, sie als Fremdlinge gastlich bewirten beziehungsweise unterhalten und von der offiziellen Sympathie für Deutschland überzeugen. Man wollte auch bei dieser für den kommenden Sonntag gedachten Veranstaltung ihnen ordentlich imponieren.

Großzügig vorausgesetzt, daß sie sich bis dahin erholt haben, ferner auch nicht an den Folgen gestorben sein würden, sollte sich das Programm etwa so entwickeln:

Warme Begrüßung am Genesungslager. (Schon schloß sich ein Senator nach dem andern zum Auswendiglernen ein.) – Rundfahrt durch die Stadt und Musehenswürdigkeiten. (Lastautos stellte in hochherziger Weise die bedeutendste Speditionsfirma.) – Flüchtige nähere Besichtigungen. (Die städtische Bibliothek sicherte freien Eintritt, das Museum für internationale Laryngoskopie Stundung der Garderobengebühren zu.) – Der berühmte, aus gerösteten Bananenschalen hergestellte Wolkenkratzer sollte von oben bis unten mit deutschen Briefmarken beklebt werden. (Gestiftet von einem ungenannt bleiben wollenden, sechsfachen Multimillionär, der sie von Bittgesuchen abgesammelt hatte.) – Trauliches Beisammensein mit Kaffeekredenz und Kuchenbergen im Klubhaus der inneren Mission für Kammerjagdsport. – Wohltätigkeitskonzert. – Tanz der tausend vornehmsten Babys. – Dann vielleicht Feuerwerk im Germanischen Ratskeller, Böllerläuten, Glockenschüsse oder so. Die Entscheidung über den weiteren Verlauf balancierte vorläufig noch auf einem Gewoge von Portwein und Beleidigungen.

Die Frau von dem Verwalter von der Schlauchhalle von der Hafenstation von der Feuerwehr lernte lügen. Während ihr Mann seit Stunden von Lokal zu Lokal eilte, um den wachthabenden Arzt zu suchen, erfuhr sie, daß ihr Geld und ihr Ansehen wuchsen, je mehr sie den neugierig Zuströmenden vorlog. Sie kam sich, nicht zu Unrecht, vor, als habe sie selber Schiffbruch erlitten. Anfangs wußte sie nur wenig. Man hatte die sieben besinnungslosen Riesen in die Schlauchhalle getragen. Man hatte ihnen die nassen Matrosenkleider ausgezogen und dafür erst mal saubere Feuerwehruniformen angezogen. Dann hatte man sie in Wolldekken gehüllt und auf die elastischen Schläuche gebettet. Nun mußten sie vor allen Dingen einmal schlafen, schlafen und nochmals schlafen. Keinesfalls durfte man sie stören. »Nein, auch nicht einmal sehen!« – »Nein, danke, auch nicht für Trinkgeld.«

Ergreifende Stunden verrannen. »Sagte ich's nicht?«, der wachthabende Arzt wurde gefunden. Er sagte gleich: »Vor allen Dingen: Ruhe, Ruhe und nochmals Ruhe!« Dennoch setzte er sich sofort mit den Kollegen vom Krankenhaus in Verbindung, die im Nu ungeteilter Meinung waren. In der Hauptsache galt es, die Geretteten zunächst einmal stundenlang unbehelligt zu lassen.

Diese gründlich ausgeübte Passivität fand leider eine jähe Unterbrechung durch Feueralarm. Im Schuppen einer Spritfabrik hatte Stroh Stroh entzündet. Die Deutschen schliefen auf den Spritzenschläuchen. Es überstürzten sich viele Ansichten und Telephongespräche, verpaßten sich oder hoben sich auf. Indessen hatte einer der beiden Uhrzeiger noch keine Rundwanderung vollenden können, als ein Chefarzt, mehrere Unterärzte, viele Seitenärzte und zahllose medizinische Handwerker sich in Rangordnung, lautlos auf Strümpfen der Tür der Schlauchhalle der Hafenstation der Feuerwehr näherten. Leise wurde die Klinke herabgedrückt, laut quietschten die Angeln. Und die Versammlung sah auf den Schläuchen sieben sauber zusammengefaltete Wolldekken. Und das Fenster stand offen.

Etwa zwei Seemeilen südlich vom Bananenkratzer und zirka ebensoviel Knoten westlich vom Klubhaus der inneren Mission für Kammerjagdsport schlängelt sich zwischen freundlich bunten Delikateßgeschäften und lustig belebten Wirtshäusern ein anspruchsloser Weg in weitem Bogen um die städtische Bibliothek herum. Kurz vorm Germanischen Ratskeller schwenkten die sieben Deutschen nach links ab. Das Geld in ihren nassen Taschen hing wohlverschlossen im Trokkenschrank der Hafenstation der Feuerwehr. Die Feuerwehrknöpfe mußten schlecht vergoldet sein; niemand wollte sie als Zahlungsmittel anerkennen. Aber es war schon erfreulich, mal wieder an Land zu sein, ohne arbeiten zu müssen, frei herumzubummeln und sich in der Fremde heimisch zu fühlen. Hier fiel ein deutsches Firmenschild auf. Dort war ein Feuer ausgebrochen, und weil dort leere Hektoliterfässer herumstanden, schöpften die Deutschen damit Wasser aus einem Kanal und löschten das Feuer. Und dann kam plötzlich ein hochanständiger, feiner Herr auf sie zu, wahrscheinlich der Fabrikdirektor, ein echter, eleganter *gentleman*, und schenkte ihnen ein volles Hektoliterfaß. Und weil keiner von ihnen »danke« gesagt oder irgendwas gesagt hatte, genierten sie sich und zogen sich mit dem Faß in einen dunklen Hofwinkel zurück. Bald setzten sie ihren Spaziergang fort.

Nicht etwa, daß sie stumpf und blind dahingeschossen wären. Nein, sie gingen einmal auf die andere Seite der Straße, um irgendworüber zu lachen, und dann waren sie wieder auf der einen Seite, um das »Elterngrab« zu pfeifen. Bis sie auf einmal hart hinfielen. Weil sie einer vornehmen, jungen Dame ausweichen wollten, die mit zierlichen Schritten um die Ecke bog. »Wir tun Ihnen nichts. Wir sind Seeleute.« Ein zartes Stimmchen antwortete auf italienisch. Das kleine, blonde Persönchen verstand zwar nicht die deutsche Sprache, aber sie hatte sich verirrt. Und sie hätte soviel Vertrauen zu Seeleuten, und ihr Mütterchen vermißte sie gewiß schon, und ob sie sie nicht bis an ihr Häuschen begleiten wollten, sie fürchte sich sehr, überfallen zu werden, weil sie sehr viel Geld und Schmuck bei sich trüge und sei aus adliger Geburt, aber man sollte sie einfach mit ihrem Vornamen Darlingchen anreden, zumal sie Landsleute wären. Und sie trügen gewiß nicht so viel Schmuck bei sich, und sie würde schon dafür sorgen, daß sie daheim ein Schlückchen Wein zur Stärkung bekämen; aber viel Geld hätten Seeleute auch immer bei sich –

Die Matrosen nickten zu allem ja und waren total begeistert verdattert. Sechs von sieben blickten immer verlegen weg, weil die so reden konnte, aber alles hatte Hand und Fuß, und weil das kurze Samtkleidchen so tief ausgeschnitten war. Der siebente beguckte sich immer derweilen heimlich aus dem Hintergrunde das fremde Mädchen ganz lange. Abwechselnd war jeder mal der hintere.

Langsam mußten sie einen Fuß vor den anderen setzen, damit die lila Beinchen mit den trippelnden Goldkäferchenschuhchen nicht außer Atem kämen. Sprach sämtliche Sprachen; alle Länder hatte sie bereist. Sie kannte sogar die Burgstraße in Leipzig und den Gänsemarkt in Hamburg.

Das Häuschen hatte rotseidene Gardinchen. An dem großartigen schmiedeeisernen Treppengeländer hingen Girlanden. Oben waren alle Möbelchen aus Lack. Und neben dem schönen Ofen mit den vergoldeten Kacheln saß das Mütterchen, das war nicht so schön wie Darlingchen (eigentlich sah sie wie eine dicke Sau aus), aber sie machte allen Ulk mit, rauchte Pfeifchen, und Darlingchen nannte ihr Mütterchen nur auf französisch »Madamchen«. In der Ecke hockte ein Negerchen, das Zither spielte. Aber draußen schlich ein häßlicher – ein häßliches Halunkchen herum; Darlingchen rief ihm »Hälterchen« zu, da verschwand er. Und Darlingchen war wie ein ausgelassenes Kind. Sie neckte die Seebären, weil sie gar nicht wie richtige Deutsche tränken. Und trank ihnen selbst ein Literchen Rum vor. Sie konnte blitzschnell eine Reihe Knöpfchen aufknöpfen. Tausend urkomische Einfälle hatte sie. Auch ein Kunststück mit einem deutschen Tausendmarkschein fiel ihr ein. Aber da erinnerten sich die Matrosen an ihre nassen Kleider bei der Feuerwehr und sangen auf einmal die Lorelei.

Doch mit dem Negerchen und dem Hälterchen stimmte was nicht. Die tuschelten an der Tür so hinterlistig, so als ob sie gegen Darlingchen was im Schilde führten. Deshalb erhoben sich die Deutschen ein wenig, und indem hatten sie den Ofen und das Treppengeländer in der Hand.

Weil sie morgens völlig nackt auf dem Bürgersteig erwachten, blickten sie sehr erstaunt nach dem Häuschen auf. Aus dem Fensterchen rief ihnen Madamchen Schimpfwörtchen zu, und neben ihr stand Darlingchen und warf Ofenkacheln, Glassplitter und Treppengeländerchen herab. Daraus schlossen sie, daß das Häuschen ein öffentliches Häuschen wäre, und machten sich beschämt auf, um ihre nassen Hosen von der Feuerwehr zurückzuerbitten.

Sie tanzten in hastigen Wendungen umeinander vorwärts, um durch Schnelligkeit der Bewegung ihre Blößen zu verdecken. Trotzdem wurden sie unverhofft verhaftet. Drei Wochen durch schliefen sie sich willig im Gefängnis aus. Danach trug man sie in schwere Ketten gefesselt in den Gerichtssaal und lehnte sie dort gegen die Wand, unter deren Fenstern die freie, ewige See brandet. Bei dem Nacktsein auf der Straße hatten sich die Seeleute etwas verkühlt. Deshalb niesten sie, als das Urteil verkündet wurde. Da zerplatzten ihre Ketten wie Zigarettenbanderolen, und die Wand stürzte ein.

Als sich die ungeheure Staubwolke langsam auf alle Bilderrahmen der Stadt gesetzt hatte, sah man fern draußen im wogenden Ozean sieben Walfische unter ruhigen, weit ausholenden Flossenschlägen entschwinden.

Überall

Überall ist Wunderland.
Überall ist Leben.
Bei meiner Tante im Strumpfenband
Wie irgendwo daneben.
Überall ist Dunkelheit.
Kinder werden Väter.
Fünf Minuten später
Stirbt sich was für einige Zeit.
Überall ist Ewigkeit.

Wenn du einen Schneck behauchst,
Schrumpft er ins Gehäuse.
Wenn du ihn in Kognak tauchst,
Sieht er weiße Mäuse.

Tante Qualle und der Elefant

Die Tante Qualle schwamm zum Strand.
Es liebt sie ein Elefant
Mit Namen Hildebrand genannt.
Der wartet am Meeresstrand
Mit einem Sträußchen in der Hand.
Das übergab er ihr galant
Und bat um Tante Quallens Hand.
Da knüpften sie ein Eheband.
Der Doktor Storch, der abseits stand,
Der dachte: »Armer Hildebrand!«
Worauf er weiterging und lachte.
– – –
Warum der Storch wohl so was dachte?

Arm Kräutchen

Ein Sauerampfer auf dem Damm
Stand zwischen Bahngeleisen,
Machte vor jedem D-Zug stramm,
Sah viele Menschen reisen.

Und stand verstaubt und schluckte Qualm
Schwindsüchtig und verloren,
Ein armes Kraut, ein schwacher Halm,
Mit Augen, Herz und Ohren.

Sah Züge schwinden, Züge nahn.
Der arme Sauerampfer
Sah Eisenbahn um Eisenbahn,
Sah niemals einen Dampfer.

Mitschüler erzählten als Witz, seine Mutter sei Leichenbändigerin und seine Großmutter Löwenfrau gewesen. Es war etwas daran, aber der Fall lag doch anders. Indessen nahm Feix Daddeldu dergleichen Nachreden nicht übel. Er lachte dazu. Seine Gutmütigkeit lag nicht immer so offen, ward daher auch von vielen Leuten angestritten. Von dem Lehrer, dem Feix eine Stunde lang auf alle Fragen mit »Wie?« antwortete. Vom eigenen Vater, wenn dieser sein Pfeifenrohr mit Wachs verstopft fand, und sogar von der Mutter, wenn Feix durchaus nicht zu bewegen war, das Kippen mit dem Stuhl einzustellen. Diese eigensinnige Beharrlichkeit war das Häßlichste daran. Machte Feix seinen Bruder, dem das Rechnen sowieso von Natur aus schwerfiel, beim Addieren durch lautes, unrichtiges Mitzählen konfus, dann verdrosch Kuttel schließlich den Feix. Aber nachher fuhr dieser fort, laut, unrichtig mitzuzählen: »14 – 15 – 16 – 18 – 20.« Und ließ sich widerstandslos abermals verdreschen und zählte weiter, und das hätte sich – was an ihm lag – lebenslang so fortsetzen können. Lag aber nicht, setzte aber nicht.

Jedoch das Allerärgerlichste war das Lachen. Wie Feix zu dem, was er im Grunde genommen gar nicht tat, lachte. So gemein! Gemein konnte man eigentlich nicht sagen, Feix lachte ja die anderen nicht aus, nicht einmal an. Sondern er lachte einfach gleichmäßig heraus oder vielmehr in sich hinein, nicht boshaft, nicht schadenfroh, nicht höhnisch, aber so – so – so dumm! Obwohl er vermutlich gar nicht dumm war. Man wußte das zwar nicht. Er hielt in der Schule Schritt, drängte sich nicht vor, sondern war schweigsam, widersprach nie, fand sich in alles. Es war ihm überhaupt nichts Bedeutsames vorzuwerfen. Weil seine liebevollen Eltern keinen Haken entdeckten, um ihn zu bestrafen, er aber doch nach ihrer Meinung irgendwie was Queres hatte, so versagten sie ihm seinen einzigsten Wunsch, Seemann zu werden, und schickten ihn in die Stadt zu einem Drogisten in die Lehre. Feix arbeitete normal fleißig bei dem kleinen nervösen Drogisten und wohnte und speiste mittelmäßig in der Fremdenpension der geschäftigen, vielseitigen, nur etwas leicht erregbaren Drogistenfrau. Herr Bulverin, so hieß der Drogist, wußte nur Gutes an die alten Daddeldus zu berichten. Leider wurde er von Tag zu Tag nervöser. Die Tür zum Privatkontor und das Fenster standen immer wieder offen, und der Zugwind wehte die Rezepte und sonstige Papiere durcheinander. Im Laden standen die gleichartigen Flaschen, Phiolen und Dosen nicht mehr parallel, sondern schief zueinander. Die abends mit Bulverinschem Patentöl geschmierten Türangeln waren morgens verrostet und quietschten.

Auch die Erregbarkeit der Madame Bulverin nahm zu. Die bedauernswerte Dame verbrachte schlaflose Nächte. Weil die Wasserleitung tropfte, tupf, tapf, tupf, tapf. Irgendwas – sicherlich eine Maus – nagte. Wo? – Woran? – Woher? Die Feldherrnbilder hingen schief. Etwas klappte von Zeit zu Zeit.

Erst nach sechs Wochen fingen die Eheleute Bulverin an zu ahnen. Wie Bulverins Patentöl in Blechkännchen zu Wasser wird. Seit wann die Pensionstische auf angesägten Beinen hinkten.

Da nichts nachzuweisen war und kein Entlassungsgrund vorlag, sondern aus anderen nebensächlichen Ursachen machte die Drogerie plötzlich Pleite, und Feixen blieb nichts übrig, als ohne Geld, aber mit viel bestem Zeugnis nach Hause geschickt zu werden.

Solche Leute wie Frau Daddeldu halten nichts von Zeugnissen und sehen auch nicht auf Geld. Aber in dem Nach-Hause-geschickt-Werden fand die redliche Frau einen Fliegendreck. Und es mußte wohl auch im Benehmen ihres Sohnes mancher Fliegendreck oder wenigstens einer gefunden sein. Sie spürte dem vier Wochen lang nach, ohne recht dahinterzukommen. Aber man schmettert nicht Türen zu, als gälte es, Büffel zu köpfen. Und als Feix wieder – nun schon zum elften Male – die Lampe so auf den Tisch gestellt hatte, daß ihre eine Hälfte über den Tisch hinausragte, wurde es Beschluß, daß Feix sich erst einmal als Seemann ein bißchen Lebensernst zusammensegeln sollte.

Er war kein so tüchtiger und beliebter Seemann wie Kuttel, aber auch kein so leichtsinniger Abenteurer wie sein anderer, sein verschollener Bruder. Sondern genügte seinen Pflichten mit Durchschnittsleistungen. Seine Kameraden und Vorgesetzten hatten ihn im Grunde genommen gern, war doch sozusagen nichts gegen ihn einzuwenden. Aber seine Ruhe war keine Ruhe mehr. Nicht etwa Faulheit. Aber er machte die ältesten Jahnmaate, diese wetterharten, bedächtigen Bärenkerle, er machte sie kribbelig; und als ihm der sechzigjährige Segelmacher im Stillen Ozean mit dem Fuchsschwanz einen Mastsplitter aus dem After sägte und Feix während dieser Notoperation das gelehrte Buch des Kapitäns studierte (es war ein Reiseführer durch Dießen am Ammersee) und dabei unaufhörlich dermaßen lachte, daß der Segelmacher ein Jucken in die Hand bekam, wobei die Säge abbrach, darüber der erschrockene Segelmacher plötzlich tot war; da hatte sich Feix alle Sympathien an Bord verscherzt. Niemand bemitleidete ihn etwa, weil er fortan mit einem Splitter und einem Stück Säge im After sich durchs Leben schlagen mußte.

Später trieb er sich in tropischen Ländern herum. Jahre waren vergangen, seitdem er seine Mutter verlassen hatte, und nie bekam diese ein Lebenszeichen von ihm. Dennoch wartete sie vertrauend und tapfer auf seine Rückkehr und rühmte ihren Feix und seinen besonders guten Charakter, bis Feix nach fünf Jahren plötzlich überraschend heimkam; dann nicht mehr, im Gegenteil.

Was hatte er wohl alles erlebt? Er sprach nicht darüber. Was hatte er wohl seinen Angehörigen aus dem Auslande mitgebracht? Er stellte es auf den Tisch: eine große quadratische Pappschachtel und darin: ein Moskito.

Seine Angehörigen lachten durchaus nicht. Das war doch kein Witz.

»Er ist dressiert«, sagte Feix erklärend. Aber das machte

gar keinen Eindruck. Nur Paula riß den Mund auf. Feix sprach etwas zu dem Moskito in einer fremden Sprache, nicht Englisch. Sofort schoß das Insekt wie ein Pfeil in Paulas Mund. Paula spie es hustend wieder aus. Feix trocknete es mit Löschpapier. Dann gab es wieder ausländische Befehle. Das Moskito fing an, scharf summend und in schönen Brezelkurven um die Lampe herumzusausen. Frau Daddeldu schlug mit dem Besen nach dem Tiere. Feix sperrte es vorsichtig wieder in die Pappschachtel. Die Angehörigen lasen die Lampensplitter vom Boden auf.

Feix wurde zu einem Pfarrer in die Stadt geschickt, um vier Wochen lang Anfangsgründe zu studieren. Er fuhr im D-Zug in der zweiten Klasse mit sechs sehr unterschiedlichen, aber durchwegs hochintelligenten Leuten zusammen, die ihn unterwegs unruhig und unbehaglich anschielten. Weil bei dem was nicht stimmte. Es war den Sechsen so, als habe sich über sie eine Gewitterwolke gelegt. Während der neu Hinzugekommene, dieser dauernd und lächelnd die Lippen bewegende Arbeitsmann mit seinem Köfferchen und der Riesenschachtel allein in Sonne gehüllt schien. Der erste Mitreisende nieste 42mal, der zweite juckte sich, der dritte blinzelte, der vierte suchte nach Ursachen, der fünfte schlug um sich. Der sechste aber schlief; er war syphiliskrank.

Feix saß, abgesehen von seinem ausländischen Murmeln, unbeweglich da. Und doch war er der Dirigierende. Er arbeitete Hand in Hand mit seinem Moskito. Wie ihn die Inder gelehrt. »Nimm Krankheit!« befahl er dem Tier. »Übertrage sie!«

Der Zug lief ein. Hinter Feixen verließen auch die übrigen Passagiere den Wagen, der Herr, der geschlafen hatte, verließ ihn geheilt, die fünf anderen syphiliskrank. – –

Schon am folgenden Sonntage erschien der Pfarrer aus der Stadt bei Frau Daddeldu. Er war verbunden und total zerstochen. Hinter ihm stand Feix mit Köfferchen und Pappschachtel.

Frau Daddeldu hatte nie Feen mißbraucht. Zum ersten Male in ihrem Leben wanderte sie nach dem Hünengrab und kratzte dreimal mit dem Hufeisen unter die Distel. Die Fee erschien, vernahm die Klage und verschwand.

Als Feix anderen Morgens erwachte und den Pappkasten öffnete, um seinem Moskito guten Morgen zu wünschen, kam statt des Insektes ein Elefant heraus. Feix lachte mächtig. Da verwandelte sich der Elefant in ein schnappendes Krokodil. Feix hielt dem Krokodil mit der Linken das Maul zu, kitzelte es mit der Rechten und lachte. Nun entglitt ihm das Kroko und nahm ätherische Feengestalt an. Feix schnalzte mit der Zunge und lächelte.

»Lächle nicht!« sagte die Fee ernst. »Vom höchsten Glück bis zum tiefsten Unglück ist nur ein knapper Schritt. Gesundheit soll dereinst abgerechnet werden, denn sie ist geliehene Begabung, andern zu helfen.«

Feix schnalzte mit der Zunge.

»Schnalze nicht!« verwies ihn die Fee. »Es kann ein lästernder Töter gütig sein, und es kann ein schlafender Unterlasser ewige Mordschuld auf sich laden.«

Feix feixte. Die Fee wechselte ihre Beinstellung, dann rollte sie plötzlich ihre Augen feurig und sagte mit hohler Stimme: »Bebinissi kolabia ivustalinski!«

Feix feixte und schnalzte.

»Du!« rief die Fee drohend. »Du weißt nicht, wer ich bin.«

»Doch« – erwiderte Feix –, »ein rechter Nervosipopel!« Die Fee verschwand.

Von allen aufgegeben und gemieden, begann Feix nun einen liederlichen Lebenswandel. Sein Stammlokal wurde das Café Nashorn, wo Dirnen verkehrten.

Frau Daddeldu kratzte noch dreimal unter die Distel. Die Fee zuckte nervös mit den Achseln und verschwand. Aber heimlich verwandelte sie sich in eine Kokotte.

Feix verguckte sich. Seine Mutter gab sonderbarerweise immer aufs neue Geld heraus. Feix hielt die Kokotte aus. Die Kokotte ward schwanger. Feix heiratete sie trotz stärksten elterlichen Protestes. Das war sehr anständig von ihm. Lepopisov Ren, so nannte sich die Braut, stammte aus der

Gegend von Rußland, bezog mit Feixen ein bescheidenes Zimmer und darin ein Wochenbett. Feix pflegte sie, aufmerksam, ordentlich, beharrlich, treu, rührend. Es klingelte; Feix schnitt die Drähte durch. Es klopfte; Feix rief ärgerlich: »Pst! Pst! Sie schläft.«
Drei Monate vergingen. Feix brachte seiner Frau Erdbeeren, Schokolade oder die neueste Art von Bouillonwürfeln ans Bett, zog sich schon im Korridor die Stiefel aus, küßte – um nichts zu quetschen – bloß noch die Haare.

Wieder drei Monate vergingen. Feix verließ die Wohnung nimmer, nachdem er noch einmal eiligst Windeln und Bleisoldaten eingekauft hatte. Er schlief nimmer, sondern horchte vor der Türe. Er aß kaum noch. Er wurde vom Briefträger wegen Mißhandlung verklagt. Er schrie die Amme an, weil sie polterig hustete. Er zuckte, blinzelte, er suchte nach dem Moskito, welches abhanden gekommen war, er raste, schrie (aber stets in Kissen hinein, damit Lepopisov Ren nichts vernähme). Dann wieder ließ er sich stundenlang von der Wöchnerin erzählen, wie sie sich befinde, ob es sich wie ein Junge anfühle. Und wenn sie »Ja!« sagte, so freute er sich rein närrisch. Bis eine Fliege summte oder ein Tablett umkippte. Dann fuhr er aus der Haut.

Der Tag kam heran. Der Arzt ließ auf sich warten. Feix sprang von einem Bein aufs andere, unterdrückte. Die Hebamme ließ auf sich warten. Feix kroch Wände empor. Das und mehr wiederholte sich acht Tage lang, ohne das ersehnte Resultat. Der Termin war längst vorüber.

Vierzehn Tage vergingen. Lepopisov Ren nahm immer noch zu. Arzt und Hebamme kamen umsonst. Feix raste oder weinte.

Ein Monat verging. Lepopisov Ren nahm immer noch zu. Sie lag schon in zwei Betten; nun ließ Feix anbauen. Arzt und Hebamme lachten in sich hinein. Feix stach nach beiden. Zwei Monate vergingen. Arzt und Hebamme blieben aus, sandten aber ihre Telephonnummern.

Der dritte Monat war halb vorbei. Drei Viertel der Stube war von der Wöchnerin ausgefüllt. Feix grübelte abmagernd darüber nach, was an der Verzögerung schuld sei. Lepopisov Ren meinte: Die verbrauchte Zimmerluft.

Also mußte sie ins Freie. Die Türöffnung maß 98:200, das Fenster nur 90:180. Feix brach eigenhändig die Frontwand des Zimmers nieder.

Es war ein sonniger Julitag. Lepopisov Ren hatte Ausgang. Feix sah ihr außer sich vor Freude nach.

Sie glitt hinaus, halb schwankend, halb schwebend. Draußen legte sie sich auf die Seite – Feix war fieberhaft gespannt –, drehte sich kugelartig weiter herum, bis ihr Bauch zuoberst kam, und auf einmal und langsam stieg sie. Stieg ruhig und majestätisch höher und höher, himmelwärts. Feix verhatterte sich in eine Rouleauschnur. Und sie stieg stetig. Plötzlich fing Feix an, wie rasend zu hupfen, aber es war schon zu spät, er erreichte nichts mehr. Sie stieg höher, feierlich, stieg wie ein Luftballon. Ohne Gondel. Aber oben, im Zenit des Ballons, auf dem Nabel, saß deutlich, unbeweglich, ernst und blaß ein Moskito.

Der Globus

»Wo sitzt«, so frug der Globus leise
Und naseweis die weise, weiße,
Unübersehbar weite Wand,
»Wo sitzt bei uns wohl der Verstand?«

Die Wand besann sich eine Weile,
Sprach dann: »Bei dir – im Hinterteile!«

Nun dreht seitdem der Globus leise
Sich um und um herum im Kreise –
Als wie am Bratenspieß ein Huhn,
Und wie auch wir das schließlich tun –
Dreht stetig sich und sucht derweil
Sein Hinterteil, sein Hinterteil.

Bumerang

War einmal ein Bumerang;
War ein Weniges zu lang.
Bumerang flog ein Stück,
Aber kam nicht mehr zurück.
Publikum – noch stundenlang –
Wartete auf Bumerang.

Die Badewanne

Die Badewanne prahlte sehr.
Sie hielt sich für das Mittelmeer
Und ihre eine Seitenwand
Für Helgoländer Küstenland.
Die andre Seite – gab sie an –
Sei das Gebirge Hindostan
Und ihre große Rundung sei
Bestimmt die Delagoabai.
Von ihrem schmalen Ende vorn,
Erklärte sie, es sei Kap Horn.
Den Kettenzug am Regulator
Hielt sie sogar für den Äquator.
Sie war – nicht wahr, das merken Sie? –
Sehr schwach in der Geographie.
Dies eingebildete Bassin,
Es wohnte im *Quartier latin.*

Maler und Tierfreund

Ich hatte eine Landschaft in Öl gemalt,
Und sie gefiel mir sehr:
Ein blauer Himmel, aus dem die Sonne wie Wonne strahlt,
Und darunter weites, ruhiges, grünes Meer.
»Einsame Sehnsucht.«

Danach fuhr ich irgendwo hin,
Um einen kleinen Affen zu erwerben,
Weil ich ein Tierfreund bin.
Aber was einem die Tiere nicht alles verderben.

Wieder zu Haus, stieß ich aus einen Schrei,
Denn mein Bild war verhext.
Erstens hatte mein Papagei
Etwas Groteskes ins Meer gekleckst
Und das geradezu künstlerisch kühn.
Aber das Wasser selber war abgeleckt
Von meinem Wolfshund. Der lag vom Schweinfurter Grün
Vergiftet am Boden, verreckt.

In den Himmel hatte sich eine Fliege geklebt,
Und zwar mit dem Rücken.
Sie strampelte, wie man, wenn man Großes erlebt,
Mit den Beinen strampelt vor lauter Entzücken.

Und offenbar nicht minder beglückt
In ihrer Nähe
Hing auch mein Laubfrosch ans Bild angedrückt
Und tat so, als ob er die Fliege nicht sähe.

Da wollte mein Affe mit lautem Geschrei – – –
Doch ich band ihn fest. Und lächelte dann.
Wie gut, daß man bei der Ölmalerei
Alles noch übermalen kann.

Mit Phantasie das Gegebne fixiert –
Genie und Farbe und Lichter dick aufgetragen –
Schwarz, Weiß, Rot, Ocker mutig darüber – geschmiert – –
Ein schönes Bild, muß ich selber sagen,
»Mein Selbstporträt«.

Eheren und Holzeren

Die babylonische, die aztekische, die chinesische. Aber sprechen wir nicht mehr davon. Wer sich näher dafür interessiert, sei auf Otto Bergemanns Berge und Thäler der Aeonen, Jena, 1804, Verlag Weidebach, 8°, Hlbfrz hingewiesen.

Um 4700 vor Christi Geburt herum lebten hoch im Norden von Meeren und Eisbären eingeschlossen, die Eheren, Nachkommen und Untertanen des greisen Königs Holzkopp. Der war berühmt wegen seiner weichen, gütigen Seele, die ihn bewog, mit jedem harten, trotzigen oder auch nur energischen Menschen, der ihm begegnete, Händel anzufangen und ihn kleinzukriegen. Und so hatte er längst alles, was ihn im weiten Kreise umgab, kleingekriegt und herrschte darüber in gütiger Weichheit. Handel und Wandel und Künste blühten. Nutzhölzer, Zierhölzer, Fässer, Wagen, Schlitten, Laubsägearbeit und Holzbildhauer. Das Volk war zufrieden, verfiel auch nicht in bosheitbrütende Langeweile, weil im Laufe der Jahre sich immer mal wieder ein Fremder nach dort verirrte, der die Eheren in ernstes oder heiteres Staunen versetzte. Weil er seltsame Kleider und Gegenstände trug, nicht Eherisch verstand und keinen Mihinka trinken konnte, diesen köstlichen, aus Renntierläufen und Meerrettich hergestellten Naturwein.

Selbstverständlich wurde solcher Fremdling zuerst zum König geführt, der ihm vieles schenkte, einiges nahm und ihn in der Form von Belehrungen ausforschte. Besonders symphatischen Gästen pflegte er sogar ein Geheimnis mitzuteilen, von dem keiner seiner eigenen Untertanen etwas wußte. König Holzkopp war nämlich Erfinder und Besitzer des magnetischen Nordpoles. Dieser bestand aus einer kleinen Pastete, die der König in guter Stunde gebacken hatte und nun in einem, von hohen Mauern geschützten, großen Garten aufbewahrte. Die Pastete blieb aber auch für die sympathischen Gäste unzugänglich und unsichtbar, weil sich darüber ein gigantischer Haufen von angezogenen

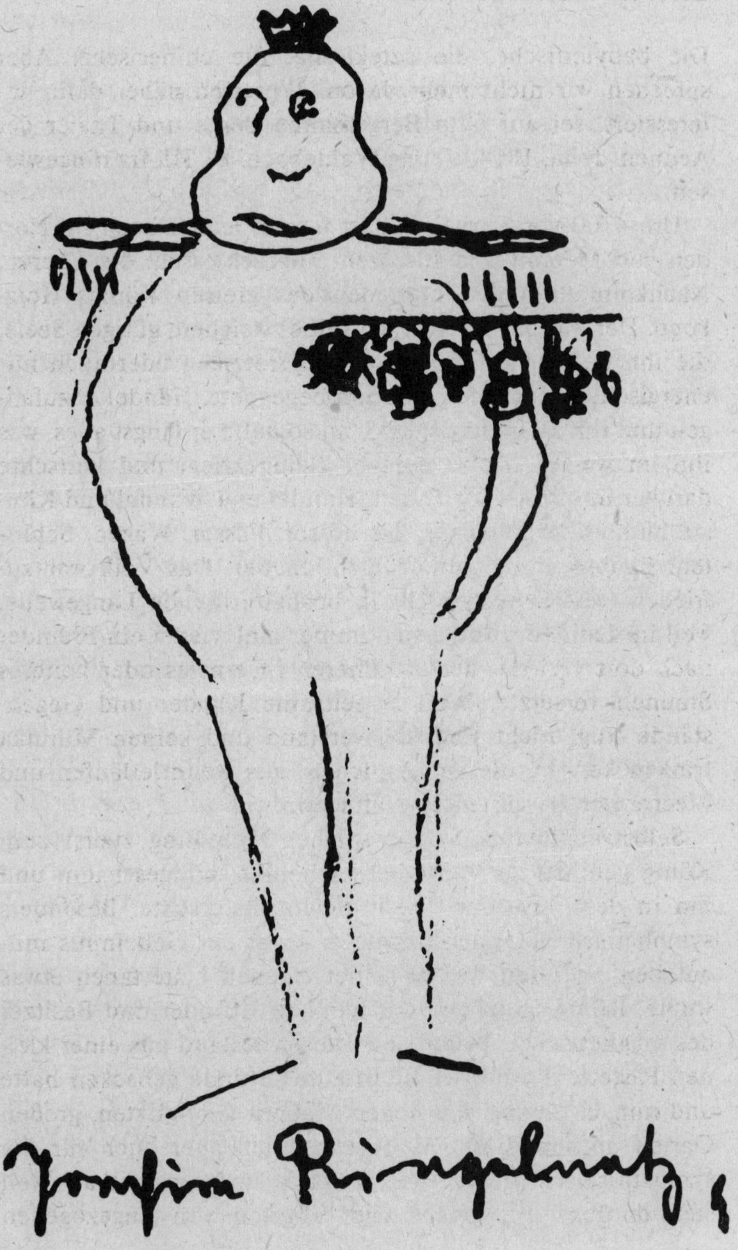
Joachim Ringelnatz

Eisengeräten angesammelt hatte. Speere, Schwerter, Nagelfeilen, Ankerketten, Enterhaken, Nähmaschinen, Stacheldraht.

Die Fremdlinge, die ins Land der Eheren verschlagen wurden, waren zum Teil recht bemerkenswerte Leute. Im Gästebuch des Königs stehen Namen wie: Luluhili, genannt der eiserne Kanzler von Phönizien. Oder: Mabius, Degenschlukker aus Mittweida.

Solchen Persönlichkeiten von zähem, willensstarken Naturell oder stählerner Entschlossenheit und den sympathischen Gästen pflegte der König später, nachts, in guter Stunde, wenn sie schliefen, unter gütigem Lächeln die Kehle abzudrücken.

Die drahtlose Telegraphie – in anderer Methode als später in Europa – wurde erfunden. Allerdings zunächst nur der Gebende Teil. Der König und seine Untertanen sandten zahllose Telegramme in die unbekannten Fernen hinaus. Zum Beispiel: »An alle. Ich König Holzkopp habe durch mein Volk die halbe drahtlose Telegraphie erfinden lassen.« Auch kurze Kabelworte: »Prosit Neujahr! Die Eheren.«

Ungeheures Aufsehen erregte es, als der zweite, der Aufnehmende Teil der drahtlosen Telegraphie erfunden wurde. Mit elementarer Spannung wartete alles. Wirklich traf ein Funkspruch ein.

Uha, die greisenhafte Großmutter des Königs, war die einzige, der es gelang, Sinn in die fremdsprachlichen Worte zu bringen. Sie übersetzte: »Ihr, König Holzkopp, und ihr Eheren alle könnt uns, die Holzeren, Eure Antipoden, am –«

Das Telegramm war noch länger, jedoch beim Vorlesen des Wörtchens »am« ward Uha vom Schlage gerührt. Weil sie derart zu Tode beleidigt worden war, und man nun den Schluß nicht erfuhr, so fühlten sich die Eheren gekränkt. Und der König geriet in solche Wut, daß er sich nackt auf den Thron begab, die Mobilmachung befahl und niemals wieder Kleider anlegte. Das Volk hingegen bekleidete sich mit hölzernen Rüstungen und Schuhen, denn Metall war ihm unbekannt, griff zu hölzernen Waffen und schiffte sich auf hölzernen Barken ein. Der König nahm heimlich die halbe Pastete mit.

Damals gab es außer und nahe dem geographischen Südpol noch einen holznetischen Südpol, der die Eigentümlichkeit besaß, alles Hölzerne anzuziehen. Daß die Quelle dieser Wunderkraft letzten Ende in einem Pudding bestand, wußte nur Stahlhaupt, der harte, grausame König der Holzeren. Er hatte den Pudding gekocht und wußte ihn im Geheimgarten, unter einem Riesenberg von angezogenen Holzgeräten verwahrt. Ruder, Bootsplanken, Spindeln, Pfahlbauten, Särge, Quirle, Bleistifte.

König Stahlhaupt lief sein Leben lang immer nackt herum. Er haßte Weichlinge und Schlappschwänze, und wenn je Fremdlinge von derartiger Charakterbeschaffenheit sich ihm oder seinem Lande näherten, so reizte er sie durch Beleidigungen und stellte sich gleichzeitig ängstlich, unsicher, bis die Gekränkten ihn angriffen. Dann, weiterreizend, floh er zum Schein, ließ sich sogar etwas verprügeln, um ihre Tapferkeit noch weiter anzuspornen. Bis er sie schließlich aus Notwehr totschlagen mußte.

Ein historischer Funkspruch traf ein. Die Holzeren betranken sich mit Wimmhubs, ihrem schmackhaften, aus Pinguinbutter und Soda hergestellten Nationallikör. Dann legten die Untertanen Stahlpanzer an und bestiegen eiserne Schiffe, denn Holz war ihnen ein unbekanntes Mineral; und der nackte Stahlhaupt folgte ihnen und trug heimlich den Pudding in der Hand.

Ob es anno 4680 war, also in dem Jahre, von dem der Vikinger Historiker Wlehd erzählt, daß es durch eine ungeheure magnetische Deviation alle nautischen Berechnungen über den Haufen warf. Oder später? Sicher ist nur, daß auf dem Meere, welches damals die Gegend des heutigen Rastenburg bedeckte, die beiden Flotten einander in Sicht kamen.

Da geschah sofort etwas Unerhörtes, Einzigartiges. König Stahlhaupt war, der besseren Übersicht wegen, mit seinem

Schiff etwas hinter den anderen zurückgeblieben. König Holzkopp andererseits stand, die halbe Pastete in Händen, auf seinem Flaggschiff und hatte aus kriegerischer Bescheidenheit den anderen Schiffen einen gewissen Vorsprung gelassen. Plötzlich sahen beide Könige ihre Flotten in rasender Geschwindigkeit dem Feinde zufliegen und fühlten beide gleichzeitig, wie ihr eigenes Schiff ihnen unter den Füßen wegglitt. Eine Tausendstel Sekunde später war folgende Situation perfekt: König Stahlhaupt stand, von lauter holzgepanzerten Eheren umringt, auf einem der dicht aneinander gepreßten Holzschiffe, König Holzkopp hingegen befand sich auf der eisernen Flotte von lauter Holzeren umringt.

Erst jubelten beide Völker über den gefangenen König, dann trauerten sie über den verlorenen König, dann entdeckten beide Völker das Ausgleichende ihres Schicksals und verabredeten funkentelegraphisch einen Königsaustausch. Auf ein bestimmtes Signal hin sollten beide Parteien ihren Gefangenen in einem Ruderboot entlassen, ohne zu folgen. Beide Völker brachen aber diese Verabredung nachher, indem beide den entlassenen Gefangenen mit sämtlichen Schiffen folgten. Ob dieser beiderseitigen Niedertracht wurde der Waffenstillstand abgebrochen. Die Seeschlacht sollte beginnen. Da die königlichen Gefangenen selbstverständlich nicht daran teilnehmen konnten, sondern überwacht zurückbleiben mußten, ergab sich ein merkwürdiger Beweis für die Hilflosigkeit führerloser Streitkräfte. Beide Flotten gingen nicht vor. Sie beschimpften sich nur aus der Entfernung gegenseitig per Funkentelegraphie. Als aber die Vorräte zur Neige gingen, kam Unzufriedenheit auf. Bald war man hüben und drüben auf Friedensverhandlungen erpicht.

Die Eheren sandten den Holzeren zehn Tonnen Mihinka. Die Holzeren sandten den Eheren fünf Tonnen Wimmhubs. Danach vereinigten sich die beiden Flotten. Dic Könige küßten sich. Und alle betranken sich und betrugen sich so laut und rüpelhaft, daß ein noch nie dagewesener Seesturm losbrach, wobei sämtliche Eisenschiffe mit den Holzeren samt König Stahlhaupt und dem Pudding untergingen.

Die Eheren aber retteten sich auf ihren kieloberst treibenden Fahrzeugen nach ihrer südöstwestlich vom geographischen Nordpol gelegenen Heimat.

Dichter und erster Anhörer

Sie trugen zwei Sardellen
Zu Grabe. – – »Wer?«
Die Wellen,
Sie trugen sie vor sich her.

»Wieso zu Grabe? Wohin denn?«
Zu Grabe, zur ewigen Ruh!
»Wohin?« – – Nun je nach den Winden,
Vielleicht nach Afrika zu.

Sie murmelten Weisen der Trauer
Wegweit, tagaus und tagein.
»Da werden sie auf die Dauer
Wohl heiser geworden sein.«

Schwarz winkte am fernen Gestade
Ein Grab – – – »Und der Abend sinkt,
Und deine Sardellenballade,
(Ganz offen gesprochen) die stinkt.«

Nach dem Gewitter

Der Blitz hat mich getroffen,
Mein stählerner, linker Manschettenknopf
Ist weggeschmolzen, und in meinem Kopf
Summt es, als wäre ich besoffen.

Der Doktor Berninger äußerte sich
Darüber sehr ungezogen:
Das mit dem Summen wär typisch für mich,
Das mit dem Blitz wär erlogen.

Leuchtturm, deine Arme möchte ich haben

An einen Leuchtturm

Da wir heute nur an Stellen, die seicht
Sind, modeln und graben – –.
Leuchtturm, deine Arme möchte ich haben
Und umarmen, was in deine Kreise reicht.

Wenn zwei treue Hände in weitem Bogen
Einander fangen – –. Ehe ihr Gruß spricht und lauscht,
Sind zehn lange Wogen vorübergezogen,
Hat ein Urwald gerauscht.

Weil das Niedrige überblickt sein sollte
Von dem weiten Blick über Meer und Land – –.

Als ich heute ein Glühwürmchen fangen wollte,
Erlosch sein Licht plötzlich. Und es entschwand.

Zweier Seeleute Wiedersehen

Über die Zeit hinüber
Ging ein gutes Wort,
Blies wie ein Nasenstüber
Alle anderen Fragen fort.

Andres Land und andre Politik
Heute.
Doch nun wie damals, für einen Augenblick
Waren wir Seeleute.

Und just um dieselben Stunden
Hat sich irgendwo ein Liebespaar
Geküßt. Und auch für diese war
Die ganze andere Welt verschwunden.

Katze vor Anker

Schlafen die Bewohner
Von dem Gaffelschoner
Im Kajüt am Heck? –

Weil das Boot vor Anker liegt,
Hockt die Katze mißvergnügt
Oben auf dem Deck.

Sieht sie Mäuse, Ratten? –
Doch der Wind hat sich gelegt.
Was sich einzig noch bewegt,
Ist ihr eigner Schatten.

Vor ihr liegt ein dickes Tau,
Rund geschlängelt, wie ein Kranz,
Viel viel länger als ihr Schwanz.
Ach, miau – miau.

Keine Ratte, keine Maus,
Keine Gasse und kein Haus,
Nichts, was mitmiaute.

Und die arme Katerbraut
Äußert ihren Kummer laut
Dort im Strom bei Flaute.

Insel Hiddensee

Kühe weiden bis zum Rande,
Großer Tümpel, wo im Röhricht
Kiebitz ostert. – Nackt im Sande
Purzeln Menschen, selig töricht.

Und des Leuchtturms Strahlen segnen
Eine freundliche Gesundheit.

Andrerseits: Vor steiler Küste
Stürmen Wellen an und fliehen. –
Nach dem hohen Walde ziehen
Butterbrote und Gelüste.

Fischerhütten, schöne Villen
Grüßen sich vernünftig freundlich.

Steht ein Häuschen in der Mitte,
Rund und rührend zum Verlieben.
»Karusel« steht angeschrieben.
Dieses Häuschen zählt zu Vitte.

Asta Nielsen – Grischa Chmara,
Unsre Dänin, und der Russe –.

Auf dem Schaukelpolster wiegen
Sich zwei Künstler deutsch umschlungen. –
Gar kein Schutzmann kommt gesprungen. –
Doch im Bernstein träumen Fliegen.

Um die Insel rudern, dampfen,
Treiben, kämpfen Boote, Bötchen.

Leise Maschinen

Einsam auf dem Hügel
Kreisen vier Windmühlenflügel,
Mahlen.
Weit ins Meer führen Steine.
Dort rollt ein Leuchtturm seine
Strahlen.

Derweilen sich das dreht,
Kämpft irgendwo ein Schiff in Not,
Lallt anderswo ein müdes Gebet
Um das tägliche Brot.

Und schweigend wandert zur selben Stund
Der Zeiger der Uhr im Rund.

Steine am Meeresstrand

Steine schaumumtollt,
Zornig ausgerollt
Über Steine. –
Freiheit, die ich meine,
Gibt es keine.

Stille nun. Entbrandet
Ruht ihr, feucht umsandet,
Unzählbar gesellt,
Von der Zeit geschliffen
Oder kampfentstellt. –
Alle von der Welt
Lange rauh begriffen,
Schweigt ihr. – Ihr begreift die Welt.

Wie ich euch sortiere,
Spielerisch verführt:
Früchte, Götzen, Tiere,
Wie es Phantasie so legt,
Habt ihr in mir aufgerührt,
Was seit Kindheit mich bewegt.

Spitze, trübe, glatte, reine,
Platte, freche, winzig kleine,
Ausgehöhlte, fette Steine,
Plumpe, schiefe, trotzig große –

Ja ihr predigt ernst wie froh,
Meistens simpel, oft apart,
Weit umgrenzte, willenlose
Freiheit. – Predigt ebenso
Fromm wie hart.

Trüber Tag

Zu Hause heulten die Frauen:
Das tote Kind sah aus wie Schnee.
Wir gingen, nur mein Bruder und ich, in See.
Dem Wetter war nicht zu trauen.
Wir fischten lauter Tränen aus dem Meer,
Das Netz war leer.

Schwerer Fisch am Nagel

Gierig, egoistisch, rücksichtslos
Lebte er sein Leben unter Wasser,
Vorwärts stoßender und kalter, nasser,
Bursche. Doch vor seiner Rasse breit und groß.

Bis ein hinterlistiger Angelbissen
Ihm den Gaumen und das Herz zerrissen.

Dann, als Glücksfang stolz betrachtet,
Ward er ausgeschlachtet,
Nagelte des Fischers grobe Hand
Ihn an ein Gebälk der Kellerwand.

Aber so gekreuzigt, blutentleert,
Hat noch einmal kurz er sozusagen:
Seine Wut gelebt und sich gewehrt.
Hat er einen Turn in sich geschlagen.

Dieser Fisch hat Ansehn und Gewicht,
Und kein hinterlistiges Gesicht.

An der harten Kante

Ein leerer Kinderwagen stand
Vor der steilen Felsenwand,
Als ich abends gewandert bin.
War kein Kind darin.
War auch kein Mensch dabei,
Kein Mensch in der kahlen Weite.

Aber Bettchen lagen beiseite
Und im Wagen ein Pferdchen mit nur drei
Holzbeinchen. – – Und ein verschlossener Brief.

Weit sieht man vom Felsen dort über das Meer,
Das tosend unter mir tief
In blendender Brandung zerschellte
Und wieder sich wälzte und wellte.

Ein Schiff am Horizont. Woher?
Wohin? War nicht zu sehen,
Und was auch kümmerte mich das.

Ich fühlte nur: es war etwas
Verzweifeltes geschehen.

Fernes Grab

Zwischen Felsen ein Block auf ein Loch gerollt.
In dem Loch vermodert Gebein.

Unten am Südhang, wo die Brandung tollt,
Mag einmal ein Schiff gestrandet sein.
Um den Block ist ein Anker gekettet.
Der darunter so rauh gebettet
Liegt, war vielleicht der Kaptein.

Es müssen doch treue Männer gewesen
Sein, die den Anker trugen, den Felsblock rollten,
Zwei Buchstaben meißelten, kaum noch zu lesen.
Sie deuten dem Fremdling wenig Sinn.

Wenn wirklich noch Freunde des Toten leben sollten,
Wer von ihnen käme wieder dorthin?!
Nah am Meer, doch weit vom Verkehr,
Ein Grab am fernen Gestade.
Wenn du es fändest, wüßtest du: Keiner mehr
Lebt oder weiß noch von jener Ballade.

Fernes Grab.
Gott weiß, was sich dort damals begab.

Kuttel Daddeldu über Nobile (Juli 1928)

So große Kerle gingen tot.
Gott weiß, was fern in höchster Not
Noch heute kämpft, vom Eis umklammert,
Für dieses Großmaul, das jetzt jammert
Um seinen angequetschten Zeh.

Wann hat ein Captain je in See
Als Erster seine Crew verlassen?!
Dem möcht ich in die Kiemen fassen!

Ach, daß sie den gerettet haben!
Er müßte, tief ins Eis gegraben,
Mit einem Lorbeerstock im Hintern,
Solang die Welt steht, überwintern.

Verflucht, ich kann nicht richtig beten,
Doch hab ich eine solche Wut.
Gott sei zu Amundsen recht gut.
Und wenn mir Nobile begegnet,
Will ich ihm das Gedärm zerkneten
Und ihn und sein ihm teures Leben
An andre Fäuste weitergeben,
So, daß er Luft und Wasser segnet.

Schiff 1931

Wir haben keinen günstigen Wind.
Indem wir die Richtung verlieren,
Wissen wir doch, wo wir sind.
Aber wir frieren.

Und die darüber erhaben sind,
Die sollten nicht allzuviel lachen.
Denn sie werden nicht lachen, wenn sie blind
Eines Morgens erwachen.

Das Schiff, auf dem ich heute bin,
Treibt jetzt in die uferlose,
In die offene See. – Fragt ihr: »Wohin?«
Ich bin nur ein Matrose.

Fahrt mit Daddeldu
(Rumba)

Alle Mann an Deck!
Unser Schiff ist leck –
Neunzehnhundertzweiunddreißig – Rumba!
Eh wir untergehn,
Wolln wir uns noch drehn
Im Orkan – Windstärke 12 – im Rumba.

Kuttel Daddeldu
Klebt das Schiffsleck zu
Und steigt in den Mastkorb mit der Buttel.
Alles jubelt laut.
Durch die Buttel schaut
Nach dem Kap der Hoffnung unser Kuttel.

Und das Schifflein rollt.
Alles tanzt und tollt.
Schöne Nixen knicksen auf und nieder,
Und der Kapitän
Schmunzelt souverän.
Duddeldu singt furchtbar laute Lieder.

Vergehe Zeit!

Vergehe Zeit und mach einer besseren Platz!
Wir haben doch nun genug verloren.
Setz einen Punkt hinter den grausamen Satz:
»Ihr habt mich heraufbeschworen.«

Was wir, die Alten, noch immer nicht abgebüßt,
Willst du es nicht zum Wohle der Jugend erlassen?!
Kaum kennen wir's noch, daß fremde Hände sich fassen
Und Fremd wer zu Ungleich sagt: »Sei herzlich gegrüßt.«

Laß deine Warnung zurück und geh schnell vorbei,
Daß wir aufrecht stehen.
Vergönne uns allen, zuinnerst frei,
Das schöne Grün unsrer Erde zu sehen.

So ist es uns ergangen

So ist es uns ergangen.
Vergiß es nicht in beßrer Zeit! –
Aber Vöglein singen und sangen,
Und dein Herz sei endlos weit.

Vergiß es nicht! Nur damit du lernst
Zu dem seltsamen Rätsel »Geschick«. –
Warum wird, je weiter du dich entfernst,
Desto größer der Blick?

Der Tod geht stolz spazieren.
Doch Sterben ist nur Zeitverlust. –
Dir hängt ein Herz in deiner Brust,
Das darfst du nie verlieren.

Ehrgeiz

Ich habe meinen Soldaten aus Blei
Als Kind Verdienstkreuzchen eingeritzt.
Mir selber ging alle Ehre vorbei,
Bis auf zwei Orden, die jeder besitzt.

Und ich pfeife durchaus nicht auf Ehre.
Im Gegenteil. Mein Ideal wäre,
Daß man nach meinem Tode *(grano salis)*
Ein Gäßchen nach mir benennt, ein ganz schmales
Und krummes Gäßchen, mit niedrigen Türchen
Mit steilen Treppchen und feilen Hürchen,
Mit Schatten und schiefen Fensterluken.

Dort würde ich spuken.

Ich komme und gehe wieder

Ich komme und gehe wieder,
Ich, der Matrose Ringelnatz.
Die Wellen des Meeres auf und nieder
Tragen mich und meine Lieder
Von Hafenplatz zu Hafenplatz.
Ihr kennt meine lange Nase,
Mein vom Sturm zerknittertes Gesicht,
Daß ich so gerne spaße,
Versteht ihr das?
Oder nicht?

Nachwort

»Ich bin etwas schief ins Leben gebaut. / Wo mir alles rätselvoll ist und fremd«, sagt dieser Seemann zu der Geschminkten vor dem Wilberforcemonument. Und es sagt der Ex-Sailor, Ex-Mariner Hans Bötticher, wie er überhaupt solcherart noch so manches über sich sagt: in einem Gedicht. Nicht als eitel verständnisheischende Nabelschau, eher als Quintessenz der Erfahrung durch zwei Jahrzehnte seines wechselvoll-bewegten Lebens: als Schiffsjunge, Leichtmatrose, Schlangenbändiger, Jahrmarktausrufer, Vollmatrose, Kaufmannslehrling, Handelsgehilfe, Reisender, Tabakhändler, Bibliothekar, Fremdenführer, Schaufensterdekorateur, Kabarettist, Dichter, Buchautor, Bootsmannsmaat, Artillerieoberbootsmannsmaat, Vizefeuerwerker, Marine-Reserveleutnant, Gartenbauschüler, Archivangestellter, Postprüfer und – zwischendurch ebensooft »Stellungslos« wie immerfort suchend nach einem erwerbbringenden Beruf:

> Ich bin eine alte Kommode.
> Oft mit Tinte und Rotwein begossen.
> Manchmal mit Fußtritten geschlossen.
> Der wird kichern, der nach meinem Tode
> Mein Geheimfach entdeckt. –

Als er, dieserart resümierend, aufs Gewesene zurückblickt, ist er siebenunddreißig, hat er – eben am Geburtstag – seine Lona-»Muschelkalk« geheiratet. Am Abend der standesamtlichen Trauung trägt er ihr, bei der kleinen, intimen Feier im Münchener Weinrestaurant »Alt-Wien«, jenes WILBERFORCE-Gedicht vor, das ihr gewidmet ist – gleichermaßen Lebensbeichte wie Huldigung für sie, letzteres verschlüsselt in dem Satz: »Mein richtiges Herz. Das ist anderwärts, irgendwo / Im Muschelkalk.«

Irgendwie, so fühlt er, steht er – und zwar in zweifacher

Hinsicht – an einem neuen Anfang: Im vorherigen Herbst hatte er begonnen, unter dem Pseudonym Joachim Ringelnatz zu schreiben (Tagebuchnotiz, 19. Dezember 1919: »Seit einer Woche Ringelnatz-Gedichte geschrieben«), ist er zum Vater des Kuttel Daddeldu geworden und hat als »Dichter Ringelnatz ... mit diesem Mordskerl ... dem Seemann Ringelnatz ein Denkmal gesetzt«, charakterisiert Ringelnatz-Biograf Herbert Günther den über die Zeiten hinweg nicht wiederholten und wohl auch unwiederholbaren Schöpfungseinfall.

Die Lebensreise Hans Böttichers hat durchaus den zeitlich-normalen Beginn: Wenige Tage nachdem er mit Ach und Krach und, so sagt er, »unwissend wie eine Kanone« die Obersekundareife bestand, fährt er, am 3. April 1901, mit dem Vater der Stadt seiner Nahsehnsüchte und Fernträume entgegen – Hamburg. Wenngleich zu jener Zeit noch unausgesprochen, so doch in gewisser Weise schon dieser Hoffnung: »Ich will mich treiben lassen / In Welten, die nur ein Fremder sieht. / Ich möchte erkämpfen, erfassen, / Erleben, was anders geschieht ...«

Es ist nachzulesen, wie er, einerseits mit versteckten Tränen kämpfend, andererseits Glück empfindend, »zum erstenmal ganz frei und auf sich selbst angewiesen zu sein«, vom Vater Abschied nimmt; wie ihm noch selben Tags der Heuerbaas »mit einer auffallend plötzlichen Gleichgültigkeit« begegnet, ihn zu anderen, ähnlich behandelten Schiffsjungen in ein schäbiges, wüstes Nebenquartier im Hafenviertel abschiebt, wo ihn banges Ahnen überkommt. Freilich, nur wenig von alldem, was er auf der Reise nach Westindien (Belize) und heimwärts nach Europa (Liverpool) durchlebte, kann unsere Sammlung »Ich, der Matrose Ringelnatz« wiedergeben – lediglich kurze, gedrängte Streiflichter aus Hans Böttichers/Joachim Ringelnatz' erstem Prosawerk: »Was ein Schiffsjungentagebuch erzählt«, erschienen 1911. Während der dazwischenliegenden zehn Jahre war mit ihm, um ihn vieles geschehen: Den Seedienst hatte er –

nach einigen weiteren Fahrten – quittieren müssen. »Die Berufsgenossenschaft zwang mir im Juli 1903 eine Bescheinigung auf, daß ich für den Dienst als Seemann, das heißt für den rein maritimen Dienst, nicht mehr in Frage käme, weil meine Augen nicht die vorgeschriebene Sehschärfe besaßen«, erzählt er hierüber. Nach zweijähriger, wiederholt durch Heuersuche unterbrochener Fahrenszeit, bald 20jährig, muß er neu beginnen. Vorbei das kurze, aber erlebnisreiche »Rauhleben, das Kleinblicke weitet«, vorbei somit die Träume von Freiheit, Fremde und weiter Welt. Jedoch: Ist der junge Seemann aus Sachsen auch »im Leben nie um die Horn gesailt«, so ist er doch als Deepwatermatrose gefahren. Und er hat in Häfen zwischen der Nordsee- und der Schwarzmeerküste, sogar hinweg über den großen Teich bis hin nach Belize, New York, Florianopolis (Desterro), Rio de Janeiro, Rio Grande und Buenos Aires allerlei gesehen und erlebt. Er leistete noch seinen Dienst als Einjährig-Freiwilliger bei der Kaiserlichen Marine ab – acht Monate auf dem Kreuzer »Nymphe«, anschließend auf dem Artillerie-Schulschiff »Carola« – und: findet sich, bedrückt und fern der See, in München wieder. Doch ausgerechnet hier, in »der dümmsten Stadt der Welt« (wie er sie später einmal bissig schilt), wendet sich für ihn unverhofft das Blatt, schlägt er eine neue, vielleicht die wichtigste Seite im »Hauptbuch« seines Lebens auf: In der Künstlerkneipe »Simplicissimus« erlaubt ihm eines Abends die gleichgut dralle wie rührige, spürnasige Wirtin, einige eigene Gedichte vorzutragen: Schwacher Beifall, fast ein Reinfall. Doch dieser Hans-guck-in-die-Bohémewelt bleibt unbeirrt und – hartnäckig, wechselt von nachdenklich-elegisch zu humorig-heiter, darf – so lange, so sehnsüchtig erhofft – endlich im Hinterzimmer, dem »Simpl«-Allerheiligsten, an den Künstlerstammtisch ranrücken, und von der Gloriole großer Geister, klingender Namen fällt ein Schimmer auch auf ihn. Allerdings: Von Lehrmeistern wie Frank Wedekind, Erich Mühsam oder Ludwig Scharf kann der angehende Dichter lernen, und peu á peu avanciert er sogar zu Kathis »Hausdichter«, und sie verhilft ihm – Eigennutz hin, Eigennutz her – mit seinen aufs »Simpl«-Jubiläum zugeschnittenen Gedichten und Texten einer Festschrift zur ersten gedruckten Veröffentlichung (»Simplicissimus-Künstlerkneipe«, 1909). Dem folgen ein schmales Bändchen »Gedichte« (1910), die Schiffsjungen-Erlebnisse (1911), danach »Die Schnupftabaksdose, Stumpfsinn in Versen und Bildern« (1912) sowie sein erster Novellenband »Ein jeder lebt's« (1913).

Schüsse von Sarajewo. Krieg. »Ich dachte an Kriegsromantik und Heldentod, und meine Brust war bis an den Rand mit Begeisterung und Abenteuerlust gefüllt ...« – Aber: Zwei Jahre als Mariner, als Kaisers »Kuli«, reichen hin, ihn anders denken, fühlen zu lassen: »Alles, was den Krieg betrifft, ekelt mich an.« Dies scheint, nach Zeit bemessen, ein kurzer Weg zur Erkenntnis, doch es ist eine lange Härte gewesen, die – bis zum Niederschreiben solcher Worte im Tagebuch – hinter ihm liegt. Keineswegs auch nur noch der Gedanke daran, wie einst im Überschwang falsch begriffenen »patriotischen« Gefühls, bei Admiral, gar bei Hauptquartier und Kaiser höchstselbst, mittels eingereichten Gesuchen, die Versetzung an-die-Front-und-ins-Feuer zu bewirken. Quälend lange hatte es ihm gedauert, nachgerade zermürbt hatte es ihn, bis er – endlich – zum Artillerieoberbootsmannsmaat befördert wurde. Doch als er zu guter Letzt sogar zum Marine-Reserveleutnant ernannt wird, kann ihn das kaum mehr freuen. Fast abstrus wirkt seine Gedankenverknüpfung: »Nun bin ich Leutnant. Ich möchte so gern einmal Pastor werden.« Oder – ist das schon echt ringelnatzisch?

Matrosenaufstand von Kiel. Novemberrevolution. Matrosen, Soldaten kehren die Waffen gegen ihren wirklichen Feind. Reserveleutnant Bötticher, bei Cuxhaven eine kleine Luftabwehreinheit befehlend, noch im Denken vormaliger, wenngleich inzwischen zerbrochener Ideale befangen, verharrt im Pazifismus, den er durchaus ehrlich empfindet, der ihn jedoch von Aktionen zurückhält, ihn lähmt, hindert, den revolutionären Schritt zu vollziehen. »Nur mit Ordnung kommt man zur Freiheit«, postuliert er, will im Arbeiter- und Soldatenrat von »törichten Unternehmen« abraten, kann mit der Revolution nichts anfangen – und die Revolution nichts mit ihm. Sein durchaus aufrichtiges Sympathisieren reicht in so bewegter Zeit nicht aus ...

»Nun sitze ich als Marineleutnant a. D. in Berlin bei einer alten Tante ... Ich wäre ja so froh, einmal wieder die über Halle, Kuxhaven, Hamburg, München, Berlin und Leipzig verstreuten Sachen auspacken zu können, um meine unterbrochenen schriftstellerischen Arbeiten fortzusetzen«, schreibt er Mitte Dezember 1918 an Lona-»Muschelkalk« (die er im Jahr zuvor in Eisenach kennengelernt hatte). Und er fängt aufs neue an zu schreiben – im Innern verändert, und also: anders als irgendwann vorher. Überdies auch bald unter neuem Namen: Joachim Ringelnatz.

Es ist seither unzählbar oft darüber sinniert worden, was Hans Bötticher bewogen haben mag, ausgerechnet dieses Pseudonym zu wählen. Der Urheber hat sich dazu – listig – ausgeschwiegen, und nirgendwo, aus keinem seiner Werke ist hierüber etwas Verbindliches herauszulesen. Selbst engste Freunde, Vertraute von ihm sind sich darin heftig uneins. Ringelnatz-Biograf und Duzfreund Günther: »Der Name hat, wie er mir sagte, keine Bedeutung, er sei ihm eingefallen, und er gefiel ihm, weil er ihn schützte wie eine Tarnkappe.« Gewiß. Doch das vermag bekanntlich jegliches Pseudonym. Hans Leip, Mit-Bohémien aus Münchner Tagen, meint zu wissen, Ringelnatz habe »die Ringelnatter zum Pseudonym gewählt, weil sie sich zu Wasser wie zu Lande wohl fühlt«. Alfred Polgar stützt diese Gedankenverbindung, knüpft sie weiter: »Er ringelt sich mit bezaubernder Geschmeidigkeit um Dinge und Menschen und zwischen ihnen durch.« Aber vielleicht hilft uns der Dichter, der zu dieser vitalen Frage »den Schlüssel selbst erschmiedet« hat, doch in der Verschlüsselung seines Gedichts »Seepferdchen« mit einem Dietrich aus: »Als ich noch ein Seepferdchen war / Im früheren Leben, / Wie war das wonnig, wunderbar / Unter Wasser zu schweben ... / Seestütchen! Schnörkelchen! Ringelnaß! / Wann war wohl das?« Es blieb einem Heutigen, nämlich Lothar Kusche, vorbehalten, die Kette zu schließen: »Den Seeleuten gelten die Seepferdchen als Glücksbringer, mancher Fischer führt solch ein getrocknetes Knochenfischlein als Talisman mit sich, und die Fahrensleute nennen die Seepferdchen Ringelnasse oder Ringelnatze.« Punktum. Oder?

Es geschieht »in diesem schiebenden und schießenden Berlin« der ersten Nachkriegsjahre, daß Hans Bötticher/Joachim Ringelnatz jenem Alfred Richard Meyer begegnet, dem »Lyriker mit der Entdeckernase«. Er, der mit Hans/Joachim im gleichen Programm des Kabaretts »Schall und Rauch« auftritt, entschließt sich, in seinem Ein-Mann-Verlag zunächst Ringelnatz' frech-frivole »Turngedichte«, kurz darauf auch dessen »Kuttel Daddeldu oder das schlüpfrige Leid« in der von ihm edierten Reihe »Lyrische Flugblätter« herauszubringen. »Das war eine auf Zeitungspapier gedruckte, billige Heftreihe zum Preis von 50 Pfennig, die Werke von Autoren bekanntmachte, die zu dieser Zeit noch keinen großen Namen in der Literatur hatten. Ringelnatz befand sich mit den ›Turngedichten‹ bei Meyer in einer Reihe mit Walter Mehring, Paul Scheerbart, Max Herrmann-Neiße, Rudolf Leonhard, Gottfried Benn, Heinrich Lautensack, Paul Zech, Alfred Döblin, Arno Holz und Richard Dehmel«, ermittelte dazu Helga Bemmann, Kennerin der Geschichte des deutschen Kabaretts und Autorin der Ringelnatz-Biografie »Daddeldu ahoi!«. Der Dichter und Vortragskünstler wird sowohl für die »Turngedichte« als auch für seinen »Kuttel Daddeldu« gleichermaßen »mit Tinte und Rotwein begossen«. Aber genauso, wie bei seinen Auftritten fortwährend Beifallsstürme die gelegentlichen Schrillpfiffe verwehen, überwiegt bei weitem die Anerkennung: »Dieser Ringelnatz ist ein ganzer Kerl. Mit einem treffsicheren Witz. Allerdings nicht für Pensionsmädchen und Philister von eigenen und Gottes Gnaden. Diese mögen gewarnt sein. Der Dichter – und er ist in der Tat ein wirklicher Dichter – nimmt beim Himmel kein Blatt vor den

Mund ... Vor allem – der Mann ist ehrlich. Kein Kokettieren. Kein Bluff« (»Berliner Börsenblatt«).

Wie es jemand mal über die Zeit und ihre Lieder gesagt hat, so gilt es unbestreitbar auch für die Dichter – und ihr Wort: Nicht nur die Zeit hat ihre Dichter, auch die Dichter haben ihre Zeit. Was Ringelnatz, anscheinend unvermittelt, in die erste Reihe jener schöpferisch-dichtenden Zeitgeister vorrücken läßt, die – ob ironisch-heiter, humorig-satirisch, bissig sarkastisch oder mahnend-alarmierend – die Sprache, das Wort als Florett zu handhaben wissen, ist ohne Zweifel: Er hat mit seinen Dichtungen zur rechten Zeit das richtige Wort und den treffenden Ton gefunden. Eine Art »Zeitgefühl« ist es, das er an- und ausspricht. Das meint auch Bruno E. Werner, der Ringelnatz wiederholt im »Simpl« erlebte und von ihm sagt, er sei »die seltsamste Vereinigung von Sachse und Seemann« gewesen; »und dort oben stand er im blauen Tabakqualm und trug seine Turngedichte vor und bald darauf seine Balladen vom Seemann Kuttel Daddeldu. Es wäre falsch, anzunehmen, daß diese Gedichte alle salonfähig gewesen wären, im Gegenteil, sie waren nach Vorkriegsbegriffen zum Teil hanebüchen; und der Autor tat sich etwas zugute im unverblümten Gebrauch von Worten, die jeden ordentlichen Menschen zum leichten Erröten brachten – nur uns nicht, die wir aus dem Krieg heimgekommen waren und an allen Ecken mit dem geregelten Leben ins Handgemenge gerieten ... Hier klang ein Ton von unserem Gelächter, unserer neuen Heiterkeit, und zuweilen eine auftauchende, etwas ziellose, leise Wut, wie sie alle Veteranen zwischen 20 und 25 Jahren mit sich im Bauch herumtragen.«

Es ist sicherlich zum einen dem »unverblümten Gebrauch von Worten«, diesem zur Literatur erhobenen Gemisch aus Umgangssprache, Sailorslang, Hafen- und Gassenjargon zuzuschreiben, zum anderen aber vor allem jenem unbekümmert-ungenierten Drauflosreden, Drauflosgehen seines »old Seelerbeu Kuttel«, daß dieser Daddeldu mit vollem Segel von der Bühne herabjumpte und, wohin er

»kreuzte topplastig auf wilder Fahrt«, eine sich zunehmend verbreiternde Heckspur von Sympathie hinter sich herzog. Auf solche Weise hat Ringelnatz unbestreitbar mit seinem Kuttel Daddeldu »die deutsche Dichtung um eine Gestalt bereichert, um diesen lärmenden, verwegen-prahlenden, gutmütigen old sailor, großzügig (›Und während der Fürst die Zahlen mit Bleistiftstrichen anhakte, hatte Kuttel die Rechnung beglichen‹), unternehmungslustig und im Binnenland ein wenig verwirrt und bei aller Derbheit so weich, wie er nie sein möchte«, beurteilt es Herbert Günther.

Allerdings: So auffallend sich auch Dichter und Held in Herz und Seele eins sind, wäre es dennoch grundfalsch, zwischen den Erlebnissen des Seemanns Hans/Joachim und den Abenteuern seines Sailors Kuttel schlechtweg ein Gleichheitszeichen zu setzen – sogar eingedenk, daß sich Ringelnatz bei Gelegenheit selber als »herumbummelnder Lebematrose« ausgibt. Es sind vielmehr die Rundumerfahrungen des ozeanischen Tramps, sowohl eigene als auch die von anderen »Hafenraben« und »Dampferhalunken«, woraus dichterische Phantasie den uns so ans Herz gewachsenen Kuttel, Nachname Daddeldu, erschuf. Diesen Namen hat der einstige Seemann Bötticher/Ringelnatz von See, von den Windjammern und Rostdampfern, mitgebracht. An Bord nämlich war es üblich, daß der Bootsmann, wenn alle Arbeit getan war oder die abgelöste Wache zur Koje geschickt wurde, die Sailors mit dem obligatorischen Ruf: »That will do!« (sinngemäß: »Es reicht, ist genug!«), in gesprochener Version »That ’ll do!«, aus ihrer Pflicht entließ. Sailormund wandelte es zu »daddeldo … daddeldu!«. So also ist Kuttel zu seinem urseemännischen, unverwechselbaren Namen gekommen …

Es war unser Anliegen, mit der Auswahl aus dem überaus reichen Werk dieses meerbefahrenen und lebenserfahrenen Seemanns, der sich auf seinem Lebenstörn – bis hin zum Tode – beständig als »Beispiel eines deutschen Matrosen« begriff, vorrangig – durch Prosa, Erinnerung und Gedicht –

der »maritimen Seite« seines Schaffens gerecht zu werden, was, nach unserer Kenntnis, hiermit zum ersten Mal versucht wird. Um Ringelnatz in seinem Selbstverständnis als Fahrensmann-durch-die-Zeit dem Leser nahezubringen, galt es, aus weit mehr als zweitausend Druckseiten seiner Bücher zu wählen. Denn ihn, Ringelnatz – dem Meer, der Seefahrt und den Seefahrern tiefinnig verbunden (»Diese Zeiten rührten mein Innerstes auf«) –, hat das »naiv rohe, grotesk verbildete, hausbacken kosmopolitische Leben der Seefahrer« nicht allein jungenhaft-romantisch fasziniert, er liebte seine Old-Sailors bleibend und von Herzen. Und aus den Worten seines Herrn Bindebein (»Fahrensleute«) spricht er selber: »O man muß sie belauschen, wenn sie günstig beisammen sind und von ihren Reisen berichten. Dann wachsen die Palmen vor einem aus der Tischplatte, und man hört den Mississippi rauschen.« Und wir gestehen, daß die Notwendigkeit, uns zu beschränken, mitunter keine leichte Bürde war ...

Unsere Sammlung »Ich, der Matrose Ringelnatz«, die – beginnend mit den Vorbereitungen zur Reise Hans Böttichers nach Hamburg, bis hin zu den letzten Gedichten – einen zeitlichen Bogen spannt, deutet eine gewisse chronologische Reihung an. Ringelnatz-Liebhaber und -Kenner werden aber wissen, daß vieles davon zu ganz unterschiedlichen Zeiten entstanden ist. Hingegen hielten wir uns (bis auf behutsame Angleichungen) beflissentlich an die Originale und verzichteten beispielsweise auch darauf, unter anderem Schreibweisen wie Heuerbas, Kuxhaven, Jahnmaate, Royl oder ähnliches zu verändern. Denn nicht zuletzt in diesem Sinne legten wir Wert auf größte Authentizität, selbst für den Fall, daß Dudens Erben »Ringel's« und unsere Ansicht nicht teilen ...

»Einst war ich Seemann. / Ich habe seitdem einen schwankenden Gang ...«, sagt Ringelnatz. Mit diesem schwankenden Seemannsgang, gekleidet in grobes Bordblau eines Matrosen und stets mit einem eichstrichhoch gefüllten Weinglas in der Hand, kommt er auf die Bühne, trägt er seine

Gedichte vor: Kein Profi der Bühnenkunst, aber auf den Brettern der Kabaretts und Kleinkunstbühnen so sicher wie ehedem auf schwankenden Planken von Schiffen in See. »In den Balladen und Moritaten seines Kuttel Daddeldu«, erinnert sich Herbert Günther, der wiederholt und vielerorts Ringelnatz bei dessen Auftritten erlebte, »war er der ausgepichte Seemann aller Weltmeere, ein Abenteurer wie Münchhausen, ritterlich wie Don Quijote, schalkhaft wie Till Eulenspiegel und bei allem ein armer Teufel, der sich als Saufbold und Weiberheld gibt, um sein gutes Herz hinter Whisky und Krach zu verbergen. In der turbulenten ›Weihnachtsfeier des Seemanns Kuttel Daddeldu‹ verschmolz in wenigen Zeilen beides: ›Plötzlich brannte der Weihnachtsbaum‹, hier machte Ringelnatz eine Pause, mit strahlenden Augen in den Lichterglanz versunken – dann noch im gleichen andächtigen Tonfall weiter: ›Plötzlich brannte das Sofa und die Tapete‹, kürzere Pause, und nun erst schneller, mit angehobener Stimme: ›Kam eine Marmorplatte geschwirrt, rannte der große Spiegel gegen den kleinen Wirt. Und die See ging hoch und der Wind wehte‹ ...«

Das Leben hat dem Dichter, Schriftsteller, Kabarettkünstler, Zeichner und Maler (dem übrigens namhafte Galerien vielbeachtete, vielbesuchte Verkaufs-Ausstellungen ausrichteten) kaum viel mehr als ein Jahrzehnt zur Reife und Vollendung gegeben. Und als hätte er es geahnt, schöpft er in jagender Arbeitshast mit wahrhaft verbissenem Arbeitseifer. Neben den Prosawerken »Die Woge« (1922), »Nervosipopel« (1924), »Matrosen« (1928) und »Als Mariner im Krieg« (1929) erscheinen in rascher Folge Gedichtbände – »Reisebriefe eines Artisten« (1927), die Gedichtsammlung »Allerdings« (1928), »Flugzeuggedanken« (1929) sowie die »Gedichte dreier Jahre« (1932). Auf Rat seines Verlegers und Freundes Ernst Rowohlt schreibt er seinen zweiten Erinnerungsband »Mein Leben bis zum Kriege« (1931), beginnt einen dritten (»Mein Leben nach dem Kriege«). Doch nur dessen Anfang wird als Fragment erhalten bleiben ...

Der faschistische Machtantritt ist für Ringelnatz, der erkannt hatte – und es jederzeit ungeschminkt sagte –, daß zwischen denen Oben und denen Unten ein tiefer, unüberwindbarer Abgrund klafft, mit Auftrittsverboten begleitet: in München zuerst, dann in Hamburg; in Dresden wird er zuletzt von zivilgekleideten »Braunhemden« von der Bühne gezerrt. Die Freunde aber ehren ihn zum fünfzigsten Geburtstag (7. August 1933) im Berliner »Kaiserhof«. Paul Wegener, der berühmte Schauspieler und langjährige, enge Freund, gibt ihm in der Festrede verschmitzt-hintersinnig kund, daß alle dem Jubilar über die Zeit hinfort innig Verbundenen wissen, »wie hinter deiner Klabautermannfratze ein zartes Kinderherz wohnt, so ängstlich, daß es im Dunkel dieses Welt-Dschungels zu singen anfängt«. Doch es ist ihm nur noch ein kurzes Lied vergönnt: Der Tod nimmt Hans Bötticher, der Joachim Ringelnatz geworden war, früh, zu früh die Feder aus der Hand ... Schon im Herbst des nachfolgenden Jahres wird Paul Wegener dem verstorbenen Freund am Grab letzte Worte des Gedenkens sagen. Beim Klang der alten Seemannsweise »Stürmisch die Nacht« und Ringelnatz' Lieblingslied »La Paloma« wird er zur letzten Ruhe gebettet. Begraben ein Leben, schlicht der Grabstein, nur in erhabenen Lettern der Name darauf:

JOACHIM RINGELNATZ.

Der Dichter, ein »Jahrhundertdichter« genannt, hat es – wie kaum irgendeiner vor, neben oder nach ihm – verstanden, in vielen seiner skurrilen Gedichte auf unnachahmliche Weise »um die Ecke« zu denken (»Aber ich habe noch keinen getroffen, / Der richtig ersoffen war ...«), und nicht minder in seinen heiter-grotesken Geschichten. Ein Leben lang behält Ringelnatz die Lacher auf seiner Seite – die Lacher mit Verstand. Im Blick auf die ausgeprägt eigenwillige Form der Gedichte, die überkommene Schemata unbekümmert durchbricht (aber vielleicht gerade deshalb für Nachkommende beispiel- und vorbildhaft wird), urteilt Alfred Polgar: »Seine Verachtung des Poetischen, das ihn stößt wie der Schluckauf den Säufer, macht ihn zum Poeten.« Und virtuos versteht er es, die Sprache zu handhaben, sie mit »ungesuch-

ten Neuprägungen und geistreichen Eingebungen, einfallsreich bis in die Wortstellung« zu bereichern, meint Herbert Günther. Die Kneipe – ein »Räucherkammerstammlokal«, von »Seichtlärm« erfüllt; der leichtverderbliche Tanzschlager – eine »Zurzeit-Melodie«; der Spurt zum Postamt – ein »Pustegehtauslauf«; die drohenden Wolken überm Meer – »grau wie Zigarrenasche«. Eine Pusteblume fühlt sich bei ihm »luftglücklich leicht«. Und damit er gut ins »Federweich« der Träume sinkt, weiß er sich »wünschlein-pünschlein« zu betrinken (weiß Gott vor oder nach dem Heimweg durch die »Laternenallee«), und im übrigen das ganze, rasche Leben – ein »Rutschvorbei«.
Unterwegs durch dieses Leben aber hatte Ringelnatz für sich erkannt, »daß die kleinste Welt die größte ist«. Davon blieb er überzeugt, das prägte seine Denkart, so wirkte er in seiner Zeit – und so ist er uns geblieben.

Helmuth Pelzer

Lebensdaten, Fahrenszeit

1883 — In Wurzen/Sachsen geboren (7. August); drittes Kind in der Familie des Musterzeichners und Schriftstellers Georg Bötticher.

1901–1903 — Realschul-Abschluß (Obersekundareife) in Leipzig. Schiffsjunge auf der Dreimastbark »Elli« (Le Havre–Belize/Westindien–Liverpool).

Decksmann auf dem italienischen Dampfer »Florida« (Hamburg–Venedig–Konstantinopel–Nikolajewsk–Algier–Hamburg).

Matrose auf dem russischen Gaffelschoner »Emma« (in Boston/England abgestiegen). Danach zwei Fangfahrten mit Fischdampfer »Columbia« von Grimsby in die Nordsee.

Leichtmatrose auf dem Luxus-Passagierdampfer »Columbia« (Hamburg–New York–Hamburg), den Fracht-Dampfern »Numidia« (Hamburg–Antwerpen–Lissabon–Maranhão–Rio de Janeiro–Rio Grande do Sul–Hamburg) »Dortmund« (Hamburg–Narvik–Hamburg).

Matrose ohne Heuer auf dem Dampfer »Villa(r) Real« (Hamburg–Gibraltar–Villarreal–Lissabon–Altona).

1904–1905 — Einjährig-Freiwilliger in Kiel; Dienst auf dem Kreuzer »Nymphe«, danach auf dem Artillerie-Schulschiff »Carola« (entlassen als Bootsmannsmaat).

1905–1914 — Kaufmännische Lehre in Hamburg.

Kommis in Leipzig.

Handels-Angestellter in Frankfurt (Main); Reise nach Hull/England.

»Hausdichter« in der Münchner Künstlerkneipe »Simplicissimus«; zeitweilig Tabakladen-Inhaber; erste Buchveröffentlichungen, u. a. »Gedichte«, »Was ein Schiffsjungentagebuch erzählt«, »Die Schnupftabaksdose«.

Reise nach Riga; Bibliothekar; Fremdenführer; Novellenband »Ein jeder lebt's«.

1914–1918 Einberufung als Mariner nach Wilhelmshaven. Dienst auf den Sperrschiffen »Blexen« und »Vulkan«; Vorpostenfahrten in der Nordsee, Geleitschutzfahrt u.a. nach Libau.

Ausbildung und Dienst als Marine-Feuerwerker. Minenlegkommando am Rigaer Meerbusen; ab 1917 Leutnant zur See, u. a. Kommandant des Minensuchbootes »Caroline«; im November 1918 in Kiel demobilisiert.

1918–1933 Lehrgang auf Gartenbauschule (Freyburg/Unstrut), Archivangestellter (Berlin), Postkontrolleur (München); Schriftsteller, Vortragskünstler mit eigener Dichtung auf zahlreichen Kleinkunstbühnen, Zeichner und Maler. Nach »Turngedichte« und »Kuttel Daddeldu« weitere Buchveröffentlichungen, u. a. »Reisebriefe eines Artisten«, »Allerdings«, »Matrosen«, »Als Mariner im Krieg«, »Mein Leben bis zum Kriege«.

Umzug nach Berlin (1930); Tournee mit Theaterstück »Die Flasche/Eine Seemannsballade« (1932).

50. Geburtstag, letztes öffentliches Erscheinen; Auftrittsverbot durch die Faschisten.

1934 Erkrankung, Notlage; Pflege in Lungenheilstätte; gestorben am 17. November in Berlin.

Quellen

Prosa

»Elli« ahoi!; In See; Auf hoher See; Westindien in Sicht; Flucht; Wieder eingefangen; Heimfahrt und Hunger; Hurra, Europa!; Chance nach Hamburg – aus: Was ein Schiffsjungentagebuch erzählt. München 1911. (In redigierter Fassung aus Kapitel Mein Schiffsjungentagebuch aufgenommen.)

Stellungslos; Auf der »Florida«; Das Abenteuer um Wilberforce; Seefahrten; Als »überzähliger« Matrose – aus: Mein Leben bis zum Kriege. Berlin 1931.

Äquatortaufe; Heimweh?; Gefahren und Strapazen; Ihre Kleidung oder Uniform; Kitsch und Sentimentalität; Ihre Lieder; Ihre Verpflegung; Sind sie fromm?; Ihre Sprache; Ihre Löhnung; Ihre Gutmütigkeit; Revolutionäre; Vom Saufen und Raufen; Matrosenliebe – Seemannstreue – aus: Matrosen, Erinnerungen, ein Skizzenbuch: handelt von Wasser und blauem Tuch. Berlin 1928.

Kuttel Daddeldu erzählt seinen Kindern das Märchen vom Rotkäppchen und zeichnet ihnen sogar was dazu – aus: gleichnamiger handgeschriebener Ausgabe in 25 Exemplaren; zit. nach: Die wilde Miß vom Ohio. Herausgegeben von Helga Bemmann. Berlin 1979.

Einberufung und Kaserne; Mit »Blexen« in der Werft; In See auf »Blexen« und »Vulkan«; S. M. S »Yorck«; Warnemünde; Feldpoststation 33 – aus: Hester, Gustav (Pseudonym): Als Mariner im Krieg. Mit Vermerk: Herausgegeben von Joachim Ringelnatz. Berlin 1929.

Die zur See; Fahrensleute; Lichter im Schnee – aus: Bötticher, Hans: Die Woge. Marine-Kriegsgeschichten. München 1922.

Der ehrliche Seemann – zit. nach: Die wilde Miß vom Ohio. Herausgegeben von Helga Bemmann. Berlin 1979.

Die Walfische und die Fremde; Nervosipopel – aus: Nervosipopel. Elf Angelegenheiten. München 1924.

Eheren und Holzeren – aus: Weitab von Lappland. Zwölfter Erasmusdruck. Berlin 1922.

Gedichte

Die Gedichte wurden nachstehenden Originalwerken beziehungsweise Herausgaben entnommen: Fahrensleute. Berlin 1922; Kuttel Daddeldu. München 1923; Geheimes Kinder-Spiel-Buch mit vielen Bildern. Potsdam 1924; Reisebriefe eines Artisten. Berlin 1927; Allerdings. Berlin 1928; Flugzeuggedanken. Berlin 1929; Kinder-Verwirr-Buch. Berlin 1931; Gedichte dreier Jahre. Berlin 1932; 103 Gedichte. Berlin 1933; Gedichte, Gedichte von Einstmals und Heute. Berlin 1934; Der Nachlaß. Berlin 1935; In Memoriam Joachim Ringelnatz. Eine Bibliographie, eingefügt in biographische Notizen, unveröffentlichte Gedichte und Erinnerungen der Freunde. Leipzig 1937; Überall ist Wunderland. Berlin 1956.

Die Zeichnungen auf Seite 193 und auf der hinteren Klappe stammen von Olaf Gulbransson.

Inhalt